基于课程标准的物理学业评价研究

袁令民　文晓霞　著

科 学 出 版 社
北 京

内容简介

在全球基于标准的课程改革浪潮背景下，基于课程标准的学业评价研究和实践逐渐成为学术界与实践领域的重点关注方向。本书在概述基于标准的全球基础教育改革大背景和综述已有相关研究的基础上，对我国物理课程标准中有关学业质量评价的内容进行解读，并立足国内实证数据分析和国际典型案例对基于课程标准的物理学业评价进行研究。其中，国内实证分析包括物理高考与课程标准的一致性研究、基于课程标准的中考物理科学探究能力评价研究；国际典型案例研究包括英国基于标准的GCE物理A水平学业考试研究和全球PISA科学素养测试项目研究。

本书可作为高校物理学专业的师生、中学物理教师的参考用书，也可供从事物理教育研究的研究者和实践者们使用。

图书在版编目(CIP)数据

基于课程标准的物理学业评价研究 / 袁令民，文晓霞著. — 北京：科学出版社，2020.6

ISBN 978-7-03-062127-6

Ⅰ.①基…　Ⅱ.①袁…　②文…　Ⅲ.①中学物理课-学业评定-研究
Ⅳ.①G633.72

中国版本图书馆CIP数据核字（2019）第179733号

责任编辑：莫永国　陈丽华 / 责任校对：彭　映

责任印制：罗　科 / 封面设计：墨创文化

科学出版社出版

北京东黄城根北街16号

邮政编码：100717

http://www.sciencep.com

成都锦瑞印刷有限责任公司印刷

科学出版社发行　各地新华书店经销

*

2020年6月第　一　版　开本：B5（720×1000）

2020年6月第一次印刷　印张：13 1/2

字数：272 000

定价：96.00元

（如有印装质量问题，我社负责调换）

作 者 简 介

袁令民，四川师范大学物理与电子工程学院教师，博士，硕士生导师，长期从事物理课程与教学论、物理学业评价等方面的教学和科研工作。主持厅级科研课题 3 项、校级课题 4 项，主研国家级课题 2 项、省部级课题 5 项，指导学生承担四川省大学生创新创业项目 1 项、校级科创项目 2 项。在《教育学报》等各类期刊上发表论文十余篇；主编教材 1 部，参编专著和教材 3 部。参与项目获省级教学成果奖二等奖 1 项、三等奖 1 项。指导本科生和研究生参加全国物理教师技能竞赛获一等奖 28 项、二等奖 8 项、三等奖 3 项；指导学生参加省级物理教师技能竞赛获一等奖 1 项、二等级 2 项。

文晓霞，硕士研究生。2010 年毕业于西南大学材料物理专业，2010～2013 年在重庆市合川中学担任高中物理教师，2013 年 7 月至今在四川旅游学院工作，主要从事大学物理和计算机的教学与科研工作。2017 年获青年教师教学竞赛校级二等奖、省级优秀奖。主持四川省教育厅社会科学科研项目“基于 R 语言的教育要素一致性评估体系构建研究”(17SB0348)，作为主研人员参与厅级科研课题 3 项。发表学术论文 3 篇，参编著作 1 部。

前　言

基于标准的基础教育课程改革始于20世纪80年代。随着各国越来越重视教育质量，基于课程标准的学业评价项目设计和实施成为提升教育质量的重要举措。21世纪初，我国第八次基础教育课程改革，从教学大纲向课程标准进行了全面转变，其理念革新程度和相应教材、教学、考试评价等各方面的改革力度被认为是空前的。在教育考试具有重要导向作用的背景下，基于课程标准的物理学业评价研究显得越来越重要。

在概述基于标准的全球基础教育课程改革形势和综述已有相关研究基础上，从国内实施现状和国际实践经验两大方面开展研究。对高考、中考、英国GCE考试、PISA（国际学生评估项目）等评价项目的研究都是立足于对第一手数据的收集、处理和分析，素材丰富、详实。

本书是四川省教育厅科研项目“理科教育考试与课程标准一致性国际比较研究”（15SB0013）的研究成果之一，也是四川省教育厅四川师范大学基础教育课程研究中心重点规划项目“基于标准的基础教育考试改革国际比较研究”（川KZ201401）和四川省教育厅社会科学科研项目“基于R语言的教育要素一致性评估体系构建研究”（17SB0348）的研究成果之一。

本书由袁令民负责整体的研究设计和实施，独立撰写第1章、第2章、第3章、第8章，文晓霞负责第3章临界状态参考值的编程和数据运算及第4章的数据分析、文字撰写；七位硕士研究生参加了本项目的研究和部分章节的写作工作，其中，余科鹏、孙丛容、付楠、佑佳玲参与了物理高考与课程标准一致性研究的数据分析与统计工作，朱晓玲负责第5章基于课程标准的中考物理科学探究能力评价研究与文字撰写，许浩负责第6章英国基于标准的物理学业评价研究与文字撰写，干伟负责第7章中的PISA科学素养测评特征研究与文字撰写。

项目研究和书稿完成过程中得到四川师范大学物理与电子工程学院院长周晓林（教授）的支持和帮助，在此由衷感谢。此书的顺利出版得到了科学出版社的支持，感谢陈丽华编辑的支持和帮助。

限于本团队水平和能力有限，书中难免有疏漏和不妥之处，敬请读者批评和指正，请通过电子邮件（yuanlingmin@sicnu.edu.cn）与我们取得联系。

目　录

第 1 章　基于标准的基础教育课程改革 …… 1
1.1　基于标准的全球化基础教育课程改革浪潮 …… 1
1.1.1　美国基于标准的课程改革 …… 1
1.1.2　加拿大基于课程标准的州级课程改革 …… 3
1.1.3　澳大利亚推行国家课程政策 …… 4
1.2　核心概念和文献综述 …… 5
1.2.1　“课程标准”的概念界定及研究综述 …… 5
1.2.2　“学业评价”的概念界定及研究综述 …… 8
1.2.3　基于标准的物理学业评价研究综述 …… 15
参考文献 …… 17
第 2 章　我国物理课程标准与学业质量评价 …… 19
2.1　我国物理教育的发展历程 …… 19
2.1.1　基于课程标准的学校物理教育初创 …… 19
2.1.2　基于教学大纲的中国物理教育改革历程 …… 20
2.1.3　21 世纪初，我国基于标准的基础教育物理课程改革 …… 22
2.2　基于初中物理课程标准的学业评价标准 …… 25
2.2.1　立足提高学生科学素养的初中物理课程目标定位 …… 25
2.2.2　倡导多样化的物理学业评价标准 …… 26
2.3　基于高中物理课程标准与学业质量标准 …… 29
2.3.1　实现物理学科的育人功能，修订课程结构和内容 …… 29
2.3.2　落实物理学科核心素养，细化学业质量标准 …… 34
参考文献 …… 40
第 3 章　学业评价与课程标准的一致性研究工具 …… 41
3.1　学业评价和课程标准一致性研究方法 …… 41
3.1.1　概念界定和研究现状 …… 41
3.1.2　一致性典型研究方法 …… 42
3.1.3　一致性研究方法比较 …… 49

3.2 学业评价与课程标准一致性临界状态研究……50
3.2.1 研究背景……50
3.2.2 研究方法……51
3.2.3 研究结果……53
3.3 物理高考与课程标准一致性分析的工具构建……55
3.3.1 确定知识内容分析维度……55
3.3.2 确定认知水平分析维度……57
3.3.3 分析程序……64
3.3.4 研究的信度和效度……66
参考文献……68
第4章 物理高考与课程标准的一致性研究……70
4.1 研究样本和研究过程……70
4.1.1 研究样本……70
4.1.2 研究过程……73
4.2 物理高考试卷与课程标准的一致性总体特征……75
4.2.1 一致性系数……75
4.2.2 内容主题……77
4.2.3 认知水平……78
4.3 物理高考试卷必考和选考内容与课程标准的一致性……79
4.3.1 样本试卷必考模块内容与课程标准的一致性……79
4.3.2 样本试卷选考模块内容与课程标准的一致性……83
4.4 基于课程标准的物理高考试题研究的两个趋势……87
4.4.1 物理高考试题的情境化研究……87
4.4.2 物理高考中科学探究能力的考查研究……90
参考文献……95
第5章 基于课程标准的中考物理科学探究能力评价……96
5.1 概念解析和研究方案……96
5.1.1 概念解析……96
5.1.2 研究样本和研究方案……98
5.2 中考物理科学探究各要素评价特点分析……104
5.2.1 试卷总体情况……104
5.2.2 科学探究要素……105

5.3 中考物理科学探究试题考查知识内容特点分析 ······ 113
5.3.1 科学内容 ······ 113
5.3.2 探究条目 ······ 115
5.3.3 学生必做实验 ······ 116
5.4 中考物理科学探究试题情境性分析 ······ 118
参考文献 ······ 123
第 6 章 英国基于标准的物理学业评价 ······ 124
6.1 英国基础教育概述 ······ 124
6.1.1 英国近现代教育发展沿革 ······ 124
6.1.2 英国学制 ······ 126
6.1.3 英国 GCE 考试 ······ 127
6.2 英国物理课程标准和 OCR 物理考试大纲 ······ 128
6.2.1 英国科学(物理)课程标准解读与比较 ······ 128
6.2.2 OCR 物理考试大纲解读与比较 ······ 131
6.2.3 课程标准与 OCR 考试大纲比较 ······ 135
6.3 英国 GCE 物理试题分析 ······ 136
6.3.1 基于 2011 年版课程标准的 GCE 考题分析 ······ 136
6.3.2 基于 2014 年版课程标准的 GCE 考题分析 ······ 137
6.3.3 基于 2013 年版考试大纲的 GCE 考题分析 ······ 138
6.3.4 基于 2015 年版考试大纲的 GCE 考题分析 ······ 139
6.4 英国 GCE 情境试题考查情况 ······ 140
6.4.1 情境试题统计 ······ 141
6.4.2 情境试题举例 ······ 142
参考文献 ······ 146
第 7 章 问题情境与知识整合：来自 PISA 科学素养测评的启示 ······ 147
7.1 PISA 评价维度和要点 ······ 147
7.1.1 评价维度 ······ 147
7.1.2 与我国考试评价特点的比较 ······ 150
7.2 PISA 评价体系主要特点和启示 ······ 152
7.2.1 评价体系的主要特点 ······ 152
7.2.2 评价体系的启示 ······ 159
参考文献 ······ 163

第 8 章　总结与展望 …… 164
8.1　总结 …… 164
8.2　展望 …… 165
附录 1　高中物理知识内容和认知水平分解表 …… 167
附录 2　英国 GCE AS 和 A-Level 物理学科主题内容（2011 年） …… 174
附录 3　英国 GCE AS 和 A-Level 物理学科主题内容（2014 年） …… 177
附录 4　英国 OCR AS 和 A-Level 物理考试大纲主题内容（2013 年） …… 180
附录 5　英国 OCR AS 和 A-Level 物理考试大纲主题内容（2015 年） …… 194
索引 …… 205

第1章　基于标准的基础教育课程改革

近代以来教育改革和发展被各国普遍重视，尤其是近三十年，在越发强调基础教育质量的背景下，世界各国普遍重视课程标准的制定和推行。由此，基于标准的课程改革、学业评价逐渐成为学术界的重点关注方向。21 世纪初，我国第八次基础教育课程改革，从教学大纲向课程标准全面转变，其理念革新程度和课程标准、教材、教学、考试评价等各方面的改革力度被认为是空前的。在教育考试具有重要导向和反馈作用以及高考改革对物理学科提出重大挑战的背景下，考试评价与物理课程标准之间的一致性水平检视，成为当前的重要研究和实践方向。

1.1　基于标准的全球化基础教育课程改革浪潮

随着经济社会的快速发展，各国公民对教育质量的重视程度越发加强，尤其是各发达国家，政府教育部门为满足民众对高质量基础教育的需求，陆续制定课程标准(或教学实施纲要)，并推进基于课程标准的教学实施、考试评价、教材编写、教育评估等主要改革内容。在此背景下，学业评价与课程标准的一致性水平和改良实践路径研究便成为热点问题。

1.1.1　美国基于标准的课程改革

美国行政上施行联邦制，学校教育施行学区管理制度，学区可以设置学生学习目标、课程标准、教学活动安排等，但联邦政府和州政府在学校课程政策与实施方面的权利相对有限。受世界形势变化的影响，向来具有危机意识的美国联邦政府发起了基于标准的基础教育课程改革运动。20 世纪 80 年代初，美国高质量教育委员会等部门发布《国家处在危险之中：教育改革势在必行》等一系列报告或法案，引发了 80 年代基于标准的美国基础教育课程改革运动(埃利斯和张文军，2008)。这些报告或法案都倡导或制定较高的学业水平要求，统一课程管理、加强教师和学生两个方面的考核力度。1991 年美国联邦政府颁布的《美国2000年教育战略》，倡议全面开发具有全球视野的“教育标准”，并逐步实施基于标准的学业评价考试制度。在此之后，联邦政府大力支持和鼓励各州开发并实施基于标准的课程、学业评价、学校绩效考核制度、教师教育体系等。2001年颁布的《不让一个孩子掉队法案》(no child left behind act，以下简称NCLB法案)标志着联邦政府强制介入基础教育阶段，该法案要求所有基础教育阶段的学生应该参加年度考试，确保所有群体达到对应的州级年度学习目标，并且规定各州需评估学生学业水平现状和学业目标之间的差距，并为消除这种差距而制定相应策略。联邦政府对于未实现相对课程目标的学区和学校，督促州政府对其纠错甚至重组。各州学生还必须参加国家教育进展评估(national assessment of educational progress，NAEP)，用以评估各州学生是否实现相应课程学习目标，进而与教师专业发展、绩效评估等保持一致。NCLB法案使得联邦政府可以依法直接介入基础教育学校，尤其是公立学校的课程设置、教学实施、学业成绩评估等，这是基于标准的学业评价实践标志性事件。2010年全美州长协会(National Governors Association，NGA)和美国首席州立学校官员理事会(Council of Chief State School Officers，CCSSO)颁布了美国首部《州共同核心课程标准》，该标准是建立国家课程标准及教育成就评估机制的又一次尝试，所尝试建立的标准及配套政策力图以国家课程标准的形式，解决各州由于课程标准不统一带来的成绩和学习水平认证、教育公平等方面问题，力求为所有学生提供平等的受教育的机会和资源。2015年12月10日，美国总统奥巴马签署《每一个学生成功法案》(*Every Student Succeeds Act*)，该法案肯定各州对标准的控制，各州可选择并制定适合它们的具有挑战性的学业评价标准；为所有学生的学习成果而改进问责制(废除联邦政府问责制，以州问责制代替)；继续强调所有学生在成功进入大学和完成学业时应该达到一个较高的学业标准水平；为教师提供持续的基于证据、基于标准的专业发展机会。

1996年美国颁布的《国家科学教育标准》，是为引导美国国民步入高水平科学素养的社会而撰写，是美国历史上第一部国家科学教育标准，该标准以“学生养成良好的公民科学素养”为目标。受政治体制、国际环境等因素影响，美国国家研究理事会(National Research Council，NRC)与国家理科教师联盟(National Science Teachers Association，NSTA)及美国科学促进会(American Association for the Advancement of Science，AAAS)等单位合作，基于美国学生在国际评价测试中不理想局面对科学教育现状进行重新审视和思考，2011年7月颁布了《K-12年级科学教育的框架：实践、交叉概念以及核心观念》。

这一版本“框架”着重关注核心观念的落实，重视基于探究的学习实践；课程的研制和实施具有连贯性，在横向上课程、教学以及评价相关的政策和实践都与标准保持一致，与学习目标保持一致，有助于学生发展；评价的目标和运用也是统一的(王磊等，2012)。

在联邦政府和州政府的政策驱动下，基于标准的教育改革运动逐渐深化，与此同时，课程标准和学业评价之间的一致性水平研究也逐渐开展并得到加强。目前，大部分州具有和标准相一致的考试(陈霞，2009)。这种用于检测各州的学业评价和课程标准的一致性的方法也对全球基于标准的基础教育课程改革运动产生了深远影响。

1.1.2　加拿大基于课程标准的州级课程改革

加拿大是由 10 个省和 3 个地区组成的联邦制国家。加拿大的教育体系施行三级负责制度(联邦教育部、省教育厅和学区教育局)，作为全国教育主管部门，联邦教育部主要实现政策引导和资源调配补贴等职能，每个省(或区)的教育厅制定各自的课程及评价标准，部分省(或区)共同制定课程标准。加拿大以公立教育为主，在全国推行 1～12 年级(魁北克省为 1～13 年级)的义务教育。共分为三个阶段，1～8 年级、9～10 年级、11～12 年级，第一阶段和第二阶段开设“科学”课，第三阶段开设物理、化学等分科科学课程(个别省也有开设综合科学课程)。下面以人口最多和教育较为发达的安大略省为例，对基于标准的物理课程内容改革进行举例阐释。

安大略省义务教育第二阶段要求学习力学和电学的部分内容，强调学生应用概念及规律解决实际问题的能力，关于电路的具体要求有：描述和应用静电和动电的模型；对生活中常见电路进行实验探究，研究电流、电势差和电阻间的定量关系；对加拿大所采用的不同发电方式，从社会、经济、环境的效益和成本等角度进行评价(郭玉英，2014)。

关于这部分内容具体可细化为三个方面：理解基本概念；提高探究能力；将科学与技术、社会和环境相联系。关于基本概念要求：描述摩擦起电和感应起电；能说出电流、电势差和电阻的概念；会用电流表及电压表；说出本部分几个概念的国际单位制单位；用公式解决简单问题；分析串联和并联电路中总电阻与其分电阻的关系。关于探究能力的要求有：通过实验探究，掌握用电安全方面的知识；通过电子资料、纸质资料、社区资源等途径收集数据，具有选择和整合信息的能力；使用恰当的单位和物理量交流探究结果与结论，并评价所设计的方案、所经历的探究过程。关于科学、技术、社会、环境关系的要求：阐述电的实际应用（如空气过滤器、静电喷漆机）；设计一个产生电能的方案，使用可再生能源满足安大略省一处居所、一座农场或一个社区的能源需要。课程标准对学习内容从深度、广度、方式及实施路径等方面均有明确的说明。

安大略省的课程标准强调重视学生的差异性和学习机会平等；学生成长背景、所需资源和支持不同，学习方式可能由此造成差异，为体现公平性，安大略省课程实施要求鼓励学生积极参与学习全过程，课程标准从概念达成、实践探究、科学、技术、社会和环境之间关系等维度确定学习目标；高年级的目标应该在低年级目标基础上逐步实现；鼓励教师将现代信息和通信技术纳入课程计划、课堂活动、学生参与评估的过程中。

1.1.3　澳大利亚推行国家课程政策

澳大利亚实行联邦制，包含六个州和两个领地，属于英联邦成员，其教育制度受英国的影响较大。受基于标准的全球课程改革运动及国内民众对高质量基础教育迫切需求的影响，2010 年澳大利亚第一个全国统一课程标准颁布（1993 年颁布的课程大纲规定了各州制定课程标准都要考虑的八大学习领域，而没有具体的标准内容，各州自行制定和实施课程标准），全国统一课程标准是为实现澳大利亚青少年教育目标，落实《墨尔本宣言》的具体举措。在此背景下，澳大利亚课程、评估与报告管理局（Australian Curriculum，Assessment and Reporting Authority，ACARA）制定并颁布全国统一课程标准，其中国家学业质量标准包括知识、技能、理解力等方面。澳大利亚建立的国家学业质量标准总体上是围绕国家公民形象进行设计的，具体包括通用能力（读写、计算、信息技术和通用技术、批判性和创造性、道德行为、个人和社会能力、跨文化理解）和跨学科主题（土著居民的历史和文化、亚洲文化及其与澳大利亚的关系），这两个方面将融入各学习领域中。学习领域包括英语、数学、科学、人类和社会科学、艺术、科技、语言等。其中，《科学》的学业质量标准从科学理解、人类的科学成就、科学探究技能三个维度界定（表 1-1）。每个维度又细分为多个二级主题（郭玉英，2014）。

《科学》的学业质量标准中物理科学的表述又包括学生学习内容和学习结果的表述，如关于静电力的学习内容的要求是“描述物体获得静电荷的方式；识别能够观察到静电力作用效果的日常生活情景；描述电荷相互靠近时，它们的行为”。关于静电力学习结果的要求是“将模型、理论和规律应用到有关能量、力和运动的情境中”。由此可见，澳大利亚的学业质量标准与我国的课程标准表述类似，使用“行为动词+学习内容”的方式，默认表述主语为“学生”。

除了美国、加拿大、澳大利亚三国外，英国、新西兰、韩国、法国、中国香港、中国台湾等国家和地区也都在全球基于标准的课程改革浪潮的影响下，陆续开展基于课程标准的基础教育课程改革运动。在基于标准的基础教育课程改革中，标准的制定和实施、标准与教学教材改革的关系、学业评价与标准的关系等成为各国学术领域和教育实践领域的重要关注焦点。

表 1-1　澳大利亚十年级《科学》的学业质量标准框架

一级主题	二级主题
科学理解	生物科学 化学科学 地球与空间科学 物理科学
人类的科学成就	科学的属性及发展 科学的应用及影响
科学探究技能	问题和假设 计划和实施 数据及信息的处理和分析 评估 交流

1.2　核心概念和文献综述

1.2.1　“课程标准”的概念界定及研究综述

《现代汉语词典(第 5 版)》对“课”的解释是“有计划的分段教学”，显然只是指学校教育中的课业安排；“课程”是指“学校教学的科目和进程”，是学校教育中教学内容和进程的总和，是预期要学习的知识、活动与经验(王策三，1985)。上述是对“课程”的狭义理解，参考泰勒、杜威等的观点，广义“课程”是指在学校指导下学生所获得的真实经验的总和(从立新和王本陆，2012)。两种层面的界定比较可得，王策三的界定属于预设性内容范畴，而后者倾向于从学生内化(即从经验到经验)的内容角度进行界定。受进步主义等教育思潮的影响，有学者把广义“课程”分为理想课程、文件课程、理解课程、实施课程、经验课程；也有学者把“课程”分为三个水平，预期课程(intend curriculum)、实施课程(implemented curriculum)和达成课程(attained curriculum)(谢翌和马云鹏，2004)。

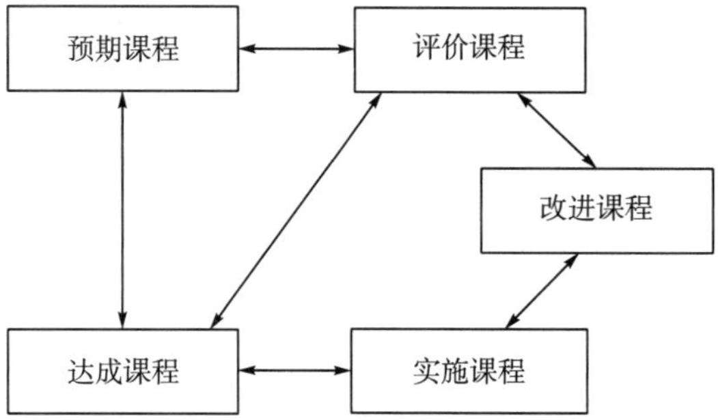

图 1-1　不同水平的课程

如图 1-1 所示，不同水平的课程存在相互依存的关系，不同水平的课程之间的一致性水平是评估它们关系之间的重要指标，这受到课程领域专家及教育教学实践者们的关注，如安德鲁·帕特和约翰·史密森等研究的便是预期课程、实施课程和评价课程之间的一致性水平(Porter and Smithson，2001)。一致性研究的热点包括：评价课程与预期课程的一致性、评价课程与实施课程的一致性、预期课程与实施课程的一致性，其中评价课程与预期课程的一致性对课程系统的有效运行起到了至关重要的作用，直接影响到预期课程是否能成为达成课程，实现实施课程的现实目标(刘学智，2008)。也正是基于这样的考虑，预期课程的研究成为当前课程研究和实施领域的重点。

标准是衡量事物的准则，为行业顺利运行，需要有相应行业标准。2001 年 10 月，经国务院批准和授权，国家标准化管理委员会成立，负责统一管理全国标准化工作，具体包括下达国家标准计划，批准发布国家标准，审议并发布标准化政策、管理制度、规划、公告等重要文件。课程标准是确定学校教育一定阶段的课程水准、课程结构与课程模式的纲领性文件(顾明远，1998)。清朝末期，受维新运动等国内进步运动及西方教育思想影响，兴起的各级学堂，其章程中有“功课教法”等相关章节，列有课程门目表和课程分年表，课程标准的雏形由此产生；1912 年，中华民国“教育部”颁布《普通教育暂行课程标准》，此后，课程标准一词沿用至中华人民共和国成立，使用“教学大纲”一词有近五十年。以 1999 年 6 月 13 日发布的《中共中央国务院关于深化教育改革，全面推进素质教育的决定》为标志，我国开始了中国历史上的第八次基础教育课程改革运动。2001 年，教育部组织制定并颁布施行《基础教育课程改革纲要(试行)》和 18 个义务教育学科的课程标准(实验稿)和 14 个普通高中学科的课程标准(实验稿)。2012 年初,《义务教育物理课程标准(2011 年版)》被颁布；2018 年初,《普通高中物理课程标准(2017 年版)》被颁布。

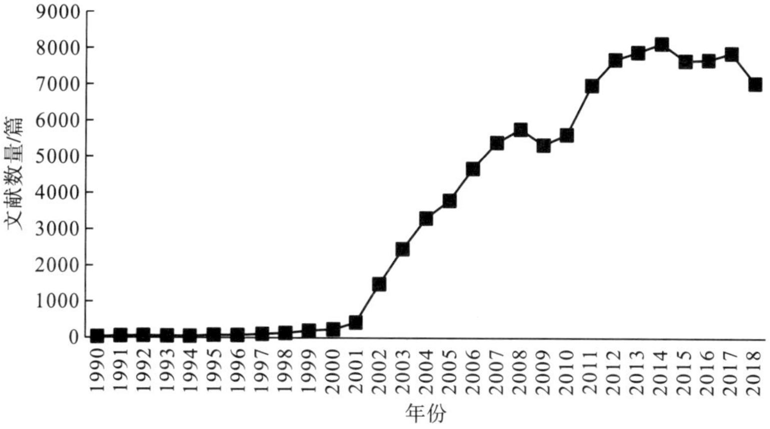

图 1-2　“课程标准”研究趋势图

以“课程标准”为选题进行研究的文献成果(图 1-2)，自 1990 年以来约有 10 万篇，其中 98.9%发表于本轮课程改革之后，尤其是 2008 年以来，越来越多的理论研究者和中小学一线教师关注课程标准的相关研究。成果多的作者包括：以课程评价和课程改革实践研究为主要研究焦点的马云鹏、以化学教科书及考试研究为主要焦点的王后雄、以国际比较和数学教育为主要研究焦点的孔凡哲、以生物教育及课程标准研制为主要研究焦点的刘恩山、以数学教育和课程实施为主要研究焦点的张维忠、以课程设计与实施为主要研究焦点的崔允漷、以信息技术教育为主要研究焦点的李艺、以数学教科书及课程标准国际比较为主要研究焦点的曹一鸣、以化学教育及教科书为主要研究焦点的王磊等。

对相关文献进行梳理后发现，从学科角度来看，涉及数学和科学学科课程标准的相关研究相对较多；从选题类型来看，课程国际比较、课程标准研制、各课程要素一致性水平等是研究热点；从作者单位来看，来自北京师范大学、东北师范大学、华东师范大学、华中师范大学等单位的学者对课程标准的研究更加关注；从逐年发展趋势来看，基于课程标准的教学实施、教学评价越来越受到关注。

1.2.2 “学业评价”的概念界定及研究综述

“学业”是指学习的功课和作业(《现代汉语词典(第5版)》)，俗称“学校的课业”，往往代指学生在学校教育中所从事的活动。受实用主义影响，对学业结果的表现、学业上取得的成绩(即学业成就)愈加重视。对学业成就的理解有广义和狭义之分，广义的学业成就不仅包括知识和技能，还包括习惯、兴趣、态度等诸多方面，这也是学校教育的价值追求所讨论的焦点；狭义的学业成就一般指通过学校的教育，在知识和技能方面取得的成就(李玉芝和赵裕春，1987)。中华人民共和国成立之初，学校教育的目标定位为“基础知识和基本技能”，这就直接影响了学业成就的内容指向；我国在21世纪初启动的这轮基础教育课程改革，把学校教育的目标定位为“知识与技能、过程与方法、情感态度与价值观”，这让大家对学业成就的界定发生了较大的转变；以高中14个学科课程标准的颁布为标志，学校教育的目标开始从知识导向、能力导向向素养导向转变，学业成就的界定也相应地在发生转变。为更好地区分其含义，可以用“学业成绩”和“学业成就”来区分，前者主要包含知识和技能，后者还包括态度、兴趣、素养等。本书对学业成就评价的研究既包括知识与技能层面的内容，也包括素养和解决问题的综合能力方面的内容，前者的内容主要在第3章、第4章和第5章呈现，而后者主要在第6章和第7章的实证分析中探讨。

1. 学业评价的界定

通过一个阶段的学习，学生头脑中的认知结构、思维水平和价值观等会发生变化，学业成就便属于此，这些变化无法直接测定，需要工具加以间接测量。学业成就评价的主要手段就是测量，学业成就评价的主要测量手段有测验、调查等。其中，通过学习目标选定题目，根据学生做这些题目的反应，来判断学生是否学到了相应的知识、是否提高了相应的能力和素养。

学业成就评价在教与学的活动中具有重要的地位和作用。第一，学业成就评价可以为教师的教和学生的学提供重要反馈，这种诊断性作用有利于提高教学水平和学习效率。第二，为国家课程改革的深化提供支撑性数据，国家课程改革的目的是转变人才培养模式，促进个体全面而有个性的发展，这个过程中需要根据学生学业成就评价结果来制定相应政策以引导学校规范办学，提高教学质量，进而提升个体水平。

学业成就评价工具的制定、实施、反馈等都与学业目标紧密联系，这里的学业目标是指课程标准，具体而言包括《普通高中物理课程标准(实验)》和《义务教育物理课程标准(2011 年版)》等；本书对物理学业评价研究的内容主要包括基于高中物理课程标准的高考物理试题的分析、基于初中物理课程标准的中考物理科学探究能力评价、英国基于课程标准的学业评价研究、来自 PISA 科学素养测评的启示，共四个部分。本节下面两个部分对中考和高考的改革历程做出梳理并阐述本研究所涉及的样本分布情况。

2. 初中物理学业水平考试改革及相关研究

"高中和高中程度专科学校招生考试"简称为"中考"，也称"高中段学校招生考试"。历史上，有中考、会考、初中学业水平考试等名称存在，20 世纪末会考制度逐渐被取消，初中毕业考试(初中学业水平考试)和高中招生考试逐渐合二为一。目前，我国中考命题方式包括两种：一部分省区市是省级教育考试院统一命题和组织考试，如河北、吉林、宁夏、河南、安徽、山西等；另一部分省区市把中考的命题权下放到地级市，由地级市单独命题和举行考试，如四川、浙江、山东、广东、湖南等。我国自 2001 年秋季在 38 个国家级课程改革实验区开始义务教育阶段的课程改革，至 2005 年全国所有地区开始课程改革，期间各地中考试题的命题单位各不相同，甚至出现以区县为单位进行中考的情况。

2016 年 9 月 18 日，教育部发布《关于进一步推进高中阶段学校考试招生制度改革的指导意见》，对中考改革提出了具体措施，计划到 2020 年初步形成新的基于初中学业水平考试成绩和综合素质评价的高中水平学校考试招生录取模式；该意见明确全面将初中学业水平考试和高中招生考试合二为一，完善综合素质评价，改革招生录取办法。该意见要求初中学业水平考试必须逐渐减少单纯记忆和机械训练性质的考查内容，注重学生在新的情境中分析问题和解决问题的能力培养，注重学生创新精神、创新能力的考查。

对中考研究的相关文献进行梳理，中考数学、中考语文、中考命题、中考复习、中考试题分析、中考改革等是热门主题。中考改革是推进素质教育的重要环节，近年来，国家教育部和各地教育部门出台了诸多改革措施，目前在学术领域争论比较大的有：中考改革的目标和任务；学业水平考试如何进行、如何表达；综合素质评价如何开展；评价结果如何使用(肖磊，2018)。目前中考改革研究和实践的探索主要有：创新命题机制，注重素养导向；建立"多考而择其优”的机制，完善等级制；从高中招生指标均衡分配角度提高教育公平性；探索多样化招生录取方法；综合素质评价的实施和完善；监督机制的完善和落实；职业指导课程的设置等（范国睿，2013）。从《普通高中物理课程标准（2017年版）》的课程目标设置可以看出，科学探究能力的培养将更加受到重视，初中学业水平考试中的科学探究能力评价是基于课程标准的中考研究的重要一环，基于这种考虑，基于课程标准的科学探究能力考查，选取初中学业考试中科学探究试题为研究对象进行分析和统计。

3. 物理高考改革及相关研究

本书就高中阶段的“基于课程标准的物理学业评价研究”，选取物理高考和课程标准的一致性分析为切入点。“高考”全称是“普通高等学校招生全国统一考试”，是高等学校选拔新生的统一考试（除此之外存在较小比例的部分高校自主招生考试，由于不在本书研究对象之列，这里不再做探讨）。1952 年，我国建立以高中毕业生为主要对象的全国普通高等学校招生全国统一考试制度，教育部考试中心每年会颁布“考试大纲”等一系列文件，在考试范围、题型、题量等方面进行统一规定，各省区市教育考试院再根据本省区市的情况，颁布本省区市适用的“考试说明”（采取全国统一命题的省区市也同时采取教育部考试中心颁布的全国卷的“考试说明”）。

中华人民共和国成立后，教育事业快速发展，同时高考也一直不断改革，尤其是近二十年，招生体制、考试方法、考试内容与形式、录取制度等方面一直在持续改革。2000 年北京和上海作为试点开始高考自主命题，按照教育部颁布的“考试大纲”自主进行高考试卷单独命题的省区市最多时达 17 个，历次高考改革社会影响深远，对于中学素质教育的探索和推进具有重要意义（余永玲，2005）。

2000 年，北京和上海开始高考自主命题改革，有 14 个省区仍一直用高考全国卷，即山西、河北、河南、吉林、黑龙江、内蒙古、新疆、宁夏、甘肃、青海、云南、广西、西藏、贵州。除香港、澳门和台湾外，17 个省市近年来高考自主命题情况如表 1-2 所示。全学科自主命题省市最多时段为 2009～2012 年，此后逐渐有省市开始用全国卷，但 2009～2018 年，江苏、浙江、天津、北京、上海五省市仍为全学科自主命题。

表 1-2　2005～2018 年各省市高考自主命题情况

序号	省市	2005 年	2006 年	2007 年	2008 年	2009 年	2010 年	2011 年	2012 年	2013 年	2014 年	2015 年	2016 年	2017 年	2018 年
1	山东	语数外	语数外	√	√	√	√	√	√	√	√	√	语数	语数	语数
2	广东	√	√	√	√	√	√	√	√	√	√	√	×	×	×
3	江苏	√	√	√	√	√	√	√	√	√	√	√	√	√	√
4	浙江	语数外	语数外	语数外	语数外	√	√	√	√	√	√	√	√	√	√
5	安徽	外	语数外	语数外	语数外	√	√	√	√	√	√	√	×	×	×
6	天津	√	√	√	√	√	√	√	√	√	√	√	√	√	√
7	福建	语数外	语数外	语数外	√	√	√	√	√	√	√	√	×	×	×
8	北京	√	√	√	√	√	√	√	√	√	√	√	√	√	√
9	上海	√	√	√	√	√	√	√	√	√	√	√	√	√	√
10	重庆	语数外	√	√	√	√	√	√	√	√	√	√	×	×	×
11	四川	×	√	√	√	√	√	√	√	√	√	√	数理外	×	×
12	海南	×	×	√	√	√	√	√	√	政史地物化生	政史地物化生	政史地物化生	政史地物化生	政史地物化生	政史地物化生
13	辽宁	语数外	语数外	语数外	语数外	语数外	语数外	语数外	语数外	语数外	语数外	×	×	×	×
14	湖北	语数外	语数外	语数外	语数外	语数外	语数外	语数外	语数外	语数外	语数外	语数外	×	×	×
15	湖南	语数外	语数外	语数外	语数外	语数外	语数外	语数外	语数外	语数外	语数外	语数外	×	×	×
16	陕西	×	数外	数外	数外	数外	数外	数外	数外	数外	数外	数外	×	×	×
17	江西	语数外	语数外	语数外	语数外	语数外	语数外	语数外	语数外	语数外	语数外	×	×	×	×

资料来源：袁令民(2013)

注：“√”表示全学科自主命题，“×”表示非自主命题；除表中之外的省市使用教育部统一命制的高考试卷。“语数外”表示语文、数学和外语三科自主命题，其他学科使用教育部统一命制的高考试卷；“语数”表示语文、数学两科自主命题，其他学科使用教育部统一命制的高考试卷；“数外”表示数学和外语两科是自主命题，其他学科使用教育部统一命制的高考试卷；“政史地物化生”表示政治、历史、地理、物理、化学、生物六科自主命题，其他学科使用教育部统一命制的高考试卷；“数理外”表示数学、理科综合、外语三科自主命题，其他学科使用教育部统一命制的高考试卷。

21 世纪初，开始“3+X”高考改革以来，我国各地所使用的物理高考试卷有单科和综合两种，物理单科试卷的分值有 100 分、120 分、150 分三种，综合试卷是指施行“3+X”高考改革后的“X”，即文科综合或理科综合。其中理科综合试卷中物理的分值有 89 分、100 分、110 分、120 分四种情况；另外，教育部考试中心颁布的高考物理考试大纲，都是把共同必修模块和选修 3-1 以及选修 3-2 列为必考模块(2017 年增加选修 3-5 为必考模块)，而选修 3 系列的几个模块加“选修 2-2”作为选考模块，各自主命题省区市可在符合统一考试大纲的基础上自主确定考试范围。本书研究的样本在选考情况方面的信息如表 1-3 所示。

表 1-3　全国高考物理模块考核情况统计

选考情况	模块选择	试卷	份数
四选一	在选修 2-2、选修 3-3、选修 3-4 和选修 3-5 中选择一个模块的试题作答	全国卷 1(2007～2009 年)	3
三选一	在选修 3-3、选修 3-4 和选修 3-5 中选择一个模块的试题作答	全国卷 1(2010～2016 年)、全国卷 2(2013～2016 年)、全国卷 3(2016 年)、山东(2012～2015 年)	16
三选二	在选修 3-3、选修 3-4 和选修 3-5 三个模块中选择两个模块的试题作答	山东(2007～2011 年)、海南(2007～2016 年)、江苏(2008～2018 年)	26
	必考选修 3-4，在选修 3-3 和选修 3-5 模块中选择一个模块的试题作答	福建(2009～2015 年)	7
	必考选修 3-5，在选修 3-3 和选修 3-4 模块中选择一个模块的试题作答	全国卷 1(2017～2018 年)、全国卷 2(2017～2018 年)、全国卷 3(2017～2018 年)、广东(2007～2009 年)、重庆(2013～2015 年)、海南(2017～2018 年)	14
减模块	只考选修 3-4	浙江(2012～2016 年)、四川(2013～2016 年)	9
	只考选修 3-5	安徽(2009 年)	1
	只考选修 3-3 和选修 3-5	广东(2010～2015 年)	6
	只考选修 3-4 和选修 3-5	浙江(2009～2011 年)、安徽(2010～2015 年)、天津(2009～2018 年)、北京(2010～2012 年)	22
全考	考选修 3-3、选修 3-4 和选修 3-5	北京(2013～2018 年)	6

全国高考物理考试大纲把考试内容分为必考内容和选考内容两类，必考模块包括物理 1、物理 2、选修 3-1、选修 3-2，选修模块包括选修 2-2、选修 3-3、选修 3-4、选修 3-5，其中选修 2-2 和选修 3-3 两个模块不能同时出现，自 2017 年将选修 3-5 纳入必考模块。

各自主命题课程改革实验省根据考试大纲以模块为单位选择选考内容。全国高考物理试卷的内容选择情况可以分为两类：第一类是学生可以在一定范围内自主选择模块，即高考物理试卷上提供多个选考模块的试题供考生选做；第二类是教育行政部门指定选考内容，即高考物理试卷上全部试题都是必做，无选做内容。第一类情况又包括四选一、三选一和三选二（包括指定一个模块，剩余的两个模块里面二选一），第二类可称为减模块，包括不考“选修 3-3”、不考“选修 3-4”、只考“选修 3-3”和只考“选修 3-4”四种情况。

从表 1-3 可以看出三个特点：第一，选修 2 系列只有在 2007～2009 年的全国卷中出现供选内容，并且只有选修 2-2 模块，其他所有物理高考方案中均未涉及，自 2010 年教育部考试中心颁布的高考考试大纲中不再出现此模块，所以选修 2-2 模块自此彻底退出高考。第二，在 110 份样本试卷中，有 44 份试卷没有设置选考内容，占比 40%，高考试卷不设置选考内容，是导致高中物理课程实施缺乏选择性的重要原因。第三，选择性具有逐年弱化的趋势，如选修 2-2 自 2010 年消失；广东省 2007~2009 年设置了三选二模式（必考选修 3-5，实则二选一），但从 2010 年开始不再设置选作内容；自 2017 年开始，所有高考试卷中的选修 3-5 都为必考内容。以上三个特点显示物理高考中的选择性并未与课程标准的要求一致，并且这种选择性具有逐年弱化的趋势。从模块选考层面而言，高考选考情况和高中物理课程供选修情况的不一致，直接导致了高中物理课程选择性的弱化。

江苏省改革后高考模式为“3+学业水平测试+综合素质评价”，语文、数学和外语是统考科目，学业水平测试科目包括政治、历史、地理、物理、化学、生物、技术共计七门，理科考生除必考物理外需在政治、地理、化学、生物四门选考一门，所以江苏省的物理学科历年高考中均是单科试卷。北京、四川等十余个省市自 2019 年起将开始新一轮高考改革，重要变革有：英语考试社会化且一年两考，学业水平考试分为合格性考试和等级性考试，后者纳入高考总成绩，按照“4+2+1”模式参加等级性考试，其成绩可参与高校招生录取申请。

研究表明：大规模高利害考试会从学习内容、学习方法、教与学的态度、学校管理制度等方面对学校的教与学产生重要影响（Cheng，1997；Wall，2000）。具有决定高等教育资源分配功能的中国高考，对高中学习内容、学习方法、教与学的态度等具有很大的影响。目前具有共识性的观点是：虽然存在教育服务于考试的现象，但高考等大规模高利害考试在以考促学、以考促教、公平性等方面存在较大优势，总体而言，利大于弊；那么在一定时间内“不应也不可能扼杀高考指挥棒”的作用（刘海峰，2009）。在学术层面，高考与高中教学关系的主要研究方向是高考与高中教学在目标、内容等方面的差异和相互影响。课程标准作为国家标准，是教、学、评的依据和最重要的参照标准，在当前高考等大规模高利害考试对教学具有重要导向作用的背景下，研究高考与高中课程标准的相互关系，有助于审视与改进高考和高中教育存在的差异以及两者互动过程中亟待解决的问题（王伟宜，2011）。

我国专家学者及一线教师对高考的研究贯穿于高考发展的整个进程中。官方成果有教育部考试中心每年在高考结束后出版的“高考试题分析”系列①②③。部分自主命题省区市的省考试中心也会针对本省区市高考试题出版高考研究著作，如福建高考命题研究课题组就学科高考能力标准解读、物理学科高考试卷标准、试题能力取向分析等方面研究出版《新课程物理学科高考能力标准（含试题标准）》④。

在数据库中以高考物理为主题搜索可获得2492篇文献（截止时间为2018年12月1日）。这些文献的选题以物理高考试题分析为主，具体可分为两类。针对高考试卷中实验题、计算题、探究题等某一类试题的专门研究，如韩东的《关注实际，引导培养科学态度与责任——以2018年高考理综全国卷物理试题为例》以科学探究与责任为选题，对2018年高考理综全国卷试题进行了剖析，核心观点是：试卷中包括注重情境性的一些试题，既能有效考查学生模型建构等科学思维能力，也能引导学生关注社会，达成科学态度与责任维度的目标（韩东，2018）。廖元锡的博士学位论文《新课程高考方案及考试大纲对高中科学领域模块课程实施的影响研究》，就物理、化学和生物学科的高考方案及考试大纲对模块课程实施的影响进行文本研究与调查，核心观点是：高考能力要求是课程目标的最终体现，高考对能力的评价包括知识与技能、过程与方法的考核，近年来的物理高考大纲与课程标准有一定差异（廖元锡，2010）。朱行建和李勇（2007）对物理高考考试大纲和课程标准进行内容的匹配性研究，研究结论是：两者在目标、内容及其深度等方面的匹配程度是“极其匹配”。近年来，高考和课程标准之间的一致性研究逐步得到研究者关注。刘恩山等对高考生物试卷与课程标准的一致性研究发现两者总体不存在统计学意义上

① 教育部考试中心. 高考理科试题分析（2008年版）[M]. 北京：高等教育出版社, 2008: 35-40.

② 教育部考试中心. 高考理科试题分析（2009年版）[M]. 北京：高等教育出版社, 2008.

③ 教育部考试中心. 高考理科试题分析（2010年版）[M]. 北京：高等教育出版社, 2009.

④ 新课程高考命题研究课题组. 2010. 新课程物理学科高考能力标准（含试题标准）[M]. 福州：福建教育出版社, 2010: 15-18.

的显著一致性，在内容分布上有明显差异，认知维度分布上基本吻合(刘恩山等，2010)。在诸多已有研究成果基础上，对施行新课程之后物理高考试题与物理课程标准的一致性进行实证研究，是基于课程标准的物理学业评价研究的重要内容，当然这些也对课程改革和高考改革的持续推进具有重要意义。

1.2.3　基于标准的物理学业评价研究综述

基于标准的基础教育课程改革，是指以课程标准为基础和依据，对教育系统的各环节进行的改革策略，其目的是达到课程标准的要求(陈霞，2004)。基于标准的课程改革是被当前许多国家所采用的课程改革路径，如美国、英国、加拿大、澳大利亚、新西兰、中国等。国内外诸多学者和研究机构对课程标准、教学实践、考试评价项目、教科书等各教育要素之间的一致性关系进行理论和实践探索。

基于课程标准的教学实践研究，多以新课程背景下教学策略的探讨为主，包括有效教学、探究教学、案例探析、计算机辅助教学等。方全波(2010)结合具体案例对物理教学设计与课程标准的一致性水平进行实证分析；吴先强(2010)运用 SEC 分析模式对高中化学教学内容与课程标准的一致性进行了研究。我国的基础教育课程实施可以总结为三种类型：基于教师实践经验的课程实施、基于教科书的课程实施和基于课程标准的教学实践。本轮基础教育课程改革的目标是从基于教科书和教师实践经验的课程实施向基于课程标准的教学发展，可以实施的具体策略包括基于课程标准改革教学的一般程序、编制课程纲要、设计教案和学案(冯喜英，2011)。其中，依据标准设置教学目标并制定教学策略是基于标准的教学实践的基本特征，即教学内容的设计、教学方法的选择、教学目标的制定均需在把握课程标准的基础上进行(刘颖，2012)。《基础教育课程改革纲要(试行)》和各学科课程标准均要求教师从知识与技能、过程与方法、情感态度与价值观三个维度构建教学内容和教学活动。基础教育课程改革，尤其是理科课程改革的真实目的是回归生活和社会，正如物理课程的基本理念：从生活走向物理，从物理走向社会(倪娟和李广洲，2008)。

课程标准作为国家标准，是编写对应学科教科书和选择使用教科书的重要依据，而教科书在教学中又具有重要地位，那么教科书内容广度及深度与课程标准保持一定水平对新课程改革的持续推进具有重要意义。美国中小学教科书开发也同样要求与各州的课程标准相一致，如 2002 年美国加利福尼亚州颁布的一项法案对中小学教科书资助经费的基本要求是：保证每个学生在核心科目领域都拥有与州标准相一致的教科书；各社会非营利性团体资助开发的教学材料也有此类明确要求(陈霞，2009)。利用一致性分析模式可以具体对每套教科书与课程标准的一致性特征进行分析。例如，刘恩山等(2010)使用 SCE 一致性分析模式对高中生物教科书与课程标准的一致性实证研究表明：人教版和浙教版高中生物教科书与高中生物课程标准存在统计学意义上的显著一致性。李伟等(2012)从知识种类一致性、知识深度一致性、知识广度一致性和知识分布平衡性等四个维度，运用实证分析了初中化学人教版教科书与课程标准的一致性。关于课程标准与教科书关系的研究主要集中在分析两者一致性水平和基于课程标准的教科书资源开发及教科书编写等方面。此外，关于考试评价与教科书的关系，有研究显示，影响教科书使用效果的最主要影响因素是考试评价，尤其是大规模高利害考试评价(袁令民，2013)。

基于标准的学业评价是基于标准的基础教育课程改革中的重要方面。在 CNKI 数据库(中国知网)中以“课程标准”和“学业评价”为关键词检索并逐一鉴别，得到 90 篇文献。以这些文献为研究对象，分析和统计发现，有 12 篇文献对国外相关理论和实践经验进行分析；有关数学和化学学科的研究共 21 篇，以学科试题命制及试题分析为主题的文献有 24 篇。崔允漷等(2008)在对基于标准的学业评价研究边界、必要性、实施和条件进行内涵探讨基础上，从美国 NAEP 评价项目、美国俄亥俄州学生学业成就评价框架、英国国家课程测验框架、加拿大安大略省学生学业成就评价体系、澳大利亚学业成就评价动向、新西兰全国资格框架共六个方面分析和总结国外理论及实践经验，最后从一致性核心及实践路径、基于标准的命题、基于标准的表现性评价、基于标准的评分规则、国家义务教育质量检测系统、校内考试监控等维度进行了理论研究和操作性实践策略探讨。陈霞(2009)在对基于标准的美国基础教育课程改革研究中，对美国标准驱动的评价特点、现状以及教学中的表现性评价实施策略、判断标准与评价一致性的相关研究进展等进行了全面介绍。针对基础教育不理想的现状，美国所实施的此次基础教育课程改革注重对课程标准的达成，尤其是各个州所举行的标准化测验，以此为契机，政府部门或者公益性组织等机构研制出了韦伯模式、SEC 分析模式、Achieve 模式、CBE 模式等检测评价和标准一致性的工具。韦伯模式和 SEC 分析模式得到广泛应用，如中国学者刘学智(2008)就小学数学学业评价与课程标准的一致性及其影响因素的研究便是运用韦伯模式。张雷(2011)运用 SEC 分析模式和 Achieve 模式对小学语文学业水平考试与课程标准的一致性进行了研究。此外，陈娴、王磊、刘恩山、陈宁等都对课程标准与评价的一致性研究理论和实践运用进行了探索。3.1 节将对学业评价与课程标准的一致性研究方法及其实证研究现状进行综述。

参 考 文 献

埃利斯 A K. 2008. 美国基础教育标准化运动分析[J]. 张文军译. 教育发展研究, (2): 52-56.

陈霞. 2004. 基于课程标准的教育改革[D]. 上海: 华东师范大学博士学位论文: 1-2.

陈霞. 2009. 标准驱动——基于标准的美国基础教育改革[M]. 合肥: 安徽教育出版社: 3-13.

崔允漷, 王少非, 夏雪梅. 2008. 基于课程标准的学生学业成就评价[M]. 上海: 华东师范大学出版社: 35-206.

从立新, 王本陆. 2012. 国际视野中的课程与教学改革[M]. 北京: 北京师范大学出版社: 353-370.

方全波. 2010. 物理教学设计与新课程标准一致性个案研究[D]. 长春: 东北师范大学硕士学位论文: 26-28.

冯喜英. 2011. 从基于教科书的教学到基于课程标准的教学[J]. 中国教育学刊, (8): 58-60, 67.

顾明远. 1998. 教育大辞典(增订合编本)[M]. 上海: 上海教育出版社: 2121.

郭玉英. 2014. 中学理科课程标准国际比较与研究(物理卷)[M]. 北京: 北京师范大学出版社: 48-67.

韩东. 2018. 关注实际, 引导培养科学态度与责任——以 2018 年高考理综全国卷物理试题为例[J]. 基础教育课程, (Z2):77-79.

李伟, 张雨强, 董玉芬, 等. 2012. 初中化学教材习题与课程标准的一致性初探[J]. 中学化学教学参考, (1): 44-47.

李玉芝, 赵裕春. 1987. 评价学业成就的方法[M]. 北京: 光明日报出版社: 4.

廖元锡. 2010. 新课程高考方案及考试大纲对高中科学领域模块课程实施的影响研究[D]. 重庆: 西南大学博士学位论文: 43-57.

刘恩山, 卢群, 张颖之. 2010. 2010 年高考生物试卷与课程标准的一致性分析[J]. 基础教育课程, (9): 61-67.

刘海峰. 2009. 高校招生考试制度改革研究[M]. 北京: 经济科学出版社: 83-85.

刘颖, 岳亮萍. 2012. 基于课程标准设定教学目标[J]. 教育理论与实践, (29): 53-55.

范国睿. 2013. 教育政策观察(第 3 辑)[M]. 上海: 华东师范大学出版社: 56-76.

刘学智. 2008. 小学数学学业评价与课程标准一致性的研究[D]. 长春: 东北师范大学博士学位论文: 15-30.

倪娟, 李广洲. 2008. 理科课程改革: 回归基于日常生活的“科学世界”——基于理科课程标准文本分析[J]. 课程·教材·教法, (6): 62-66.

王策三. 1985. 教学论稿[M]. 北京: 人民教育出版社: 205.

王磊, 黄鸣春, 刘恩山. 2012. 对美国新一代《科学教育标准》的前瞻性分析——基于 2011 年美国《科学教育的框架》和 1996 年《国家科学教育标准》的对比[J]. 全球教育展望, (6): 83-87.

王伟宜. 2011. 高中课程改革与高考改革应实现良性互动[J]. 课程·教材·教法, (12): 11-16.

吴先强. 2010. 基于标准的“元素化学”教学过程“一致性”研究[D]. 上海: 华东师范大学硕士学位论文: 11.

肖磊. 2018. 关于我国中考改革的几个基本问题——基于改革开放 40 年的经验反思[J]. 西南大学学报(社会科学版), (5): 69-78.

谢翌, 马云鹏. 2004. 关于课程实施几个月问题的思考[J]. 全球教育展望, 33(4): 32-36.

余永玲. 2005. 高考分省命题的发展动因、影响及前景[J]. 中国考试, (4): 13-16.

袁令民. 2013. 物理高考与课程标准的一致性研究[D]. 重庆: 西南大学博士学位论文.

张雷. 2011. 学业评价和课程标准一致性分析模式与个案研究[D]. 长春: 东北师范大学: 25.

朱行建, 李勇. 2007. 新课程物理高考考试大纲与课程标准的匹配性研究[J]. 课程 · 教材 · 教法, (10): 56-59.

Cheng L Y. 1997. The washback effect of public examination change on classroom teaching: an impact study of the 1996 Hong Kong certificate of education in English on the classroom teaching of English in Hong Kong secondary schools[D]. Hong Kong: University of Hong Kong, 12-28.

Porter A C, Smithson J L. 2001. Defining, developing and using curriculum indicators[J]. Academic Standards, 44.

Wall D. 2000. The impact of high-stakes testing on teaching and learning: can this be predicted or controlled? [J]. System, 28(4): 499-509.

第 2 章　我国物理课程标准与学业质量评价

2.1　我国物理教育的发展历程

2.1.1　基于课程标准的学校物理教育初创

物理知识广泛存在于日常生产生活之中，作为科学技术知识的一方面，物理知识的发展贯穿着人类文明的发展历程。青铜器、陶器等工具的制造和使用及古代衣、食、住、行各方面均蕴含着丰富的物理知识。比较经典且含有物理知识的著作有《墨经》《考工记》《淮南万毕术》《论衡》《梦溪笔谈》《革象新书》《律学新说》等。从这些经典著作中可以看出，物理在中国古代并没有从哲学、自然科学和技术中分化出来(骆炳贤和何汝鑫，1991)。清末自鸦片战争和维新运动后，在“以夷制夷”“西学东渐”等运动背景下，我国的近代物理教育开始萌芽，新式学校开始创建。1862 年，北京创办了第一所学习“西文”的学校——京师同文馆，京师同文馆开设有“格致”，这是近代物理教育的起点。

清末到民国时期，我国基于课程标准的学校物理教育可分为三个阶段。

第一阶段，自 1904 年颁布的“癸卯学制”把物理学以法定的形式列入学校教育科目开始，到 1911 年辛亥革命爆发。“癸卯学制”是张之洞在张百熙于 1902 年编制的“壬寅学制”和赴欧洲、美国、日本多次考查基础上主持修订完成，这是我国教育史上公布实施的第一个现代学制，该学制中的物理课程标准包括修业年限、课程设置、师资、教材使用、实验器材等。物理课程在中学四年级开设，每周 4 课时，按照顺序依次学习力学、声音、热学、光学、电磁学等。该版本课程标准注重物理知识对学生未来人生的影响，有助于学生从事各行业工作；重视实验和知识的运用；对教科书有严格的审定要求。在该物理课程标准基础上，以翻译或编译为主出版了多部物理教材，其中第一部是 1904 年王季列翻译自日本的《物理学》(郭桂周，2010)。

第二阶段，辛亥革命爆发至南京国民政府成立。这一阶段比较典型的是国民政府颁布的“壬子·癸丑学制”，明确了中学阶段把物理作为一门独立的学科开设，物理、化学等理科学科受到重视(骆炳贤和何汝鑫，1991)。这一时期的物理课程设置注重知识在生活中的运用，不仅要“习得自然现象之知识”，而且学习“器械构造之用”，还需注重科学方法的领悟、物理知识与人生之关系。教科书编写和选用方面，课程标准没有硬性规定教科书的选用，民国政府教育部负责教科书的审定和发行，比较有代表性的教科书是王兼善编的《民国新教科书·物理学》。教学实施方面，由于课程标准没有具体规定内容掌握程度，一般由学校或教师自己把握教学的难度和进度，教学方法的选用和实验器材的配备情况在各地、各学校也有较大差异。总体而言，这一时期各学校基本上是按照课程标准的要求和时间开设物理课程。

第三阶段，20 世纪 20 年代到中华人民共和国成立，这一时期国民政府出台了初、高中的物理课程标准，明确规定了初、高中物理教学目标、教学要求、教科书编写建议等内容。由于中国和美国之间的交流与互动频繁(杜威等学者来华，任鸿隽等学者赴美国进修学习)，这一时期我国的物理课程标准与实践深受美国教育的影响。“壬子·癸丑学制”实施后，在实践中显露出课程实施不顾社会需求及学生差异而硬性划一、实用性不强等弊端，在此背景下，1922 年，国民政府颁布并施行“壬戌学制”，该学制仿照美国学制规定：小学六年，中学六年(分为初中和高中两段，各三年)；次年颁布的《新学制物理课程标准》被认为是我国第一部中学物理课程标准，其明确指出物理教学目标、教学时间安排、教材大纲、实施方法概要、物理实验等内容，可以看成基于课程标准的物理教育诞生的标志。这一时期的课程标准和其他版本课程纲要均具有重视科学史、科学概念和科学方法教育，注重物理与实际生活的联系，重视实验教学，划定学生学习结果的最低表现水平，在施行学科和选课制度上学生有一定的选择自由(郭桂周，2010)。虽然这个时期的教科书编写队伍专业化程度还不够高，但仍出现了多个版本的教科书，基于本土实际情况编写和编译了初中、高中和大学的《物理学》教科书。

2.1.2　基于教学大纲的中国物理教育改革历程

中华人民共和国成立以来，物理教育的发展伴随着历次课程改革发生着变化。中国基于教学大纲的物理课程改革可以分为特点较为鲜明的四个阶段(骆炳贤和何汝鑫，1991)。

第一个阶段是中华人民共和国成立到“文化大革命”前，这个时期可以说我国的教育事业在摸索和曲折中发展。表 2-1 列举了几个比较具有代表性的物理教学大纲(标准)文件。

表 2-1　中华人民共和国成立初期的物理课程文件

年份	文件名称
1950	《物理精简纲要(草案)》
1952	《中学物理科课程标准(草案)》
1952	《中学物理教学大纲(草案)》
1954	《关于颁发“精简中学物理、化学、生物三科教学大纲(草案)和课本的指示”的通知》
1955	《关于精简中学物理教学大纲(草案)和高中二、三年级物理课本的指示》
1956	《中学物理教学大纲(修订草案)》
1957	《关于中学历史、地理、物理、生物等科教科书的精简办法》
1963	《全日制中学物理教学大纲(草案)》

从表 2-1 可以看出，中华人民共和国成立后，从基于课程标准的教育规划和实施转变为基于教学大纲的教育规划和实践。1952 年颁发的《中学物理科课程标准(草案)》提出中国物理教育的目的包括：培养学生从实际出发，从观察现象中获得正确认识的能力；通过课外作业与活动，提高学生学习物理的兴趣；通过物理认识自然，培养学生辩证唯物主义观点，等等。1950 年 9 月提出中学教科书必须统一供应的方针，之后人民出版社先后编写了六套中学物理教科书，1951 年开始出版发行初中物理学(上、下册)和高中物理教科书；1952 年、1954 年、1960 年、1962 年和 1964 年先后编写发行五套中学物理教科书(部分教科书未全面使用)。这一阶段的主要特征是模仿苏联的学校制度和学习内容，探索建立较为全面的课程体系。

第二阶段是“文化大革命”时期。“文化大革命”使中小学正常的教学秩序受到严重影响，学校教育变得无序；没有统一的教学大纲。将物理课程改为“生产生活知识”和“现代农业知识”的教学，出现了“三机一泵”(拖拉机、柴油机、电动机、水泵)为典型代表的“工业基础知识”取代物理课和物理基础知识的学习现象。

第三阶段拨乱反正时期(1976 年至 20 世纪 80 年代)。1978 年，教育部颁布《全日制十年制学校中学物理教学大纲(试行草案)》，其后进行了修订并编写出版反响较好但难度稍大的初中和高中物理教科书(各两册)。1983 年，教育部颁布《高中物理教学纲要(草案)》，调整了教学内容，实行两种教学要求(基本和较高)。1984 年出版高中物理甲乙两种课本，供不同学校使用，这是我国中学物理教育改变“一刀切”局面进行的首次尝试。在国家大力倡导素质教育的背景下，1987 年国家教育委员会颁布了《全日制中学物理教学大纲》。这一时期物理教育的特点是积极改革探索适合我国国情的素质教育发展路线，以促进学生全面发展。

第四阶段属于深化改革时期(20 世纪 90 年代以后)。这一时期前后围绕大力推行素质教育，多次进行教学培养计划、教学大纲的改革。1990 年，国家教育委员会印发《现行普通高中教学计划的调整意见》，首次提出把高中物理分为选修和必修两个部分，并实施高中会考制度，随后颁布具体的教学大纲。1992 年，国家教育委员会颁布《九年义务教育全日制初级中学物理教学大纲(试用)》。在执行 1990 年调整意见的基础上，1996 年，国家教委基础教育司编订的《全日制普通高级中学物理教学大纲(供试验用)》，进一步完善“必修+选修”的模式，并且分为两类课程设置，这一尝试首先在两省一市(江西、山西和天津)试行，至 2000 年教育部颁布的《全日制普通高级中学物理教学大纲》，在全国推行“两省一市”试验方案。

物理教学大纲是教育部根据中学生的培养目标和物理课程计划制定的关于物理教学的指导性文件，它规定了物理学科的教学目的、课程安排、教学内容、教学中应该注意的问题等[①]。基于教学大纲的物理教学具有以下特征：在学习观方面，与课程标准相比，基于教学大纲的物理教学更加强调教师传授知识，追求学生的“明白”和“领悟”。在评价特征方面，相对强调评价的甄别和选拔功能；注重学生掌握知识与技能的结果考核，评价结果以分数为主；强调评价的标准化和终结性，一般只有书面考评。

2.1.3　21 世纪初，我国基于标准的基础教育物理课程改革

增强综合国力的关键是提高全民素质，而教育是其主要手段。在国际、国内经济社会发展和基于标准的基础教育发展大背景下，21 世纪初开始了中国历史上的第八次基础教育课程改革。本次基础教育课程改革开始的标志是《基础教育课程改革纲要(试行)》和各学段各学科课程标准的颁布。教育部组织专家经过三年对全国基础教育课程实施现状的调研和专题研究，于 2001 年完成并颁布《基础教育课程改革纲要(试行)》和 20 个义务教育学科的课程标准；2003 年 3 月教育部颁布《普通高中新课程方案(实验)》和高中阶段各科课程标准，全

① 中华人民共和国教育部. 全日制普通高级中学物理教学大纲[M]. 北京：人民教育出版社, 2002.

面开始基础教育课程改革。义务教育阶段课程改革实验自 2001 年 9 月首先在全国 38 个国家级基础教育课程改革实验区推行，至 2005 年 9 月全国义务教育阶段各起始年级全面开始施行新课程。2004 年 9 月高中阶段的首批课改实验省(区)——山东、广东、海南、宁夏开始实施，至 2012 年 9 月除港澳台外最后一个自治区——广西壮族自治区开始推行课程改革(上海自 1988 年开始一期课改实践，1998 年开始二期课改实践，暂不列入本书研究范围)。表 2-2 列出高中新课程开始时间和新课程高考实施时间及省区市。

表 2-2　高中新课程开始和新课程高考实施时间及省区市

高中新课程开始时间	新课程高考实施时间	省区市
2004 年	2007 年	广东、海南、山东、宁夏
2005 年	2008 年	江苏
2006 年	2009 年	浙江、福建、天津、安徽、辽宁
2007 年	2010 年	北京、吉林、黑龙江、湖南、陕西
2008 年	2011 年	山西、河南、江西、新疆
2009 年	2012 年	河北、湖北、云南、内蒙古
2010 年	2013 年	四川、贵州、重庆、青海、西藏、甘肃
2012 年	2015 年	广西

《基础教育课程改革纲要(试行)》指出：“国家课程标准是教材编写、教学、评估和考试命题的依据，是国家管理和评价课程的基础。”其还指出：“高等学校招生考试制度改革，应与基础教育课程改革相衔接。要按照有助于高等学校选拔人才、有助于中学实施素质教育、有助于扩大高等学校办学自主权的原则，加强对学生能力和素质的考查……”①《全日制义务教育物理课程标准(实验稿)》指出：“学生学习评价对于课程实施具有很强的导向作用。在评价的内容和形式上，强调评价在促进学生发展方面的作用，不强调评价的甄别与选拔的功能；重视学生在活动、实验、制作、讨论等方面表现的评价，不赞成以书面考试为唯一的评价方式。”《普通高中物理课程标准(实验)》也指出：“高考招生制度改革应与课程标准的实施配套。”②在我国考试评价具有较强导向作用的大背景下，评价制度和评价内容的改革应该与课程改革相同步，应

① 中华人民共和国教育部. 基础教育课程改革纲要(试行)(教基[2001]17 号)[EB/OL]. [2001-6-7]. http://old.moe.gov.cn/publicfiles/business/htmlfiles/moe/moe_309/200412/4672.html.

② 中华人民共和国教育部. 普通高中物理课程标准(实验)[M]. 北京：人民教育出版社, 2003. 4-55.

起到有利于素质教育推广、促进课程改革顺利推进的作用。课程标准是教学、教材编写、教学评价的主要依据，基于标准的基础教育课程改革，其在课程理念、课程设计思路、课程目标、内容要求形式等方面都与基于教学大纲的基础教育有明显差异，其价值取向从精英教育转向大众教育，课程目标更有利于学生的全面发展，课程管理从刚性转向弹性。在表述形式上，课程标准从学生角度，描述学生接受一定教育阶段之后的结果，是教育教学质量在一定教育阶段中应达到的具体目标；在学习观方面，课程标准强调亲身体验获取知识，重视学习过程，注重学生的“尝试”和“体会”；在学习目标方面，课程标准注重知识与技能、过程与方法、情感态度与价值观三维目标的达成；在学习评价方面，课程标准强调评价在促进学生发展方面的作用，倡导采取笔试、实验操作等多种形式开展考试评价。

自21世纪初开始基础教育课程改革，伴随着基础教育课程改革的全面推广和深化，针对课程改革进程中出现的内容难度、学生评价、教学建议等方面问题，教育部组织专家团队进行广泛调研、国际比较研究、专题研究等，对义务教育阶段的20个学科和高中阶段的14个学科的课程标准进行了修订。2012年初，教育部颁布了《义务教育物理课程标准(2011年版)》，2018年初，教育部颁布了《普通高中物理课程标准(2017年版)》。伴随着课程标准、教科书、教学实施的改革，考试评价也开始全面改革。

近几年，高中阶段的各学科课程标准修订工作已经逐步展开。2014年9月4日，国务院召开新闻发布会，公布《国务院关于深化考试招生制度改革的实施意见》(国发〔2014〕35号)。自此，我国考试评价改革进入新的阶段，该文件指出：在改进招生计划分配方式方面，提高中西部地区和人口大省高考录取率，增加农村学生上重点高校的人数，完善中小学招生办法破解择校难题；在改革考试形式和内容方面，完善高中学业水平考试，规范高中学生综合素质评价，加快推进高职院校分类考试，深化高考考试内容改革，增强考查内容的基础性和综合性，着重考查学生独立思考和运用所学知识分析问题、解决问题的能力，2015年起增加使用全国统一命题试卷的省份。

考虑到初中和高中课程标准的修订版已经颁布，下面两节以2011年版初中物理课程标准和2017年版高中物理课程标准为主要研究对象，分析其基本内容及相应的学业评价标准。

2.2　基于初中物理课程标准的学业评价标准

2001 年 6 月 8 日，教育部颁布《基础教育课程改革纲要(试行)》，同年 7 月《全日制义务教育物理课程标准(实验稿)》由北京师范大学出版社出版发行，9 月新版教材发行，并开始在国家级实验区使用。根据全国课程改革实验区反馈的使用意见，教育部成立的课题组从 2003 年开始进行全国大范围调研，2007 年成立义务教育物理课程标准修订组，经过广泛调研、国际比较、专题研究、会议研讨、专题访谈等工作，依据《国家中长期教育改革和发展规划纲要(2010—2020 年)》等国家有关课程改革的方针政策、实践调查结果以及国际比较研究成果，2012 年 1 月出版发行《义务教育物理课程标准(2011 年版)》等 19 个义务教育阶段课程标准。

2.2.1　立足提高学生科学素养的初中物理课程目标定位

开始于 21 世纪初的第八次基础教育课程改革中的物理、化学、生物、科学等科目均以科学素养的培养为课程宗旨。如在 2017 年修订版《义务教育小学科学课程标准》中，“科学素养”一词出现 27 次，在课程性质和课程理念一章的表述中“科学素养”出现 7 次。在第二部分的课程目标的表述中第一句话是“小学科学课程的总目标是培养学生的科学素养，并为他们继续学习、成为合格公民和终身发展奠定良好的基础”①。作为自然科学之一的物理学科对科学素养尤为重视，中学阶段物理教育的根本价值追求便是：提高学生的科学素养，促进学生全面有个性的发展。

《义务教育物理课程标准(2011 年版)》第一部分对课程性质的描述中指出“义务教育物理课程作为科学教育的组成部分，是以提高全体学生科学素养为目标的自然科学基础课程”；同时提出“面向全体学生，提高学生科学素养”是初中物理课程的基本理念之一。在课程设计思路上，义务教育物理课程也是“以提高学生科学素养为宗旨，从课程基础性、实践性、时代性等方面提出了课程基本理念，从‘知识与技能’‘过程与方法’‘情感态度与价值观’三方面提出了课程目标”②。

---

① 中华人民共和国教育部. 教育部关于印发《义务教育小学科学课程标准》的通知[EB/OL]. [2017-2-6]. http://www.moe.edu.cn/srcsite/A26/s8001/201702/t20170215_296305.html.

② 中华人民共和国教育部. 义务教育物理课程标准(2011 年版)[M]. 北京：北京师范大学出版社, 2012: 1-5.

基于提高学生科学素养、设计和实施课程是顺利迎接知识经济时代对科学教育提出的挑战。那么究竟什么是科学素养呢，如何界定和评估基于科学素养的教育呢？“素养”一词由来已久，它是指人必须具备的适应现代社会所需要的知识和技能的最低水平。科学素养作为教育领域的一个术语得到关注和研究开始于 20 世纪 40 年代，最开始被解释为“能读会算”；逐渐发展为“对科学过程技能的态度和能力以及科学概念的有用知识”，甚至有学者解释为“与科学教育有关的每一件事情”(梁英豪，2001)。随着社会发展和教育理论的更新，科学素养逐渐得到较为全面而深刻的认识，一般被视为“一个人必须具备最起码的可用于满足其生存与健康的基本需要的科技知识和技能”，或者被看作“社会公民应具备最基本的对科学技术的理解能力”。具体包括：对科学知识(术语和概念)的基本理解；对科学的研究过程的基本理解；科学技术对社会影响的基本理解程度(封小超，2005)。将这样的解释与物理课程三维目标的内容对比发现，从三维目标出发，设计和实施课程，最终能达到提高学生科学素养的目的。在初中物理课程的落实中具体包括三个方面：第一，知识、方法和思维习惯。方法和思维的目标达成以知识学习为载体与基础，作为义务教育阶段的物理课程，是让学生通过本门课程的学习，掌握终身发展必需的物理基础知识和方法，养成良好的思维习惯，在生产、生活或以后的学习中，分析问题和解决问题时，能够尝试运用科学知识和科学研究方法。这里的科学研究方法既包括分析与综合、归纳和演绎、等效、类比、守恒等论层面的一般性方法，也包括发现问题或提出问题、猜想与设计方案、进行实验与收集数据、分析与论证、评估、交流与合作等科学探究方法。第二，经历探究过程、培养探究能力。义务教育物理课程标准将“科学探究能力”作为重要的学习内容和学习目标。科学探究是培养学生科学素养的重要路径，其本身也是课程的目标之一。第三，科学态度与责任。通过物理课程的学习，使学生保持探索科学的兴趣与热情，在经历物理知识学习的过程中能够获得成就感，养成尊重事实、独立思考、敢于质疑、勇于创新的科学态度与思维品质。注重科学、技术、社会和环境之间的联系，物理学习过程中关心科学技术前沿发展，逐步养成环境保护和可持续发展的意识，客观认识科学、技术、社会和环境之间的关系，树立正确的世界观，培养将科学服务于人类的使命感与责任感。

2.2.2　倡导多样化的物理学业评价标准

学业评价是对学生经过一个阶段的学习后，在学校课程上所取得的学业成就进行评价。初中物理学业评价总的指导思想是：促进学生课程目标的达成，以“立足过程，促进发展”为基本原则。《义务教育物理课程标准（2011 年版）》对学业评价从评价指导思想、评价内容、评价方法和使用、评价应注意的问题四个方面列出实施建议。在对物理课程标准进行分析的基础上，下面从评价目标、评价内容的标准两个方面对初中物理学业评价标准进行解读。

1. 初中物理学业评价目标

第八次基础教育课程改革中，课程目标定位为三维目标，学习评价目标和内容的设置应与课程目标一致。

（1）知识技能评价目标。在知识层面可以划分为了解、认识、理解和应用四个等级。“了解”认知水平是指回忆知识、复述物理概念、规律和方法以及经历过的分析过程。“认识”是介于“了解”和“理解”之间的一个水平。“理解”是指学生能通过分析、归纳、判断、推理等认知行为解释所学知识。“应用”是指通过描述物理情境促使学生对知识进行转化。“理解”和“应用”注重在新情境下对物理现象进行分析和判断，对物理知识进行描述。技能层面的目标是要求达到“独立操作”的水平，是指会独立使用刻度尺、停表、温度计、天平、弹簧测力计、电流表、电压表等工具确定量度范围、正确操作仪器和读数、测得物理量。

（2）过程体验评价目标。过程的评价对促进学生全面发展至关重要，对过程的评价包括体验、感受、方法、习惯、态度等的评价。体验性目标包括经历、认同和内化，“经历”过程体验水平是指学生在参与某项具体学习活动中，能完成观察、操作、调查、记录、阅读、分析、概括等学习任务；“认同”主要指获得关心、关注方面的感受并做出反应；“内化”是指形成稳定的态度、养成一致的行为习惯。

（3）科学探究评价目标。科学探究能力的评价强调在真实的情境中，应用物理知识解释或解决物理问题，科学探究过程是促进学生思维能力和解决问题能力发展的过程。科学探究评价目标可以从提出问题和假设、设计实验和制定计划、进行实验与收集证据、分析与论证、评估、交流与表达等方面进行界定及评价。第 5 章将对初中物理学业水平考试中科学探究能力的评价内容进行分析，尝试解读基于标准的初中物理学业评价特征。

2. 初中物理学业评价内容标准

初中物理学业评价的最直接对象是科学知识内容，根据课程标准的具体内容标准条目，可以将所描述的学习结果具体化，分析学生达到这个学习结果表现出来的“知道什么”“能做什么”。这个过程是内容标准条目的可操作性拆分，对学生外显行为进行描述，以达到可观察、可测量的程度。表2-3是初中物理课程内容结构，对内容标准条目进行分析，在此基础上得到可供参考的评价标准。下面以“物质”的二级主题“物质的属性”的第三个内容标准条目“密度”为例进行举例分析。

表2-3　初中物理课程内容结构

一级主题	二级主题
1. 物质	1.1　物质的形态和变化 1.2　物质的属性 1.3　物质的结构与物体的尺度 1.4　新材料及其应用
2. 运动和相互作用	2.1　多种多样的运动形式 2.2　机械运动和力 2.3　声和光 2.4　电和磁
3. 能量	3.1　能量、能量的转化和转移 3.2　机械能 3.3　内能 3.4　电磁能 3.5　能量守恒 3.6　能源与可持续发展

内容标准条目举例：通过实验，理解密度，会测量固体和液体的密度，解释生活中一些与密度有关的物理现象。

对这一条目从学习方式、行为动词、知识广度三方面进行分析。就学习方式而言，对于密度这一知识点，要求经历探究物质的质量随体积变化的实验过程，进而形成密度的概念。“理解”意味着认知水平为第三层次，要求学生通过这一内容的学习，能够把握密度是物质的一种本质属性，通过质量和体积推导出密度数值大小只是一种计算方式，这种逻辑联系是掌握密度的关键；这也就要求密度这一概念的学习需要结合前面所学的质量，与已有知识建立联系。“会测量”属于技能型目标行为动词，是指独立操作水平，要求学生能够达到的目标是：独立完成密度测量的操作，与已学过的质量测量和体积计算建立联系。“解释”的含义是要求学生能够用学过的密度知识，与生活中的相关现象建立联系，能够对这一知识点进行适当扩展。

综上分析，根据这一内容标准条目，可以分解成的学业评价标准如下。

(1)经历探究物质的质量随体积变化的实验过程，会用图像描述物质的质量随体积变化的规律，并能用语言和公式表达图像中所反映的比值的含义；能准确描述密度的定义、符号、单位；能列举说明密度是可以表征物质的一种性质，不同物质的密度一般是不同的。

(2) 会测量一些固体和液体的密度；能用密度与质量、体积的关系进行计算。

(3) 能运用密度知识鉴别物质，能解释生活中一些与密度有关的物理现象。

在知识的考查方面，可以考查学生对密度是否能达到第三个层次"理解"水平，能用密度的相关知识解决实际问题和解释生活中相关物理现象。就评价方法而言。在技能方面，考查学生"独立操作"，即会用天平、量筒等工具测量并计算得到物体的密度数值。在科学探究方面，结合课程标准要求"测量固体和液体的密度"是学生必做的 20 个物理实验之一。可以通过实验题考查学生用实验建立密度概念的过程，通过数据处理和计算，得到密度的概念和性质。这一内容标准的达成可以以纸笔测验为主，实验操作、课堂观察等表现性评价为辅的方式进行。

通过上述案例分析可以看出，科学探究能力的评价是初中物理学业评价的重点和难点；从评价方法与使用看，《义务教育物理课程标准(2011 年版)》指出"依据评价目的和内容来选择评价方法，倡导应用多种评价方法，客观、公正地评价学生的学业成就和发展状况"①。但就目前情况看，初中阶段物理学业评价主要采取纸笔测验和实验操作的方式，前者为主，后者为辅。基于课程标准的学业评价，首先是要分析标准的要求。对科学探究能力的评价，本书第 5 章以中考物理试题中的科学探究试题为分析对象，从知识内容、评价要素维度、情境类别等角度进行实证分析。

2.3　基于高中物理课程标准与学业质量标准

2.3.1　实现物理学科的育人功能，修订课程结构和内容

课程标准是确定学校教育一定阶段的课程水准、课程结构与课程模式的纲领性文件(顾明远，1998)。正如 2.1 节所阐述，课程标准在表述形式、学习理论、评价特征等方面有别于教学大纲，随着新课程改革的全面展开，"教学大纲"已经全面被"课程标准"所代替。2003 年，教育部印发的普通高中课程方案和课程标准实验稿，已经实施了十余年，对普通高中课程改革实践起到了

① 中华人民共和国教育部. 义务教育物理课程标准(2011 年版)[M]. 北京：北京师范大学出版社, 2012: 33-40.

较大的指导作用。但是，经济社会的快速发展和社会主要矛盾的转化，对全体国民素质和人才培养质量提出了新要求和新挑战，普通高中课程标准需要做出相应的调整。2018 年 1 月 16 日，教育部召开新闻发布会正式颁布 2017 年版普通高中课程方案和 14 个学科的课程标准。下面从课程性质和基本理念、课程内容结构两方面对《普通高中物理课程标准(实验)》(下文简称实验版课程标准)和《普通高中物理课程标准(2017 年版)》(下文简称 2017 年版课程标准)做分析和比较。

1. 课程性质和基本理念

实验版课程标准由前言、课程目标、内容标准、实施建议和附录五部分构成，2017 年版课程标准由课程性质与基本理念、学科核心素养与课程目标、课程结构、课程内容、学业质量、实施建议、附录共七部分构成。两者的课程标准结构区别在于 2017 年版课程标准强化基于学科核心素养的课程定位，注重课程标准对学业质量的界定。

两版课程标准的前言部分都首先阐明高中物理课程性质和课程基本理念。实验版课程标准用了 184 个字交代高中物理课程的性质，核心内容是“高中物理是普通高中科学学习领域的一门基础课程，与九年义务教育物理或科学课程相衔接，旨在进一步提高学生的科学素养”[①]。2017 年版课程标准用 515 字，阐述了物理学的研究对象以及对人类发展做出的巨大贡献，对科学技术社会产生了巨大作用；然后提出高中物理“旨在落实‘立德树人’根本任务，进一步提升学生的物理核心素养，为学生的终身发展奠定基础，促进人类科学事业的传承与社会的发展”。从中可以看出，高中物理重要的育人功能是：立德树人、提升学生的物理核心素养，进而促进人类科学事业的传承和发展[②]。

在确定高中物理课程性质的基础上，课程标准提出了高中物理的五条基本理念，两个版本课程标准对比可以看出(表 2-4)：在课程目标方面，从注重科学素养提升向培养学生的物理核心素养转变；在课程结构方面，更加强化基础性和选择性的设置以为满足学生终身发展需求；在课程内容方面，更加关注科技进步和社会发展所产生的需求；在课程实施方面，仍然注重自主学习和教学方式多样化(没有变化)；在课程评价方面，把“促进学生发展”这一评价理念具体化，强调过程评价和基于核心素养发展的评价。

---

① 中华人民共和国教育部. 普通高中物理课程标准(实验)[M]. 北京：人民教育出版社, 2003.

② 中华人民共和国教育部. 普通高中物理课程标准(2017 年版)[M]. 北京：人民教育出版社, 2018.

表 2-4　两个版本高中物理课程标准的基本理念

维度	实验版课程标准	2017 年版课程标准
目标	在课程目标上注重提高全体学生的科学素养	注重体现物理学科本质，培养学生的物理核心素养
结构	在课程结构上重视基础，体现课程的选择性	注重课程的基础性和选择性，满足学生终身发展的需求
内容	在课程内容上体现时代性、基础性和选择性	注重课程的时代性，关注科技进步和社会发展的需求
实施	在课程实施上注重自主学习，提倡教学方式多样化	引导学生自主学习，提倡教学方式多样化
评价	在课程评价上强调更新观念，促进学生发展	注重过程评价，促进学生核心素养的发展

2. 课程内容结构

实验版课程标准指出，高中物理课程由 12 个模块构成(图 2-1)，包括共同必修和选修两大部分，每个模块 2 学分，高中毕业要求是 6 学分，即共同必修 4 个学分以及选修 2 学分(从选修 1-1、选修 2-1 和选修 3-1 中选择)。在 15 年的课程标准实施过程中，出现以下问题：第一，模块的设置基本理念是体现基础性和选择性，为学生终身发展打下基础，并为学生“个性发展”提供选择；但在高考的背景下，很难实现“个性发展”，除了学校为学生开设统一固定的模块外，表 1-3 分析可得，40%的高考物理试卷没有设置供所有考生选作的试题；而提供了选做题的省区市，这种选择性具有逐年弱化的趋势。第二，三个系列模块设置的合理性没有体现出来：选修 1 系列在课程设计上侧重物理与社会的相互关系，突出人文特色及物理与生活、人文学科的融合，但实施过程中，选修 1-2 由于学业水平考试不涉及而变成了“形同虚设”；选修 2 系列，侧重物理与技术的结合，着重体现物理的应用性、实践性，但实施过程中，选修 2-2 仅曾经在 2007～2009 年全国卷 1(选考部分四选一)中出现过，其他高考试卷均未出现，这样选修 2 系列也同样“形同虚设”。选修 3 系列侧重较全面地学习物理的基本内容，在必修模块基础上进一步了解物理学的思想、方法和基础知识，而实施过程中发现，选修 3-3 模块的同学非常少，理由可能包括“已选考经验表明该模块平均得分最低”“模块 3-4 和模块 3-5 对学生以后进入大学有更好的发展”等。第三，高中理科生所学模块内容不能为大学的学习提供相应的基础，没有形成完整的物理知识体系(廖伯琴，2018)。

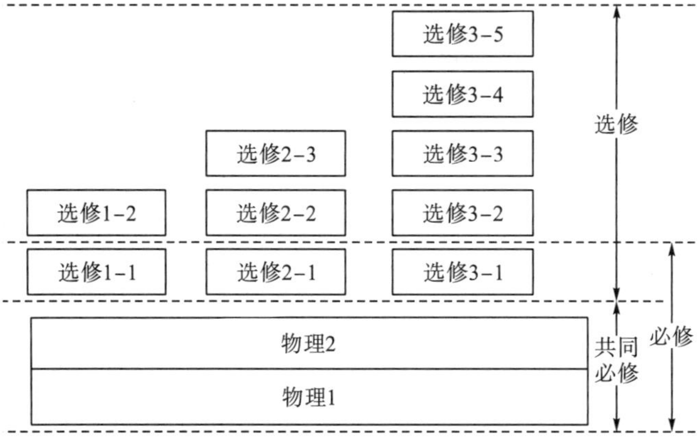

图 2-1　高中物理课程结构(实验版课程标准)

如图 2-2 所示的 2017 年版课程标准中的高中物理课程结构，有以下几方面特征。

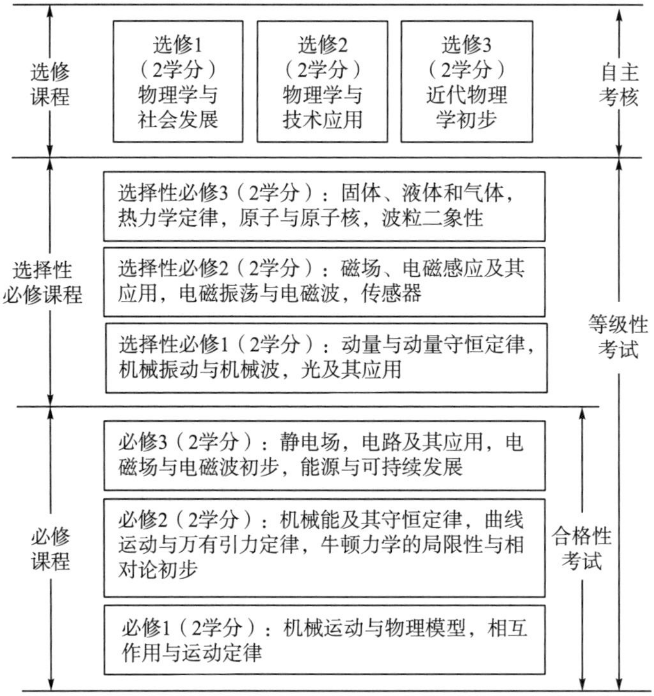

图 2-2　高中物理课程结构(2017 年版课程标准)

(1)落实高中课程方案的要求。2017 年版课程标准规定物理课程开设必修课程、选择性必修课程和选修课程。必修课程是全体学生必须学习的内容，是达成物理学科核心素养目标的基础；选择性必修课程体现在等级性考试，即

“新高考”中，满足学生升学需要；选修课程是供高校自主招生考核选择。

(2) 模块设置符合学生认知规律及学科特点。必修模块不但包括实验版课程标准中的相互作用与运动规律、机械能、曲线运动与万有引力、经典力学的成就与局限性，还包括电磁学部分的基础知识(静电场、电路及其应用、电磁场与电磁波初步、能源与可持续发展)。依照“循序渐进”的原则，有升学需求的通过进一步学习选择性必修模块的内容，进一步深化和拓展力学、电磁学、热学、光学和原子物理学等内容。

(3) 突出了物理课程的地位。《普通高中课程方案(2017 年版)》规定每个科目由必修、选择性必修、选修三类模块构成，必修模块由国家根据学生发展需求统一设置，属全体学生都必须修习的内容；选择性必修模块是由国家根据学生生涯发展和升学考试需要设置，参加高考的学生必须修习；选修模块由学校根据具体情况规划开设，主要包括学生自主选择修习的校本课程和学校特色课程，各学科的三部分学分构成如表 2-5 所示。语文和数学的必修学分均占 8 分，其次是外语、思想政治、物理、信息技术和通用技术、艺术(音乐、美术)的必修学分均占 6 分。高考物理所涉学分相比历史、地理、化学、生物所占比重最大，由三个必修模块(6 个学分)和三个选择性必修模块(6 个学分)构成，涵盖了力学、电磁学、光学、热学、近现代物理学等各部分的基础知识。

表 2-5 普通高中课程方案(2017 年版)规定的学分

科目	必修学分	选择性必修学分	选修学分
语文	8	0～6	0～6
外语	6	0～8	0～6
数学	8	0～6	0～6
思想政治	6	0～6	0～4
历史	4	0～6	0～4
地理	4	0～6	0～4
物理	6	0～6	0～4
化学	4	0～6	0～4
生物	4	0～6	0～4
信息技术、通用技术	6	0～18	0～4
艺术或音乐、美术	6	0～18	0～4
体育与健康	12	0～18	0～4
综合实践活动	14		
校本课程			≥8
合计	88	≥42	≥14

2.3.2　落实物理学科核心素养，细化学业质量标准

2017 年版课程标准的两大变化：一是从三维课程目标到基于物理学科核心素养的课程目标；二是细化学业质量标准，使评价建议更具有操作性。

1. 基于物理学科核心素养的课程目标

1952 年《中学暂行规定(草案)》阐明课程目标基于“基础知识和基本技能”，2001 年《基础教育课程改革纲要(试行)》确定课程目标基于知识与技能、过程与方法、情感态度与价值观，《普通高中课程方案(2017 年版)》确定课程目标基于学科核心素养。这三个阶段的变化体现出从知识导向到能力导向，再到素养导向的发展取向；同时也体现了从“教书”向“育人”的转变。物理学科核心素养是指学生在接受物理教育过程中逐步形成的适应个人终身发展和社会发展需要的价值观念、必备品格、关键能力，主要由物理观念、科学思维、科学探究、科学态度与责任四个方面的要素构成①。实验版课程标准和 2017 年版课程标准的课程目标对比如表 2-6。

表 2-6　实验版课程标准和 2017 年版课程标准的课程目标对比

实验版课程标准		2017 年版课程标准	
维度	关键词	维度	关键词
知识与技能	物理学基本概念和规律、基本观点和思想、实验技能、物理学的发展历程、成就和趋势、解释自然现象和解决问题	物理观念	物质观念、运动观念、相互作用观念、能量观念
过程与方法	科学探究的过程方法和意义、物理研究方法、模型和数学工具、自学能力、自我调控能力、实践能力、解决问题能力、合作能力	科学思维	模型建构、科学推理、科学论证、质疑创新
		科学探究	问题、证据、解释、交流
情感态度与价值观	好奇心、求知欲、体验探索的艰辛和喜悦、参与热情和实践意识、科学态度与精神、合作与交流、物理与经济社会的关系、使命感和责任感	科学态度与责任	科学本质、科学态度、社会责任

1)物理观念

对物理学科核心素养中第一个维度，物理观念的内涵进行分析，可以发现，物理观念不同于物理知识，不但强调对物理知识的基本认识和理解，更强调物理知识学习在头脑中的提炼和升华，观念的外显表现是“解释自然现象和解决

① 中华人民共和国教育部. 普通高中物理课程标准(2017 年版)[M]. 北京：人民教育出版社, 2018.

实际问题”。解读课程标准内容可以看出，物理观念维度课程目标强调物理概念和规律图式建构基础上的应用，“解释自然现象和解决实际问题”既是物理观念的内涵范畴也是物理观念的实践路径。下面看一个例子。

例 2-1：想象你处在遥远的太空中，在你的前面有一块与你相对静止的巨石，你轻轻推巨石一下，试描述这块巨石和你自己在推巨石时与推巨石后的运动情况，并解释其原因[①]。

学生达成运动和相互作用的观念目标后的表现之一便是能够利用牛顿运动定律解释相关的自然现象和解决相关的问题。这道题目情境创设为“遥远的太空中”，不受其他外力的作用，仅考虑人和巨石的相互作用，显然利用牛顿第三定律可以得到作用力和反作用力关系，继而根据“巨石”这一条件推理得到质量关系，再根据牛顿第二定律得到加速度的关系，而推巨石后的情况则依据牛顿第一定律解释。物理观念是在物理知识与技能基础上，更加强调物理学科的“育人”价值，更加追求物理学科本质属性，从而达到以“科学”的方式学习科学知识的育人目标。基于物理观念的教学实践重要路径有：情境创设和解析、基于问题的物理学习等。

2）科学思维

思维是指在表现、概念的基础上进行分析、综合、判断、推理等认识活动的过程，是人类特有的一种精神活动，是从社会实践中产生的[②]。物理学科中的科学思维培养，指从物理学视角对现象和规律的本质属性、内在规律及相互关系进行认识，物理学习领域的思维和普适性思维类似，均以推理为核心，具体包括模型建构、科学推理、科学论证、质疑创新共四个要素。高中物理概念和规律与初中阶段相关内容相比，更加强调模型化思想，常见包括对象模型和过程模型，对象模型有质点、点电荷、理想气体、电场线、磁感线、电路图等；过程性模型有匀变速直线运动、自由落体运动、平抛运动等。物理学习中涉及的推理，不但包括逻辑上的分析和综合、归纳和演绎、比较、类比等思维方式，也包括控制变量、因果推理等推理方式；科学推理的外显是科学方法，所以科学推理的掌握离不开物理科学方法的学习；此外物理技

① 选自人教版高中物理教科书，第四章第五节“牛顿第三定律”课后习题。
② 中国社会科学院语言研究所词典编辑室. 现代汉语词典（第 5 版）[M]. 北京：商务印书馆，2005：1290.

能训练是科学思维学习的重要路径。科学论证的具体过程包括了科学思维的运用或训练、物理科学方法和物理技能的使用。在前面三个维度的基础上，基于事实证据和科学推理在检验及修正的过程中提出创新性观点，进而培养创新能力和创新精神。

3）科学探究

探究指探索研究，实验版课程标准将科学探究作为内容标准的一部分，和科学内容并列提出科学探究的 7 大要素 27 个具体条目，并且指出科学探究既是物理学习的重要内容，也是物理学习的主要方式之一。2017 年版课程标准并未将实验探究能力单独列在内容标准中，而是作为课程目标的四个维度之一，由此可见科学探究的重要性；比较可得，实验版课程标准以“科学探究及物理实验能力”列出，而 2017 年版课程标准并未将科学探究单独作为内容标准列出。作为课程目标列出，一个方面表现出科学探究地位的重要性，将直接作为课程目标进行要求；另一方面将科学探究与实验能力分开，说明科学探究不单是物理实验实践的重要内容和目标，也是其他课型的重要学习内容和学习目标。

科学探究是指基于观察和实验提出物理问题、形成猜想和假设、设计实验与制定计划、获取和处理信息、基于证据得出结论并做出解释，以及对科学探究过程和结果进行交流、评估、反思的能力。科学探究包括问题、证据、解释、交流四要素。关于科学探究在后面章节中会具体探讨。

4）科学态度与责任

比较实验版课程标准中的“情感态度与价值观”和 2017 年版课程标准中的“科学态度与责任”，后者强调认识科学本质和科学、技术、社会与环境关系基础上逐渐形成的科学态度与责任，包括科学本质、科学态度、社会责任三要素。科学本质的解析首先是在对科学内涵及外延的解读基础上形成的，科学本质包括三维维度：科学知识及其确定性、可重复性、可验证性；科学研究思维方法；科学发展及其与技术、社会、环境的关系。高中阶段的科学本质教育有利于学生形成正确的科学观，有利于体验科学研究过程并掌握科学研究方法，有利于培养学生的严谨、批判等科学精神。科学态度内在含义是个体所持有的、稳定的心理倾向，外在表现是举止神情，是对事物的看法和所采取的行动。高中物理学习中所培养的科学态度主要包括好奇心和求知欲；具有基于证据和逻辑发表自己的见解的意识，实事求是，严谨认真、不迷信权威；善于从不同角度思考问题，持之以恒探究问题，追求创新；与他人有效合作（廖伯琴，2018）。社会责任包括科学伦理和 STSE①：科学伦理是指在学习、研究和应用物理知识及研究成果的过程中，考虑和遵守社会及行业规范准则，实事求是，不给人类和自然带来不利影响；STSE 指理解科学、技术、社会、环境之间的相互关系，具有保护环境，促进可持续发展的责任感。

例 2-2: 已知汽车质量 m，行驶速度 v_0，汽车安装有防抱死制动系统(ABS)，制动力恒为 f，设驾驶员的反应时间为 t_0，问从驾驶员发现情况到完全停车共经过多少距离？

依据匀变速直线运动的公式和牛顿第二定律可得，制动距离为

$$S=\frac{mv_0^2}{2f}+v_0t_0$$

这道题目虽然是模型类题目，没有创设真实情境，但有多种变式或社会责任维度教育内容。制动距离与初速度有关，意味着超速行驶会加大制动距离属于危险驾驶；制动距离与质量成正比，意味着超载会增大制动距离，也属于危险驾驶；制动力与摩擦系数相关，雨天路滑，制动力减小，增大制动距离；醉酒驾驶、毒驾、疲劳驾驶等会增加反应时间，增大制动距离，属于危险驾驶。恰当地运用这道题目及其变式，可以在物理教学中很好地实现 STSE 的教育目标。

2. 基于物理学科核心素养的学业质量标准

学业质量是学生完成一个阶段的学习后，达成的学业成就表现，其呈现内容和形式可与课程目标及内容对应。与实验版课程标准相比，2017 年版课程标准增加了“学业质量”这一部分内容，从学业质量内涵、学业质量水平、学业质量水平与考试评价的关系三个主题阐述。表 2-7 呈现了基于物理学科核心素养的高中物理学业质量标准，学业水平等级包括 5 个水平，3 个等级（水平 1、2 是高中毕业要求水平，水平 3、4 是高考要求水平，水平 5 是全国一流大学相关专业学习要求水平），如表 2-8 所示。例如，达到高中学业水平考试合格要求为第二水平，具备高中学业水平等级考试要求，即达到高校招生要求为第四水平。

① STSE 是科学(Science)、技术(Technology)、社会(Society)、环境(Environment)的英文缩写。

表 2-7　基于物理学科核心素养的高中物理学业质量标准

维度	水平	学业质量标准
物理观念	1	初步了解所学的物理概念和规律，能将其与相关的自然现象和问题解决联系起来
	2	了解所学的物理概念和规律，能解释简单的自然现象，解决简单的实际问题
	3	了解所学的物理概念和规律及其相互关系，能解释自然现象，解决实际问题
	4	理解所学的物理概念和规律及其相互关系，能正确解释自然现象，综合应用所学的物理知识解决实际问题
	5	能清晰、系统地理解物理概念和规律，能正确解释自然现象，综合应用所学的物理知识灵活解决实际问题
科学思维	1	能说出一些所学的简单的物理模型；知道得出结论需要科学推理；能区别观点和证据；知道质疑和创新的重要性
	2	能在熟悉的问题情境中应用所学的常见的物理模型；能对比较简单的物理问题进行分析和推理，获得结论；能使用简单和直接的证据表达自己的观点；具有质疑和创新的意识
	3	能在熟悉的问题情境中根据需要选用所学的恰当的模型解决简单的物理问题：能对常见的物理问题进行分析，通过推理，获得结论并做出解释；能恰当使用证据表达自己的观点；能对已有观点提出质疑，从不同角度思考物理问题
	4	能将实际问题中的对象和过程转换成所学的物理模型；能对综合性物理问题进行分析和推理，获得结论并做出解释；能恰当使用证据证明物理结论：能对已有结论提出有依据的质疑，采用不同方式分析解决物理问题
	5	能将较复杂的实际问题中的对象和过程转换成物理模型；能在新的情境中对综合性物理问题进行分析和推理，获得正确结论并做出解释；能考虑证据的可靠性，合理使用证据；能从多个视角审视检验结论，解决物理问题具有一定的新颖性
科学探究	1	具有问题意识：能在他人指导下使用所学的简单的器材收集数据；能对数据进行初步整理：具有与他人交流成果、讨论问题的意识
	2	能观察物理现象，提出物理问题；能根据已有科学探究方案，使用所学的基本器材获得数据；能对数据进行整理，得到初步的结论；能撰写简单的报告，陈述科学探究过程和结果
	3	能分析物理现象，提出可探究的物理问题。做出初步的猜想；能在他人帮助下制订科学探究方案，使用基本的器材获得数据；能分析数据，发现特点，形成结论，尝试用已有的物理知识进行解释；能撰写实验报告，用学过的物理术语、图表等交流科学探究过程和结果
	4	能分析相关事实或结论，提出并准确表述可探究的物理问题，做出有依据的假设；能制订科学探究方案，选用合适的器材获得数据；能分析数据，发现其中规律，形成合理的结论，用已有的物理知识进行解释；能撰写完整的实验报告，对科学探究过程与结果进行交流和反思
	5	能面对真实情境，从不同角度提出并准确表述可探究的物理问题，做出科学假设；能制订有一定新意的科学探究方案，灵活选用合适的器材获得数据；能用多种方法分析数据，发现规律，形成合理的结论，用已有物理知识做出科学解释；能撰写完整、规范的科学探究报告，交流、反思科学探究过程与结果
科学态度与责任	1	认识到物理学是对自然现象的描述与解释；对自然界有好奇心，知道学习物理需要实事求是，有与他人合作的意愿；知道科学·技术·社会·环境存在相互联系
	2	认识到物理学是基于人类有意识的探究而形成的对自然现象的描述与解释，并需要接受实践的检验；有学习物理的兴趣，具有实事求是的态度，能与他人合作，认识到物理研究与应用会涉及道德与规范问题，了解科学·技术·社会·环境的关系

续表

维度	水平	学业质量标准
科学态度与责任	3	认识到物理研究是建立在观察和实验基础上的一项创造性工作；有较强的学习和研究物理的兴趣，能做到实事求是，在合作中能尊重他人；认识到物理研究与应用应考虑道德与规范的要求，认识到人类在保护环境和促进可持续发展方面的责任
	4	认识到物理研究是一种对自然现象进行抽象的创造性工作；有学习和研究物理的内在动机，坚持实事求是，在合作中既能坚持观点又能修正错误；能依据普遍接受的道德与规范认识和评价物理研究与应用，具有保护环境、节约资源、促进可持续发展的责任感
	5	认识到物理学是人类认识自然的方式之一，是不断发展的，具有相对持久性和普适性，但同时也存在局限性；有较强的学习和研究物理的内在动机，能自觉抵制违反实事求是的行为，在交流中既能主动参与又能发挥团队作用；在进行物理研究和应用物理成果时，能自觉遵守普遍接受的道德与规范，养成保护环境、节约资源、促进可持续发展的良好习惯

表 2-8 高中物理学业质量水平的等级含义

等级水平	基本要求
1	学业水平处于向高中学业合格水平发展中
2	通过必修模块学习，达到高中学业水平考试合格要求
3	超过高中学业水平合格性考试要求，但未具备高中学业水平等级性考试要求
4	通过 3 个必修模块和 3 个选择性必修模块的学习，达到高校招生要求
5	达到全国一流大学相关专业学习要求

对表 2-7 和表 2-8 的分析可以看出，物理学科核心素养是学业质量标准内容的基石，学业质量标准是对物理学科核心素养四个维度、14 个二级指标从知识应用的综合程度、情境的复杂程度和内容的抽象程度等方面分等级、分水平进行界定。知识应用的综合程度是指解决问题所需要的知识越多、认知水平越高，综合程度越高，本书第 3 章和第 4 章对高考物理试题的分析维度之一便是知识深度和广度。情境性是基于核心素养的课程改革实践路径和评价路径的重要方面，基于核心素养的教育所追求的不是学习结束后考取高分，也不是通过高考考取一流大学；而是追求通过高中阶段学习，形成适应个体终身发展和社会发展所需要的关键能力、必备品格和价值观念。既然是终身发展所需，那么通过简单的知识性纸笔测验便无法考查到，正如崔允漷教授所阐明的观点，核心素养不像机动车驾驶证所考查的知识性课程科目一(道路交通安全法律法规和相关知识)，也不像以倒车入库、定点停车、侧方停车、直角转弯等技能性内容考查为主的科目二(场地驾驶技能)，也不像以真实道路中汽车驾驶考查加减档位、变更车道、靠边停车等综合能力考查为主的科目三(道路驾驶)；而

是在拿到驾照后仍然能够做到安全驾驶(关键能力)、礼让行人(必备品格)、尊重生命(价值观念)，所以基于核心素养的学业质量评价，情境性是重要实践要素(崔允漷，2016)。关于情境性的研究，在第 4 章对高考物理试题的研究中将做探讨。除了知识的综合应用及情境性外，基于问题或基于项目的学习(Problem-based learning，PBL)也是基于核心素养的教学及学业质量评价的重要实践路径，真实情境中的解释现象和解决问题，与模型化试题完全不同。如“一台双叶电风扇顺时针转动，在日光灯的照射下出现稳定的四个扇叶相互垂直的阴影，求电风扇的转速是多少”，这个问题的解决过程有利于培养学生创新能力和创造性思维，同时也是基于核心素养教学所强调的科学思维、科学探究维度目标实践的重要路径之一。

参 考 文 献

崔允漷. 2016. 追问核心素养[J]. 全球教育展望, (5): 3-10.

封小超. 2005. 物理课程与教学论[M]. 北京: 科学出版社.

顾明远. 1998. 教育大辞典(增订合编本)(上)[M]: 上海: 上海教育出版社: 2121.

郭桂周. 2010. 清末民初中学物理课程标准研究[D]. 长春: 东北师范大学硕士学位论文.

梁英豪. 2001. 科学素养初探[J]. 课程・教材・教法, 12: 59-63.

廖伯琴. 2018. 普通高中物理课程标准(2017 年版)解读[M]. 北京: 高等教育出版社: 6-7.

骆炳贤, 何汝鑫. 1991. 中国物理教育简史[M]. 长沙: 湖南教育出版社: 1-57, 188-437.

第3章　学业评价与课程标准的一致性研究工具

3.1　学业评价和课程标准一致性研究方法

3.1.1　概念界定和研究现状

“一致”顾名思义就是“没有分歧”；《汉语大词典》[①]的解释是“没有分歧”，《辞海(第六版)》的解释是“趋向相同”(夏征农和陈至立，2010)。陆谷孙主编的《英汉大词典(第2版)》对alignment(一致性)的解释是“调整、校正、直线排列”，词根align来源于古法语“aligner”和“àligne”，意思是into line，使事物站成一条线，排齐并取得一致(陆谷孙，2007)。西方哲学界一致将这个词作为重要的哲学专业术语使用，赫拉克利特(Heraclitus)等的朴素辩证法提出：万事万物都需遵守或依据一定的尺度，在万事万物的表象背后存在一致性，也就是说“罗格斯”(logos，道说)是一致性存在的中心(张志伟，2007)。

在教育学领域，21世纪以来有关“一致性”的研究和实践逐渐成为热点。美国著名教育学者诺曼·韦伯(Norman L. Webb)认为一致性是指两种或更多事物之间相吻合的程度，也就是说事物的各个部分共同融合成一个和谐的整体(Webb and Madison，1999)。在教育学上，“一致性”往往用来指课程系统各要素之间的有效匹配程度，近年来，中小学各学科课程标准与课堂教学、考试评价、教科书、习题之间的一致性逐渐成为研究热点。

从国际上对一致性的研究来看，其研究的主要问题包括：评价课程与实施课程的一致性、评价课程与计划课程或预期课程的一致性、计划课程或预期课程与实施课程的一致性等(刘学智，2008)。考试测验与教学或标准的一致性与学业评价的有效性密切相关(效标、效度的重要参考依据)，要想确保测验的公平、公正，其测验内容和范围就必须同课程和教学相互高度匹配；

① 汉语大词典编委会. 汉语大词典[M]. 北京：商务印书馆, 2003: 1278.

但同时两者也有区别，有效性更加侧重考试结果的适切性，一致性侧重教学实践、考试评价与政策文件的吻合程度(Messick，1994)。综合国内外对一致性的研究，一致性一般理解为课程各要素之间的一致性(即相互有效匹配的吻合程度)，如课程标准与教学、课程标准与学业评价、课程标准与学习结果的有效匹配程度等。

3.1.2 一致性典型研究方法

在世界范围内基于课程标准的基础教育课程改革运动中，评价和课程标准的一致性研究与实践成为教育领域的重要关注热点。下面以韦伯方法、SEC方法、Achieve 方法、CBE 方法共四种最具代表性的一致性研究方法为例，介绍其基本理论及其应用案例(袁令民，2013)。

1. 韦伯分析模式

自 20 世纪 90 年代开始，美国公众由于内部或外部因素(如中小学生在 TIMSS[①]等测验项目表现不佳、国际竞争越来越大等)对美国基础教育的质量及教育改革成效提出质疑，对高质量或者能够达到一定标准的教育具有较大需求。在此背景下，检测教育实践质量、学业评价项目与课程标准的一致性这一系列话题越来越引起社会各界的关注，学业评价与课程标准的一致性研究方法也逐渐成为美国教育研究领域的重要课题。其中，比较具有代表性的是美国学者诺曼·韦伯对学生学业评价项目与课程标准一致性进行的深入研究，标志性成果是 1989 年出版的《数学课程与评价标准》(*Curriculum and Evaluation Standards for School Mathematics*)，它对一致性的分析程序与方法进行了系统的研究和阐述；与《科学和数学学科课程标准与评价一致性的标准》及《美国四个州：科学和数学学科标准与评价的一致性》等著作共同构建了一致性研究的韦伯分析基本范式，从而使韦伯分析模式的系统框架与思想也更加完善(Webb，1997；Webb and madison，1999)。

一致性研究中韦伯分析模式的基本思想是按照“金字塔”型的课程内容体系进行评价与对课程标准的一致性进行分析，如对美国科学课程的分析框架包括学习领域、主题、具体操作目标三级。我国基础教育阶段各学科课程标准也基本可以遵循此框架进行分析[②]。

① TIMSS 是国际数学和科学评测趋势(The Trends in International Mathematics and Science Study)的缩写。

② 中华人民共和国教育部. 义务教育科学课程标准(2011 版)[M]. 北京：北京师范大学出版社, 2012: 8,13-50.

韦伯分析模式在内容维度上包括知识内容和认知要求两个方面。韦伯等最初提出了 12 个分析评价与课程标准一致性的指标，分为五个类别：内容集中性(content focus)、跨年级和年龄段的吻合性(articulation across grades and ages)、公平和公正(equity and fairness)、教学意义(pedagogical implications)、系统适用性(system applicability)。内容集中性包括六个分析维度：知识类别一致性(knowledge categorical concurrence)是指评价项目与内容标准主题间的匹配程度，通过分析试题是否包含每条标准的相应内容来判断知识类别的一致性；知识深度一致性(depth of knowledge consistency)指评价项目对认知水平的要求是否与课程标准中学习目标要求的认知水平相一致，判断标准是试题的认知水平有至少二分之一命中课程标准中某条目标所要求的认知水平；知识广度共同性(range of knowledge correspondence)是分析评价项目中要求学生正确完成某试题所需知识是否与课程标准中规定的课程内容的知识范围相一致；知识结构可比较性(structure of knowledge comparability)是指课程标准对于学科基本概念的限定需在评价项目中得到较好的反映；知识分布平衡性(balance of representation)指课程标准中重点强调的内容主题是否在评价项目中得到较好的体现；情意的一致性(dispositional consonance)指科学方法、学习过程、科学态度、批判性反思、创新精神等理念是否在评价项目中有较好的体现。跨年级和年龄段的吻合性是指评价项目的内容目标对于不同年级或者年龄段学生应具有清晰明确的螺旋式上升，具体包括认识稳定性(cognitive soundness)和知识内容渐进累积性(cumulative growth of content knowledge)两个方面。公平与公正是指学生在评价中都有机会展示自己在所属群体中所具有的全部知识，不受文化、社会背景、个人经历等各方面的影响。教学意义这一类别反映了评价项目的反馈作用，要求评价项目给教师传递与课程标准要求一致的信息，从而使得教师能提供相适应的教学，具体体现在“学生参与及其有效的课堂活动”(engagement of students and effective classroom practices)和“技术、资源和工具的使用”(use of technology, materials and tools)两个方面。系统适用性主要指评价项目的可操作性，即评价项目能为教师所理解和接受，能为教育管理者所使用，能被社会公众所理解(Webb，1997)。

在后续的实践研究中，韦伯等研究者的关注点主要集中在知识内容方面，所以主要关注内容维度，只涉及内容集中性的四个维度：知识类别一致性、知识深度一致性、知识广度共同性、知识分布平衡性，并且为每个维度的标准界定了评价和课程标准一致性的可接受水平。知识类别一致性可接受水平是学生学业评价中至少六道题目测量涉及每个课程标准的内容(主题)；知识深度一致性可接受水平是至少二分之一测验题目的知识深度要求与课程标准中知识深度目标相对应(同时满足知识内容相同)；知识广度共同性的一致性可接受水平是对于课程标准中每个学习领域而言，测验题目“击中”课程标准具体目标数占总击中目标数的50%；知识分布平衡性的一致性可接受水平是定量和定性相结合来判断，主要考虑每个学习领域下具体目标的分布与对应目标的题目“击中”比例之间的差异，指标系数1表示某个学习领域有关测验题目的“击中”数量相同地分布于各条目标中，指标系数0表示大比例的测验题目击中目标数量只有一两个(Webb，1999；刘学智和张雷，2009；Blank，2002)。一致性分析的程序大致包括三步：首先，研究小组(一般由学科专家、评估专家等至少 5 人组成)对课程标准的知识深度水平进行编码；其次，对测验题目的知识内容和知识深度水平进行编码；最后，针对每个分析维度对课程标准和测验题目的一致性进行统计和分析，从而获得一致性水平(诺曼·韦伯和张雨强，2011)。

在韦伯分析模式本土化探索和实践研究方面，刘学智等在介绍韦伯分析模式研究背景、基本框架的基础上，从一致性分析的基准相似、一致性分析的目的相似、一致性分析的内容相似三个方面论述了一致性分析的韦伯分析模式在我国具有很好的适用性；同时针对中国和美国在课程标准、评价目标和评价项目等方面的差异提出对韦伯分析模式本土化的建议(刘学智，2006；刘学智和张雷，2009)。岳喜腾和张雨强(2011)在介绍韦伯分析模式研究背景、分析框架、分析方法和程序等内容的基础上，对韦伯分析模式的水平和垂直两种匹配模式以及网络工具开发进行了论述，最后对韦伯分析模式的一致性可接受临界水平的评价目的、评价对象等方面确定依据，面临的审议专家对学习目标认同度不高、审议信度、知识深度和认知水平的关系、中国和美国教育背景差异等问题进行了讨论。刘学智(2008)利用韦伯分析模式以小学二、三、五年级数学期末测验作为研究对象，对小学数学学业成就以评价项目与课程标准的一致性及其影响因素进行了研究，研究认为命题者的命题取向、教研员对命题与课程要素关系的认识、命题者的专业水平是影响小学数学学业成就评价与课程标准一致性的主要因素。

2. SEC 分析模式

在美国基于课程标准的教育改革背景下，实践和审视评价项目与课程标准的一致性成为基础教育领域的热点话题，20 世纪 90 年代在美国国家科学发展基金会以及州政府的共同资助下，威斯康星州教育研究中心主任安德鲁·帕特(Andrew Porter)和约翰·史密斯(John Smithson)在韦伯分析模式的基础上合作开发了实践课程的调查模式(survey of the enacted curriculum，以下简称 SEC 分析模式)来判断评价项目和课程标准的一致性。SEC 分析模式试图通过一种共同的矩阵(或模版)来对课程标准、课程评价和教学等课程要素的一致性进行分析，也就是说 SEC 分析模式的视角是预期课程、实施课程、达成课程和评价课程的一致性，通过不同水平课程的一致性来理解课程运行的本质，其中评价与课程标准的一致性成为理解考试评价与课程标准本质关系的重要视角(刘学智和马云鹏，2007)。

学业评价项目与课程标准间一致性分析的 SEC 分析模式是基于韦伯分析模式的，虽然韦伯等提出衡量学业评价项目与课程标准的一致性包括 5 个方面 12 个维度或知识类别一致性、知识深度一致性、知识广度共同性、知识分布平衡性四个维度，但其认为衡量一致性最核心的标准维度是知识类别一致性和知识深度一致性，正是基于这样的考虑，帕特等构建了基于知识内容和知识深度两个维度的一致性分析模式。SEC 分析模式的分析程序是：①建立分析框架，内容主题和认知要求二维框架；②基于专家咨询、团队合作等方式建立内容主题和认知要求分析标准，使用统一内容主题项目和认知要求分类项目以及它们的判断标准来对课程标准的知识内容和评价项目进行分析，并将得到的数据填入二维矩阵中；③根据课程标准和评价项目两个二维矩阵的匹配程度来衡量课程标准与评价项目的一致性程度。SEC 分析模式中一致性系数的计算公式如下：

$$P=1-\frac{\sum_{i=1}^{n}|X_i-Y_i|}{2}$$

式中，n 表示矩阵中单元格的数量，X_i 和 Y_i 分别表示评价项目分析矩阵和内容标准分析矩阵中第 i 个单元格所对应的数值。刘恩山等(2010)对我国 2010 年部分省区市高考生物试卷与课程标准一致性分析的二维矩阵如表 3-1 所示。根据此框架对高考生物试题和高中生物课程标准进行分析，并把相应的数据汇总到二维矩阵中，构成课程标准的二维矩阵和针对某省高考生物试卷的二维矩阵，利用一致性公式计算两个二维矩阵的一致性水平。

表 3-1　高考生物试卷与课程标准一致性研究的分析框架举例

项目	记忆	理解	运用	分析	评价	创造
生命系统组成						
生物化学						
动物生理学						
遗传学						
进化						
生殖和发育						
生态学						
生物技术						

从公式可以看出，两个矩阵间一致性系数 P 值的取值范围是(0～1)。P=0 时表示评价项目和课程标准的一致性最差，即完全不一致；P=1 时表示评价项目和课程标准在知识内容及其深度的分布上完全一致。两个矩阵表格的一致性程度可以代表两种课程要素(如学业评价项目和课程标准)之间的一致性水平。

SEC 分析模式在世界各地有较多的实践案例，美国有多地利用此模式评估中小学校的学业评价项目与课程标准的一致性情况(袁令民，2013)。国内外学者针对多种考试项目与课程标准的一致性进行了实证研究。刘秀峰等对美国纽约物理核心课程的标准化评价项目与课程标准的一致性水平、中国江苏物理中考与义务教育物理课程标准的一致性水平、新加坡物理 O 水平考试与考试纲要的一致性水平研究结论证明，美国纽约州的物理标准化测验与课程标准具有统计学意义上的显著一致性，而中国和新加坡的情况则不具有显著一致性(Liu et al.，2010)。刘学智等认为由于教师专业化等因素制约，学业评价项目与课程标准相比存在偏差，对学业评价与课程标准一致性现状以及改进策略的研究可以为调适课程运行偏差提供借鉴作用；同时考虑到我国受"应试教育"的影响较大，在学校教学过程中都一直试图强化教学内容的深度和广度，这样就导致学生发展水平严重失衡，研发评价与课程标准的一致性分析工具可起到审视和推动学校执行课程标准的公平性，为全体学生提供达到课程标准基本要求的机会(刘学智和马云鹏，2007)。王焕霞(2012)对我国高中物理学业水平考试与高中物理课程标准中内容标准的一致性进行的研究表明，高中物理学业水平考试与内容标准整体上不存在统计学意义上的显著一致性。陈娴等(2010)利用 SEC 分析模式对我国初中物理课程标准与 2009 年某省中考物理试卷的一致性进行的研究表明，义务教育课程标准与试卷不存在统计学意义上的显著一致性；学业评价项目与课程标准的显著不一致会对教学产生影响，使教师提高对学生的学习要求，笔试考试对高认知水平内容的考查存在一定局限性(王焕霞，2012)。王磊等(2010)利用 SEC 分析模式对九份中考化学试卷与初中化学课程标准的一致性进行分析，结果表明九份中考化学试卷对概念原理性知识的考查与课程标准的总体一致性较好，但不同地区的命题质量存在一定差异；省级命题比市级命题规划更加恰当。刘恩山等(2010)对我国 2010 年高考生物试卷与课程标准的一致性研究表明：高考生物试题与课程标准不存在统计学意义上的显著一致性，在内容主题分布上存在较为明显的差异，而在知识内容的认知深度方面上基本吻合。

3. Achieve 分析模式

一致性研究的 Achieve 分析模式由美国 Achieve 公司研制和使用，针对美国马萨诸塞州等地学生学业评价项目与课程标准一致性进行多年的实践研究，提出一致性研究的 Achieve 分析模式。其代表成果有《标准和测试之间的一致性及其规范》(Resnick et al.，2012)。

Achieve 分析模式解决的主要问题包括基准测试、课程标准适切性、评价和课程标准的一致性三个方面。Achieve 分析模式为达到这方面研究目标，确定的一致性判断标准包括内容的一致性标准、表现的一致性标准和挑战性标准。就某项单独的测验试题而言，包括知识来源的挑战性和认知要求的挑战性，即某道测验试题在知识内容的来源上对学生现已掌握的知识内容是否公平，在测验项目要求的认知水平上与学生已有的认知能力是否一致，这里的定性判断包括四个水平：记忆、技能(概念)、策略性思考和拓展性思考。就整套测验项目而言，挑战性标准是整体定性判断此套测验项目对某一年级水平的学生在广度和深度上是否能达到一个合理的挑战性水平。挑战性标准的另外一个判断内容是平衡性和范围，即课程标准中所要求的知识和技能在测验中是否能得到同等程度的关注。

Achieve 分析模式的分析过程包括以下几个步骤：①检测评价项目与课程标准的匹配程度，主要关注知识和技能以及认知要求两个方面；②对评价项目的挑战性进行判断，包括对单个测验项目的挑战性来源和整个评价项目的挑战性水平进行定性判断；③评估平衡性和范围，即基于课程标准判断知识内容是否均衡地在评价项目中得到关注。Achieve 分析模式属于一种定性判断的模式。

Achieve 分析模式的实践和其在我国本土化研究方面，已有不少探索和研究。范立双和刘学智(2010)在简述 Achieve 分析模式的研究缘起(基于课程标准的教育改革运动背景驱动，同时美国学业评价实践有此需求)、研究的直接目的、一致性判断标准、研究方法等内容的基础上提出：Achieve 分析模式为评估考试和课程标准一致性提供了系统的分析工具和方法，对调适学业评价效能偏差具有重要意义；但是中国和美国教育制度不同，应从基于标准的考试评价入手，构建适合我国教育和考试制度的本土化的一致性分析模式。杨玉琴等(2011)在介绍 Achieve 工具研究背景的基础上，重点探讨了该工具的分析框架和应用程序，她把 Achieve 分析模式的研究目标概括为三个：测验是否仅仅测量标准中所要求的内容、在多大程度上测量了标准中的核心内容、对于学生是否有足够的挑战性。分析的维度概括为向心性、挑战性和均衡性；分析的程序概括为试题的微观分析，内容和表现向心性以及挑战来源的综合分析，挑战的层次、平衡和范围的综合分析三个阶段。最后，提出 Achieve 分析模式虽然对指导测验编制、建构有效的一致性分析工具、促进内容标准质量的提升等具有重要意义，但其也存在定性分析为主和没有匹配水平的临界点等有待改进之处(杨玉琴等，2011)。

4. CBE 分析模式

美国基础教育委员会(Council for Basic Education，CBE)是设于首都华盛顿的一个非营利性组织，其主要使命是促进美国中小学基础学科的教与学。CBE 在与各州的长期合作过程中，逐渐形成评估课程标准和测验项目的模式，在评估各学科课程标准方面，CBE 提出九个指标：反映重要的学术性科目内容、具有严格性、体现知识和技能的均衡性、衔接并反映递进式的年级发展、是具体的、是清晰的、有重点且可管理、是可测量的并对教学产生潜在影响、得到公众支持(赵中建，2005)。课程标准的可测量性要求各类学业水平考试是基于课程标准的，在评估评价项目和课程标准之间的一致性方面，CBE 逐渐形成了自己的分析框架，简称 CBE 分析模式。CBE 分析模式是运用多个指标评估课程标准和评价项目之间的一致性程度，如知识内容分布、内容均衡性、内容严密性、测验题目反映类型等。CBE 分析模式的程序大致包括：①确定与标准相应的考试题目或考试大纲，同时记录两者的一致性水平；②评价者在接受统一培训的基础上运用评估量表来决定一致性水平；③CBE 把一份评估报告提交给各地教育部门，各地据此修订评价项目使其与课程标准具有更好的一致性。CBE 分析模式的总体目的是提高学生的学业成就水平，并且确保学业成就评价项目的信度和效度(陈霞，2010)。

3.1.3　一致性研究方法比较

在基于标准的教育改革大背景下，评估标准与各课程要素之间的一致性水平越来越受到关注，分析学界常见的一致性研究方法，除了韦伯分析模式、SEC 分析模式、Achieve 分析模式、CBE 分析模式外，还有由威克森(Karen K. Wixson)等提出的威克森模式，美国国家评价、标准及学生测试研究中心(National Center for Research on Evaluation, Standards and Student Testing)提出的课程标准及学生测试研究中心模式(CRESST Model)等，表 3-2 是对六种模式进行的比较(崔允漷等，2008；袁令民，2013)。

表 3-2　学业评价项目和课程标准一致性分析模式比较

模式名称	测试内容	认知要求	范围	难度	题量
韦伯分析模式	评价内容与课程标准内容的一致性	评价项目的认知水平是否符合课程标准期望学生达到的要求	评价项目所需知识范围是否符合课程标准期望学生掌握的知识范围		所评价的课程目标是否有均衡的测试题目数量
SEC 分析模式	评价内容与课程标准是否一致	记忆、执行、交流理解、解决非常规问题、猜想/证明			
成功模式	评价内容与课程标准是否一致	评价项目的认知水平与课程标准期望达到的要求一致性水平		测试题目中是否包含具有挑战性的学科问题	每个课程标准内容是否对应一定的测试题目
威克森模式	课程标准的内容均衡地分布于评价项目中	评价项目的认知水平与课程标准期望达到的要求一致性水平	评价项目涉及的知识范围与课程标准一致	所涉及的课程内容目标是否有较均衡的测试题目数量	
CRESST 模式	评价项目与课程标准内容的一致性水平	测试题目所涉及的认知水平	测试所涉及的知识范围与课程标准的一致性		测试题目是否包含与课程标准内容不相关的难度特征
Project2061 模式	测试题目是否反映出相应的课程标准目标	测试题目是否充分反映出课程标准的具体内容目标		评价项目是否关注课程标准内容的“理解”层次；评价是否包含学生熟悉和感到新奇的任务	

比较课程要素一致性的几种研究工具，可以发现，不同的机构或者学者在对一致性进行研究时所关注的维度存在差异，知识类别一致性、知识深度一致

性、知识广度共同性和知识分布平衡性这四个方面需要引起特别关注(崔允漷和夏雪梅，2007)。

随着各国学者对课程、教学、评价与课程标准的一致性研究逐渐深入，一致性研究呈现出综合化和精细化的态势，如美国非营利性教育评估机构Achieve从向心性、挑战性和均衡性三个方面入手系统分析了多方面的影响因素，构建综合性较强的且新的一致性 Achieve 分析模式；SEC 分析模式从知识内容主题和认知水平两个维度构建内容矩阵并计算两个矩阵一致性的方法，表明一致性研究注重整体性的特点；专门针对科学探究层面一致性研究的斯坦福国际咨询研究所开发的 SRI 分析模式有效弥补了其他模式在此方面的不足，使得一致性研究更加精细化(杨玉琴等，2012)。

在课程各要素一致性研究的本土化进程中许多国内专家学者进行了探索和实践研究，对一致性水平的特征描述、一致性研究的功能以及实施策略进行了不同程度的分析和阐述。综合各种模式的特点和实践运用研究，SEC 分析模式的应用更为广泛，可用于定量研究标准、评价、教科书、课堂教学等课程系统诸要素之间的一致性水平，由于使用的矩阵具有普适性，可以在框架相同的情况下实现跨地区甚至跨年级的一致性比较。

3.2　学业评价与课程标准一致性临界状态研究

3.2.1　研究背景

在学生学业成就质量被质疑及学校教育水平缺乏可解释性的背景下，基于标准的学业成就评价项目研究和实施逐渐被重视，如 20 世纪 90 年代，美国在国内外教育质量被广泛质疑的背景下颁布了 NCLB 法案，虽然该法案规定美国境内必须严格按照课程标准实施教学，但其教学实施质量的可解释性被认为缺乏依据。这促使教学实施、学业评价项目与课程标准之间的一致性研究被重视起来，一致性的研究方法先后出现 SEC 分析模式、CBE 分析模式、Achieve 分析模式等，其中可以定量呈现 Porter 一致性系数的 SEC 分析模式影响较大，其中一致性系数的临界值研究作为难点受到教育评估专家的重视，比较具有代表性的是加文 · W.富尔默(Gavin W. Fulmer)及其团队开展的关于这方面的研究(Fulmer，2011)。由于本研究所需要的单元格数量、知识点数量及试卷分值无法在富尔默等的研究中找到对应的可供参考的临界值(富尔默的研究并未针对特定的课程要素进行探究），本节在借鉴富尔默等的成果，结合本研究所用到的单元格数量、知识点数量和试卷分值，利用 R 语言进行了一致性临界状态研究。

3.2.2　研究方法

由于 R 语言是一个免费且开源的语言系统，具有访问便捷、计算机英语相关研究基础较为成熟、随机数发生器(random number generator，RNG)所产生的随机分布算法均匀的特点，其研究结论被后来的研究者所广泛认可[①]。一致性临界值的计算可以分为三个环节。

第一个环节，生成随机比率表。随机生成两个可指代任何两个课程要素的比率表，这个过程中所使用的是均匀概率分布，也就是说所有要素被视为具有同等可能性。例如，其 4×11 共 44 个要素点的计算结果，与 2×22 的计算结果都是一样的。对于 J 行和 K 列的表格，让要素点分布为 $N=J\times K$，随机分成 N 要素的表，然后重复这个过程反复生成 N 要素的表格。这个环节中所生成的随机矩阵对于最终临界参考值有较大影响。本书第一作者完成的博士学位论文中详细介绍了使用 Matlab 软件中的 unidrnd 函数将若干个知识内容条目随机填写进矩阵表(袁令民，2013)。但由于其随机原理与 R 语言中的随机数生成器 RNG 不同。基于本书研究的基本思想是：逐一向矩阵表格中放苹果，每次随机选择一个单元格放一个苹果。选择 R 语言进行研究，所使用的随机生成程序如下：

```
v<-rep(0,n)
t<-sample(1:n,k,replace=TRUE)
v[as.numeric(names(table(t)))]<-as.numeric(table(t))
matrix(v,nrow=l,ncol=r,byrow=TRUE)
```

第二个环节，就上述环节生成的两个随机矩阵计算一致性系数，可得到一个临界值 P_1。如某份试卷考试范围涉及必修 1、必修 2、选修 3-1、选修 3-2 共四个模块，试卷总分 73 分，根据对课程标准的解析，这四个模块涉及 11

① 在《物理高考与内容标准的一致性研究》中使用 Matlab 软件中的 unidrnd 函数产生随机矩阵，本书所用 R 语言的随机数发生器所产生的随机分布算法相比而言更为随机和均匀，所以这里只探讨 R 语言的研究方法。

个二级主题，共 96 个知识点，那么矩阵表为 4×11（了解、认识、理解、应用四个认知水平，详见 3.3.2 节）。首先把 96 个知识点逐一随机扔进这个 4×11 的矩阵表中（矩阵表在 3.3.5 节呈现，即表 3-10），形成一个随机矩阵，然后标准化，即每个单元格数值除以知识点总数 96，形成比率表。同样，将 73 分逐分随机放进 4×11 的矩阵表，然后标准化处理；最后使用 SEC 一致性公式，可计算得到一个 P 值。

$$P = 1 - \frac{\sum_{i=1}^{n} |X_i - Y_i|}{2}$$

将上述过程反复计算 10 000 次，这 10 000 个 P 值必然呈正态分布（图 3-1），提取这一正态分布的均值和标准方差参数，即可计算得到这一正态分布在 0.05 水平上的对应数值 0.6845，这也就是临界值。

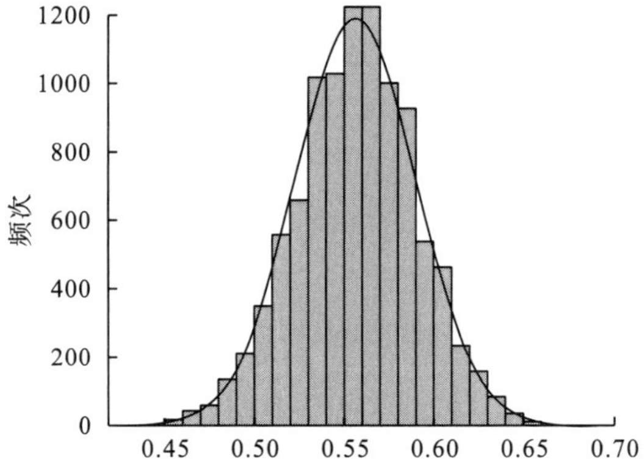

图 3-1　一致性系数 P 值正态分布

对于每一个独特的 N 值和一个特定数目标准表格之间的一致性指数进行反复计算，其计算次数对最终结果有一定影响，但是当次数达到一定数量，所得临界值趋于稳定。如上面的例子，96 个知识点的课程标准，73 分的试卷，4×11 的矩阵表，迭代次数设置为 1000，三次计算得到临界值分别为 0.6894，0.6812，0.6849；迭代次数设置为 5000，三次计算得到临界值分别为 0.6854，0.6847，0.6845，迭代次数设置为 10 000，三次计算得到临界值分别为 0.6840，0.6847，0.6858；迭代次数设置为 20 000，三次计算得到临界值分别为 0.6847，0.6846，0.6849。可以看出，迭代计算 5000 次和迭代计算 20 000 次所得临界值差异并不大，所得到的临界值差异在 1%以下，一般迭代 5000 次会趋于非常稳定，考虑到研究的精确度，本书研究的迭代次数统一取 10 000。

计算得到临界值后，开始此项研究的第三个环节，用所得到的临界值与研究所得到的一致性系数比较，判断每份试卷与课程标准的一致性水平特征。

3.2.3　研究结果

按照 3.2.2 节所述的研究方法，可得到针对具体单元格数量、知识点数量和试卷分值的一致性系数临界值。这里需要指出的是，本书研究计算过程中知识点数量和试卷分值都是按照整数计算，如果按照一位小数计算，误差较小，可以忽略不计。计算得到的一致性系数统计显著性参考值如表 3-3 和表 3-4 所示。

表 3-3　试题与课程标准的一致性临界值(试卷分值分段计算)

试卷分值	11×4	15×4	15×4	15×4	19×4	19×4	19×4	23×4	25×4
	(96)	(121)	(123)	(126)	(148)	(151)	(153)	(178)	(194)
70	0.6133	0.6294	0.6302	0.6331	0.6436	0.6434	0.6432	0.6486	0.6530
80	0.6293	0.6467	0.6461	0.6473	0.6575	0.6596	0.6605	0.6654	0.6711
90	0.6491	0.6554	0.6563	0.6593	0.6697	0.6699	0.6706	0.6847	0.6841
100	0.6580	0.6663	0.6660	0.6680	0.6801	0.6833	0.6830	0.6903	0.6975
110	0.6580	0.6790	0.6783	0.6783	0.6880	0.6897	0.6908	0.7001	0.7037
120	0.6615	0.6944	0.6934	0.6913	0.6962	0.6961	0.6967	0.7100	0.7117
130	0.6676	0.6923	0.6959	0.6998	0.7028	0.7036	0.7046	0.7152	0.7204
140	0.6735	0.6927	0.6950	0.6983	0.7130	0.7121	0.7125	0.7203	0.7259
150	0.6774	0.6966	0.6992	0.7011	0.7202	0.7229	0.7210	0.7259	0.7319

表 3-4　本书研究所需一致性系数临界值表

序号	知识内容数量	试卷分值	矩阵	临界值	平均值	方差
1	178	120	23×4	0.6241	0.5569	0.0343
2		150	15×4	0.7247	0.6611	0.0325
3	121	110	15×4	0.6781	0.6025	0.0386
4		89	15×4	0.6545	0.5764	0.0398
5	126	120	15×4	0.6913	0.6175	0.0376
6	123	110	15×4	0.6782	0.6035	0.0381
7	151	89	19×4	0.6183	0.5440	0.0379
8		100	19×4	0.6336	0.5616	0.0368
9		120	19×4	0.6488	0.5812	0.0345

续表

序号	知识内容数量	试卷分值	矩阵	临界值	平均值	方差
10	148	150	19×4	0.6802	0.6120	0.0348
11		100	19×4	0.6315	0.5591	0.0369
12	153	120	19×4	0.6511	0.5823	0.0351
13		110	19×4	0.6426	0.5728	0.0356
14	96	95	11×4	0.7163	0.6316	0.0432
		73		0.6845	0.5964	0.0450
		130		0.7272	0.6504	0.0392
		82		0.6966	0.6113	0.0435
		77		0.6887	0.6025	0.0440
		100		0.7170	0.6339	0.0424
		102		0.7162	0.6341	0.0419
		104		0.7153	0.6347	0.0412
		108		0.7159	0.6356	0.0410
		88		0.7035	0.6192	0.0430

将计算得到的某试卷和标准的一致性系数与表格中所给出的对应试卷分值、知识点数量及单元格数量的临界值相比较，大于临界值即为两者一致性显著，或具有统计学意义上的高水平一致。本书研究所有表格和临界值均取 0.05 水平上的参考值。研究表明，表格越大或标准要素越少，一致性指数的平均值越低。

除了波特的研究参考了富尔默的研究结论外，Liu 和 Fulmer 对中国、新加坡及美国纽约的物理课程与考试评估项目之间一致性水平的研究，Liang 和 Yuan 基于汉语教师指南编码结构对一致性水平的研究等均使用了富尔默的研究结论，并将所计算的结果与富尔默研究得到的临界值进行比较与分析（Liu and Fulmer，2008；Liang and Yuan，2008）。这些研究不但得到一致性水平特征，还得到一致性指数可能随时间发生持续变化的结论，如 Liu 和 Fulmer 的研究结果表明：应该支持对高风险地区进行持续一段时间的研究，以评估它们的一致性指数变化情况（Liu and Fulmer，2008）。此外，波特和史密森等对一致性的干预实验研究也参考了富尔默的研究结论，该研究得到的研究结论支持“增加教学与国家课程标准一致性水平的有效干预”。

除了使用 R 语言可以对课程要素间一致性临界值进行研究外，还可以使用软件 Microsoft Visual Basic for Applications（VB 语言）把某个数量的测量点随机分布到两个二维矩阵中，计算两个矩阵的一致性系数 2 万次得到一个 P 值的正态分布，进而可以得到 0.05 水平的统计显著性参考值。同样也可以使用 Matlab 软件中的 unidrnd 函数产生满足一定条件的随机矩阵表格，然后迭代计算两个矩阵表格的一致性系数 20 000 次，依据随机一致性系数的正态分布均值和标准方差即可计算出 0.05 水平上的显著性临界值。由于本书研究中没有指定标准或学业评价项目，所以研究结果具有一定的普适性，可以供社会科学研究领域的相关研究者参考和使用。

3.3 物理高考与课程标准一致性分析的工具构建

上一节对课程标准与学业成就评价项目一致性分析的几种模式从产生背景、分析框架、已有的相关研究成果等方面做了分析。本节所呈现的内容是以高中物理课程标准为出发点，分析物理高考试题与课程标准之间的一致性水平。实验版课程标准内容包括课程性质、课程基本理念、课程设计思路、课程总体目标和具体目标、内容标准(科学探究及物理实验能力要求、共同必修模块和共同选修模块的科学内容)、教学建议等①。在文献研究基础上，此部分研究从知识内容和认知水平两个维度对物理高考试题与课程标准的一致性水平进行分析和统计。

3.3.1 确定知识内容分析维度

本书 2.3 节对高中物理实验版课程标准和 2017 年版课程标准进行了分析与比较，从中可以看出两者在课程结构、课程目标、实验探究、实施建议等方面均存在一定差异，其在内容标准表述上均采取“行为动词+知识内容”的方式，考虑到这部分的“物理高考与课程标准一致性分析”的试题对象选自 2007～2018 年，对应的课程标准为实验版，所以这里的知识内容分析维度参考《普通高中物理课程标准(实验)》。如表 3-5 所示，每个模块包括 2～4 个内容主题，每个内容主题包括若干具体的知识内容标准条目，一致性分析工具中知识内容维度是依据内容标准对知识内容的要求进行确定的。

① 考虑到这部分所分析的试题样本均在实验版课程标准背景下，所以这里以实验版课程标准为一致性分析的样本。

表 3-5　两个版本高中物理课程标准的内容主题比较

实验版课程标准		2017 年版课程标准	
模块	内容主题(条目数量)	模块	内容主题(条目数量)
物理 1	运动的描述(4) 相互作用与运动规律(5)	必修 1	机械运动与物理模型(4) 相互作用与运动规律(4)
物理 2	机械能和能源(6) 抛体运动与圆周运动(4) 经典力学的成就与局限性(6)	必修 2	机械能及守恒定律(4) 曲线运动与万有引力定律(5) 经典力学的局限性与相对论初步(3)
选修 3-1	电场(6) 电路(8) 磁场(6)	必修 3	静电场(6) 电路及其应用(6) 电磁场与电磁波初步(6) 能源与可持续发展(4)
选修 3-2	电磁感应(4) 交变电流(4) 传感器(3)	选择性必修 1	动量与动量守恒定律(3) 机械振动与机械波(6) 光及其应用(4)
选修 3-3	分子动理论与统计思想(4) 固体、液体与气体(6) 热力学定律与能量守恒(3) 能源与可持续发展(3)	选择性必修 2	磁场(3) 电磁感应及其应用(6) 电磁振荡与电磁波(4) 传感器(3)
选修 3-4	机械振动与机械波(5) 电磁振荡与电磁波(5) 光(5) 相对论(4)	选择性必修 3	固体、液体和气体(6) 热力学定律(3) 原子与原子核(5) 波粒二象性(2)
选修 3-5	碰撞与动量守恒(3) 原子结构(2) 原子核(7) 波粒二象性(6)		

注：由于新课程高考物理学科的内容不涉及选修 1 系列和选修 2-1 和选修 2-3，所以这里未列出，详见《普通高中物理课程标准(实施)》(中华人民共和国教育部制定，人民教育出版社 2003 年出版)

2017 年版课程标准模块和主题设置与实验版课程标准相似。高中物理实验版课程标准共包括 12 个模块，其中理科学生学习的最多包括 7 个模块内容，23 个主题内容；2017 年版课程标准，按照等级性考试要求，包括 6 个模块，20 个主题内容。

2017 年版课程标准与实验版课程标准相比，其内容主题的变动主要包括两个方面：一是增加了共同必修模块，将电磁学初步知识纳入共同必修部分；二是对选择性必修(原来选修 3 系列)进行了重新整合，从 5 个模块降为 4 个模块，但知识内容并未明显缩减。将“能源”相关条目与“能源与可持续发展”合并，放在必修 3；万有引力定律从“经典力学的成就与局限性”中分离出来，与曲线运动放在一个主题里；“分子动理论与统计思想”“交变电流”等内容不再作为单独主题呈现。2017 年版课程标准对内容的优化整合是为了实现基于学科核心素养的课程内容制定和实施。

考虑到 2007～2018 年高考物理是基于实验版课程标准实施为背景，同时知识内容条目变动并不大，本部分的研究以实验版课程标准条目为研究对象。在具体分析过程中，所采取的分析方式是：参考实验版课程标准中内容标准知识内容分布进行编码，然后对试题所考查的知识点按照此编码表进行赋值。编码表在书后附录 1 中呈现，共有 194 条知识内容(包括课程标准试卷中出现过的 8 个模块)，分别赋值 1~194。如果一道试题同时考查了多条知识内容，按照“核心知识点与分支知识点各占一半”的原则进行分配。

例题 3-1：(2017 年北京卷 17 题) 利用引力常量 G 和下列某一组数据，不能计算出地球质量的是(　　)。

A. 地球的半径及重力加速度(不考虑地球自转)

B. 人造卫星在地面附近绕地球做圆周运动的速度及周期

C. 月球绕地球做圆周运动的周期及月球与地球间的距离

D. 地球绕太阳做圆周运动的周期及地球与太阳间的距离

对照编码表对例题进行分析，它考查了匀速圆周运动(34)、向心力加速度(35)、匀速圆周运动的向心力(36)、万有引力定律(38)。本道题 6 分，按照上文的分配原则，匀速圆周运动和向心力加速度分值各为 1 分，匀速圆周运动的向心力和万有引力定律分为各为 2 分。

3.3.2　确定认知水平分析维度

知识内容的分析往往从知识广度和深度两个维度展开，知识广度主要指前文所提的知识内容含量，这也构成了物理高考试题分析的第一个维度；知识深度往往用认知水平来表征。1956 年，本杰明 · 布卢姆(B · S · Bloom)提出著名的教育目标分类学，这一分类学对数十年后的知识目标分类产生了重大影响，其后几十年，记忆、理解、运用、分析、评价和创造六个层次作为认知水平的分类，并被全球教育学者所广泛接受。当然对这一分类学的讨论和改进也一直没有停止，教育研究者和实践者逐渐认识到教育目标的层次可能有所不同，需要从知识维度对教学目标进行界定，基于此，21 世纪初洛林 · W.安德森(Lorin W.Anderson)等提出修订版的教育目标分类方式。安德森等也将知识的认知过程维度划分为：记忆或回忆(remember)、理解(understand)、应用

(apply)、分析(analyze)、评价(evaluate)和创造(create)。记忆或回忆指从长时记忆中提取相关的知识，包括辨认和提取。理解指从书面和图像等交流方式的信息中建构意义，有解释、分类、总结、推断、比较、说明等。应用指给定的情景中执行或使用程序性知识或陈述性知识，包括执行和实施，如根据给定的某电阻两端电压和流经电阻的电流，求该电阻的阻值，这个属于执行，意味着是将掌握的知识应用于熟悉的问题,而实施是指将知识应用于相对不熟悉的问题。分析是指将材料分解成各部分并确定各部分间的关系，包括区别、组织、归因等。评价是指基于确定的准则或标准做出判断，包括检查和评论判断等。创造是指将各内容要素重新组织成新的成果，包括产生、计划和生成等(安德森等，2009)。安德森等(2009)还指出知识内容维度包括实时性知识(factual knowledge)、概念性知识(conceptual knowledge)、程序性知识(procedural knowledge)和元认知知识(metacognitive knowledge)。受到安德森的影响，从知识维度以及知识所表征的认知维度来界定教学目标成为后来世界各国制定课程标准、教学目标以及评价工具的重要依据。这里非常值得关注的一个问题是安德森建议将目标分为三个层次来分别研究，表 3-6 是对三个层次的基本描述。分析表 3-6 中所列目标的三个层次，显然本书研究聚焦的评价目标层次属中等和具体的教育目标与教学目标，教学目标的重要参考是课程目标，所以这样的目标分辨标准之一便是教育部颁布的物理课程标准。

表 3-6　安德森提出的三个层次“目标”

层次(范围)	达成目标所需时间	功能或目的	用途实例
总体目标(广泛)	一年或多年(通常多年)	提供愿景	计划一个年度的课程
教育目标(中等)	几周或几个月	设计课程	计划教学单元
教学目标(具体)	几小时或几天	准备教学计划	计划每天的教学活动、经历和练习

在布卢姆和安德森等的教育目标分类学基础上，马扎诺和肯德尔(2012)提出质疑,认为“以思维的复杂程度作为分类线索与真实情况不符”和“知识没有深度变化”，基于此类问题提出二维评价体系：知识和过程运作。知识维度有：信息、智力程序和心理意向三个领域，每个领域有两类知识，信息领域包括事实和组织理念性知识，智力程序领域包括智力技能和智力过程性知识，心理意向领域包括心理机能和心理过程性知识；按照马扎诺的理论，过程运作包括认知系统、元认知系统和自我系统，其中认知系统有四种运作程式，即回顾、理解、分析和知识运用。

马扎诺的目标分类体系与布卢姆分类体系相比，由于增加了关于学习者对学习内容熟悉程度而变化的因素，增加了维度则变得更加复杂(马扎诺和肯德尔，2012)。

与布卢姆、安德森及马扎诺等的教育目标分类体系相比，韦伯认为深度水平分为回忆、技能概念、策略性思维、拓展性思维(表 3-7)，这也是其一致性分析模式中所使用的知识深度水平划分方式，值得注意的是，韦伯的知识深度分类是用在数学和科学领域(Webb and Madison，1999)。

表 3-7　韦伯的知识深度分类体系

深度水平		内容
水平 1	回忆 Recall	回忆事实、信息或程序 常见关键词：识别、回忆、认识
水平 2	技能/概念 Skill/Concept	使用信息、概念性知识或程序，涉及两步及两步以上运算 常见关键词：分类、组织、判断、观察、收集和展示数据
水平 3	策略性思维 Strategic Thinking	做出推理、制定计划、安排步骤，具有复杂性，有多种可能答案，一般需要至少十分钟完成
水平 4	拓展性思维 Extended Thinking	调查、思考和解决需要多个条件的问题或任务、一般需要至少十分钟完成非常规操作

产生于 1956 年的布卢姆教育目标分类学以行为主义心理学为基础，用学生学习的外显行为来表述教育目标，对全球教育测量和教育行为研究产生了积极影响；但其在教学过程和评价任务的描述方面存在不足，2001 年安德森等在布卢姆教育目标分类学基础上，研究并出版《面向学习、教学和评价的分类学——布卢姆教育目标分类学的修订》，将原来一个维度的划分方式变为二维分类：知识维度包括程序性知识、陈述性知识和元认知知识，而认知过程分为记忆、理解、应用、分析、综合和创造六个水平。安德森等的修订立足于“学习过程不是机械的，而是有意义的建构过程”，知识的学习重在迁移和应用。修订版和原版教育目标分类体系相比有三点值得关注：①修订版没有涉及动作技能领域和情感领域(这是安德森的修订版被学者热议的一个重要方面)，其内隐、复杂等性质决定了无法按照认知领域目标分类的逻辑进行水平划分，但以认知领域代替整个“教育目标分类体系”显然有“以偏概全”的嫌疑。②新版认知过程分类的层次性值得继续研究，原版的布卢姆分类体系顺序是“知识、领会、运用、分析、综合、评价”，而新版将“评价”作为第五个水平，删除“综合”，换成“创造”，这些水平的层次性、严格线

性值得辨析和明确。③“分析”与“应用”的关系。分析最早出现在亚里士多德有关数学、逻辑性的著作中，后面逐渐在自然科学、社会科学的各个领域广泛应用，在物理学中，分析常常指从综合的、未知的问题出发，从横向或纵向拆解问题，应用相关物理规律，建立联系，从而获得问题答案。比如，在物理试题的解答过程中，分析思路一般包括三个环节：①找出待求量；②根据物理过程写出含待求量的原始公式，并在原始公式后标出新出现的未知量；③寻求解决新待求量公式。这样逐步展开，直到公式中没有新的未知量为止。这种从试题的待求量出发，剖析物理过程，寻求有关的物理定律，写出原始公式，逐步展开求解的方法就是分析。当然大部分物理综合性试题的解答既包括“分析”的思想方法，也包括与其反向的“综合”的思想方法。这样看来，将“分析”(analyze)放在“应用”之后就值得商榷。

自 21 世纪初我国颁布义务教育阶段的各学科课程标准开始，认知水平的划分就参考布卢姆和安德森等的教育目标分类学；但在技能性、体验性目标方面又有一定差异(表 3-8)。

表 3-8　我国高中物理课程标准中关于行为动词的界定[①]

类型		水平	各水平的含义	所用的行为动词
知识技能目标动词	知识	了解	再认或回忆知识；识别、辨认事实或证据；举出例子；描述对象的基本特征	了解、知道、描述、说出、举例说明、列举、表述、识别、比较、简述、对比
		认识	位于“了解”与“理解”之间	认识
		理解	把握内在逻辑联系；与已有知识建立联系；进行解释、推断、区分、扩展；提供证据；收集、整理信息等	阐述、解释、估计、理解、计算、说明、判断、分析、区分
		应用	在新的情境中使用抽象的概念、原则；进行总结、推广；建立不同情境下的合理联系等	评估、使用、验证、运用、掌握
	技能	独立操作	独立完成操作；进行调整或改进；尝试与已有技能建立联系等	测量、测定、操作、会、能、制作、设计
体验性要求的目标动词		经历	从事相关活动，建立感性认识等	观察、收集、调查、交流、讨论、阅读、尝试、实验、学习、探究、预测、考虑、经历、体验、参加、参观、查阅
		反应	在经历基础上表达感受、态度和价值判断；做出相应反应等	体会、关注、注意、关心、乐于、敢于、勇于、发展、保持
		领悟	具有稳定态度、一致行为和个性化的价值观念等	形成、养成、具有、领略、体会、思考

① 中华人民共和国教育部. 普通高中物理课程标准(实验)[M]. 北京：人民教育出版社, 2003.

考虑到评价性目标和学习结果描述性目标间的差异，本书研究参考课程标准中认知水平的划分方式，将试题划分为了解、认识、理解、应用四个层次。

1. 了解

根据布卢姆教育目标分类学，“了解”属于知识维度的最低水平，一般包括四种类型：回忆知识，课程标准中对应的行为动词有“说出”“表述”“简述”等；辨识事实和证据，课程标准中对应的行为动词有“识别”“比较”“对比”等；根据对内涵的了解举例，课程标准中对应的行为动词有“举例说明”“列举”等；描述基本特征，课程标准中对应的行为动词有“描述”等[①]。在评价项目中，再认是指从长时记忆系统中找到与试题中所呈现知识内容相一致的知识，纸笔测验中考查的方式有：证实(确认信息是否正确)、匹配(就至少两个系列中每个项目的相互对应关系做出选择)和被迫选择(从多个提示或答案中选择正确的)(安德森等，2008)。评价项目中也包括回忆、辨识、举例和描述四类考查方式。回忆是指在有提示的条件下提取其先前习得的信息，回忆类型的试题属于单纯考查知识记忆情况，这类题目在学业水平考试中较少出现，在平时的作业训练中偶尔出现。比回忆具有较高水平考查的形式是辨识，即对给定条件和长时记忆中的知识进行比较，做出判断，这类常出现在选择题的物理学史及方法类题目中。举例，是根据长时记忆中的知识内容，在识别其含义和外延的基础上，给出具体例子，这类题目同辨识类题目常相伴出现。比较是指对给定的两个内容或给定的一个内容与长时记忆中的知识内容就相似性做出判断，在评价项目中，一般是对题目所提供的新信息与比较熟悉的知识就相似性做出判断，相近的行为动词有比较、匹配等。

例题 3-2(2018 年高考北京卷 14 题)：关于分子动理论，下列说法正确的是(　　)。

A. 气体扩散的快慢与温度无关

B. 布朗运动是液体分子的无规则运动

C. 分子间同时存在着引力和斥力

D. 分子间的引力总是随分子间距增大而增大

① 中华人民共和国教育部. 全日制小学科学课程标准[M]. 北京：北京师范大学出版社, 2017.

例题 3-2 考查的是选修 3-3 模块中分子动理论的内容，考查的知识内容有“分子动理论的基本观点和实验证据”“温度是分子平均动能的标志”，所考查的知识内容主题是“分子动理论与统计思想”，此题考查学生识记此部分基础知识并与给定的选项比较，做出判断，认知水平为“了解”。

2. 认识

《辞海》对“认识”的解释是“人脑在实践基础上对外部现实的能动反映”（夏征农和陈至立，2010），在实验版课程标准中共有 23 个知识内容属于“认识”水平的要求，2017 年版课程标准中有 24 个知识内容属于“认识水平”，增加了“通过实验，认识自由落体运动规律”，即在理解匀变速直线运动规律的基础上认识自由落体运动的规律，正如表 3-8 所述，“认识”是介于“了解”与“理解”之间的一个认知水平。

例题 3-3（2017 年高考海南卷 2 题）：关于静电场的电场线，下列说法正确的是（　　）。

A. 电场强度较大的地方电场线一定较疏

B. 沿电场线方向，电场强度一定越来越小

C. 沿电场线方向，电势一定越来越低

D. 电场线一定是带电粒子在电场中运动的轨迹

本题考查多个知识内容，包括电场强度、电场线、电势。其中对电场强度的考查属于理解水平，因为需要在理解电场强度的定义及静电场电场强度变化规律基础上解答此题，对电场线的知识要求为认识水平，对电势的要求是了解水平；本题所占分值 6 分，其中电场线、电势、电场强度各占 2 分。

3. 理解

理解是指应用已有知识揭露事物之间的联系而认识新事物的过程（夏征农和陈至立，2010）；包括揭示事物间外部联系，类似于皮亚杰认知发展理论的“同化”；有揭示事物间内在联系的理解，如确定因果关系。实验版课程标准对“理解”的阐述包括五个方面：①把握内在逻辑联系，课程标准中的行为动词有阐述、解释等；②与已有知识建立联系，课程标准中的行为动词有判断等；③进行解释、推断、区分、扩展，课程标准中的行为动词有计算、区分等；④提供证据，课程标准中的行为动词有估计、解释等；⑤收集、整

理信息，课程标准中的行为动词有说明、判断等[①]。在考试评价中，判断“解释”水平的依据是在课程标准、教科书或教学中未见到过，但又不属于在一个新情境中综合运用知识解决问题。“判断”和“估计”这两个行为动词近似，都是依据所掌握的知识内容对事物做出辨别和推算。“计算”是物理教学和考试评价中经常使用的行为动词，指运用数学知识由已知条件直接推导得出结果，这里区分于“应用”之处是“直接推导得到结果”，而不是在新情境中提取物理量、建立物理模型、综合运用知识推导得到结果。“说明”也就是把事物的特征、关系、功效等阐释明白，其一般有概括、定义、比较等方式(安德森等，2008)。“分析”不用于布卢姆教育目标分类学中的一个水平，我国高中物理课程标准是将“分析”作为“理解”水平的一个行为动词来使用，一般是指把事物分解为各个部分加以考查(夏征农和陈至立，2010)。

例题 3-4(2016 年高考四川卷 1 题)：韩晓鹏是我国首位在冬奥会雪上项目夺冠的运动员。他在一次自由式滑雪空中技巧比赛中沿“助滑区”保持同一姿态下滑了一段距离，重力对他做功 1900J，他克服阻力做功 100J。韩晓鹏在此过程中(　　)。

A. 动能增加了 1900J

B. 动能增加了 2000J

C. 重力势能减小了 1900J

D. 重力势能减小了 2000J

本题考查的知识内容包括机械能守恒定律、重力势能、动能、动能定理。对这几个知识点的掌握水平属“理解”水平，要求在掌握这几个概念或规律内容基础上，阐明它们之间的关系。本题分值为 6 分，其中机械能守恒定律占 3 分，其他三个知识点各占 1 分。

4. 应用

“应用”意为使用，实验版课程标准对其界定是“在新的情境中使用抽象的概念、原则；进行总结、推广；建立不同情境下的合理联系等”；实验版课程标准在“应用”上所用的行为动词有评估、使用、验证、运用和掌握，是最

① 中华人民共和国教育部. 普通高中物理课程标准(实验)[M]. 北京：人民教育出版社，2003.

高层次的认知水平，与布卢姆的应用、评价、创造高阶思维水平相对应①。评估是指对价值等事物的评量与估价，含揣度、推测成分，但也追求所求结果的客观可靠性(陶西平，1998)；考试评价项目出现的这一水平题目一般是要求学生根据所学相关知识评估给出的假设。区别于理解水平的计算等内容，关键看在新的情境中综合运用所学知识解释现象、解决问题。

例 3-5(2018 年全国Ⅱ卷 16 题)：2018 年 2 月，我国 500m 口径射电望远镜(天眼)发现毫秒脉冲星“J0318+0253”，其自转周期 T=5.19ms，假设星体为质量均匀分布的球体，已知万有引力常量为 $6.67\times10^{-11}\text{N}\cdot\text{m}^2/\text{kg}^2$，以周期 T 稳定自转的星体的密度最小值约为(　　)。

A. $5\times10^{9}\text{kg/m}^3$

B. $5\times10^{12}\text{kg/m}^3$

C. $5\times10^{15}\text{kg/m}^3$

D. $5\times10^{18}\text{kg/m}^3$

本题主要考查万有引力定律、匀速圆周运动、匀速圆周运动的向心力。这三个知识点的考查为“应用”水平，本题占 6 分，每个知识点各占 2 分。

值得注意的是，与实验版课程标准相比，2017 年版课程标准并未单独列出认知水平和行为动词的表格，可以预见，知识维度重视程度会逐渐弱化，会越来越重视情境性、探究性，以及基于核心素养的学业实施和检测(这部分内容将在 4.4 节进行探讨)。

3.3.3　分析程序

以高中物理学习的内容标准要求为参考点，对高考物理试题的知识内容、认知水平、情境性、实验探究等内容进行分析和统计，然后利用一致性分析工具进行定量统计和定性分析的实证研究。

第一步，完成试卷分析与编码，编码系统如表 3-9 所示。

① 中华人民共和国教育部. 普通高中物理课程标准(实验)[M]. 北京：人民教育出版社, 2003.

表 3-9　物理高考试题分析编码系统

维度	编码	备注
知识内容	1～194	详见书后“附录 1”
认知水平	了解——1 认识——2 理解——3 应用——4	详解见表 3-8

第二步，使用 SEC 分析模式从知识内容及认知水平维度进行定量计算，得到一致性系数结果，并将其与一致性水平显著状态临界值进行对比，得到定量的一致性显著水平。

第三步，对试题分析结果进行定量和定性分析，得到 2007～2018 年高考物理试题的各维度特征，并对基于标准的高考物理试题应然性和实然性进行辨析。

下面在文献综述和分析维度建构基础上，对本书研究所采取的一致性定量分析的 SEC 分析模式进行明确。

正如上文分析所得，就各一致性定量研究模式而言，韦伯分析模式和 SEC 分析模式侧重于考查评价项目且各有长处。本书研究对知识内容和认知水平两个维度的定量拟合分析，SEC 分析模式正好与此符合，并且具有量化研究、可操作性强的特点，SEC 分析模式中的一致性公式：

$$P = 1 - \frac{\sum_{i=1}^{n} |X_i - Y_i|}{2}$$

考虑这部分的研究假设是“物理高考与内容标准不存在统计学意义上的显著一致性，但在情境性、实验探究等方面趋向于合理水平”，关于知识内容与认知水平的一致性结果分析在采用 SEC 公式的基础上，借鉴韦伯分析模式从知识内容主题、具体知识内容条目分布平衡性、认知水平三个角度展开定量分析和定性解读。

如上文所述：内容主题维度的确定参考物理课程标准中内容主题的设置（即知识种类的一致性），考题所对应认知水平的划分亦参考物理课程标准的划分（了解、认识、理解、应用），构成一致性韦伯分析模式的知识深度维度。同时，也借鉴了韦伯分析模式中知识分布平衡性的分析方法，对部分核心具体知识内容条目结果进行柱形图分布展示和分析。

表 3-10 是选取必考部分构建的“11×4”编码矩阵（实际分析会依据各份试

卷的知识内容不同类别构成的属性，使用不同的编码矩阵)，其所使用的是“内容主题×认知水平”分析框架，根据上述公式对试卷和课程标准内容进行矩阵间一致性系数；同时对知识类别一致性、知识深度一致性、知识分布平衡性进行定量结果基础上的定性分析。

表 3-10　物理内容标准和高考试题一致性分析框架(必考部分)

模块	内容主题	了解	认识	理解	应用
物理 1	运动的描述				
	相互作用和运动规律				
物理 2	机械能和能源				
	抛体运动与圆周运动				
	经典力学的成就与局限性				
选修 3-1	电场				
	电路				
	磁场				
选修 3-2	电磁感应				
	交变电流				
	传感器				
小计					

3.3.4　研究的信度和效度

研究过程和结论的真实、可靠是体现研究价值的重要前提，所以提高本书研究的信度和效度对提高研究质量具有重要意义。

1. 研究效度

效度是实证主义量化研究的一个质量评判标准，目的是通过客观的测量和量化推论寻求一种普遍的法则(陈向明，2006)。具有良好效度的研究使用某研究工具所得出的推论具有可推广性，研究结果真实地揭示研究问题的本质或规律。

本书为保证良好的效度，非常关注研究样本的充分代表性以及研究工具的权威性和适用性。在分析我国基础教育课程改革进程和高考命题现状的基础上，本书以高中课程改革背景下的物理高考为研究对象，高中开始改革的起始年是 2003 年，以山东、广东、海南、宁夏 2004 年的物理高考为起点，研究近 12 年的高考物理试题 110 套，这 12 年间，另有大纲版试卷 31 套，由于本研究关注物理考试试题与课程标准的一致性，所以只把 2007～2018 年，110 套课标卷[①]作为研究对象。此部分研究借鉴了国际上比较成熟的一致性研究——韦伯分析模式和 SEC 分析模式，并结合我国课程设置的特点对其进行本土化改造，作为统计和分析物理高考试题与内容标准一致性水平现状的重要方法，保证我们所收集的数据是有效的，据此做出的分析是有意义的。

2. 研究的信度

信度指测验结果的一致性或稳定性，计算信度常用方法有再测信度、副本信度和分半信度(汝信，1988)。影响信度的因素是多方面的，既可能有研究者本身专业素质、操作水平等方面的原因，也有研究工具的原因。就本书而言，为确保良好的研究信度，从提高研究工具的可靠性和统计分析的准确性两方面考虑。首先，研究工具的可靠性是整个研究结论可靠的前提，本书在综合分析和国际上较为成熟的一致性分析模式基础上，确定借鉴 SEC 分析模式和韦伯分析模式为本书的量化研究工具。考虑到我国和美国等西方国家在社会文化背景、基础教育状况上有所不同，所以本书对 SEC 分析模式和韦伯分析模式进行了本土化合理改造，从而提高其应用的信度。

此外，在确保分析和统计数据的准确性方面，本书采取共时信度的思想。对高考物理试题的分析由 7 位研究人员完成，基本信息如表 3-11 所示。

表 3-11　研究人员基本信息

序号	基本信息	编码
1	大学教师、博士、8 年研究经历	M
2	中学物理教师，工作 7 年，硕士	X/Q
3	硕士研究生	P/L/R/N

开始正式分析前，通过充分商讨，7 位研究人员均对同一份卷子进行试分析，计算相互一致性系数，首次检测一致性系数仅为 0.75；针对一致性系数不理想的情况，对分析标准进行进一步协商，循环至内部一致性系数高于 0.9 后方开始正式分析。

① 课标卷是指按课程标准出的试卷。

参 考 文 献

安德森 L W, 等. 2008. 学习、教学和评估的分类学——布卢姆教育目标分类学修订版(简缩本)[M]. 皮连生译. 上海: 华东师范大学出版社: 61-67.

安德森 L W, 等. 2009. 布卢姆教育目标分类学修订版——分类学视野下的学与教及其测评[M]. 蒋小平, 张琴美, 罗晶晶译. 北京: 外语教学与研究出版社: 19-48.

陈霞. 2010. 标准驱动——基于标准的美国基础教育改革[M]. 合肥: 安徽教育出版社: 137-139.

陈娴, 郑璨璨, 陈宁. 2010. 物理内容标准与考试之间的一致性研究[J]. 课程·教材·教法, (7): 67-71.

陈向明. 2006. 质的研究方法和社会科学研究[M]. 北京: 教育科学出版社: 99.

崔允漷, 王少非, 夏雪梅. 2008. 基于课程标准的学生学业成就评价[M]. 上海: 华东师范大学出版社: 112-114.

崔允漷, 夏雪梅. 2007. 试论基于课程标准的学生学业成就评价[J]. 课程·教材·教法, (1): 13-18.

范立双, 刘学智. 2010. 美国"成功分析模式"的诠释与启示——学业评价与课程标准一致性的视角[J]. 比较教育研究, (8): 77-80.

刘恩山, 卢群, 张颖之. 2010. 2010 年高考生物试卷与课程标准一致性分析[J]. 基础教育课程, (9): 61-67.

刘学智, 马云鹏. 2007. 美国"SEC", 一致性分析范式的诠释与启示——基础教育中评价与课程标准一致性的视角[J]. 比较教育研究, (5): 64-68.

刘学智, 张雷. 2009. 学业评价与课程标准的一致性: 韦伯模式本土化探究[J]. 外国教育研究, (12): 1-17.

刘学智. 2006. 论评价与课程标准一致性的建构: 美国的经验[J]. 全球教育展, (9): 35-39.

刘学智. 2008. 小学数学学业评价与课程标准一致性的研究[D]. 长春: 东北师范大学博士学位论文.

陆谷孙. 2007. 英汉大词典[M]. 第 2 版. 上海: 上海译文出版社: 46.

马扎诺 R J, 肯德尔 J S. 2012. 教育目标的新分类学(第 2 版)[M]. 高凌飚, 吴有昌, 苏峻译. 北京: 教育科学出版社: 3-5.

汝信. 1988. 社会科学新辞典[M]. 重庆: 重庆出版社: 1036-1037.

陶西平. 1998. 教育评价辞典[M]. 北京: 北京师范大学出版社: 55.

王焕霞. 2012. 高中物理内容标准和学业水平考试的一致性研究[D]. 重庆: 西南大学博士学位论文.

王磊, 黄琼, 刘东方. 2010. 中考命题与化学课程标准的一致性研究——基于九省市中等学校招生考试概念原理知识的比较[J]. 基础教育课程, (3): 75-80.

诺曼·韦伯, 张雨强. 2011. 判断评价与课程标准一致性的若干问题[J]. 比较教育研究, (12): 83-89.

夏征农, 陈至立. 2010. 辞海(第 6 版)(缩印版)[M]. 上海: 上海辞书出版社: 1121, 1567, 2235.

杨玉琴, 王祖浩, 张新宇. 2012. 美国课程一致性研究的演进与启示[J]. 外国教育研究, (1): 113-121.

杨玉琴, 张新宇, 占小红. 2011. 美国 Achieve"测验—标准"一致性分析工具的研究及启示[J]. 外国中小学教育, (9): 22-27.

袁令民. 2013. 物理高考与课程标准的一致性研究[D]. 重庆: 西南大学博士学位论文.

岳喜腾, 张雨强. 2011. 基于课程标准的学业成就评价: 韦伯模型之研究[J]. 全球教展, (10): 79-85.

张志伟. 2007. 西方哲学史[M]. 北京: 中国人民大学出版社: 32-36.

赵中建. 2005. 美国课程标准之标准研究[J]. 全球教育展望, (6): 37-41.

Blank R. 2002. Models for alignment analysis and assistance to states[R]. Council of Chief State School Officers Summary Document. Washington, DC: Council of Chief State School Officers.

Fulmer G W. 2011. Estimating critical values for strength of alignment among curriculum, assessments, and instruction[J]. Journal of Educational and Behavioral Statistics, 36(3): 381-402.

Liang L L, Yuan H. 2008. Examining the alignment of Chinese national physics curriculum guidelines and 12th-grade exit examinations: a case study[J]. International Journal of Science Education, 30(13): 1823-1825.

Liu X F, Zhang B H, Liang L L, et al. 2010. Alignment between the physics content standard and the standardized test: a comparison among the United States: New York State, Singapore, and China—Jiangsu[J]. Science Education, 93(5): 777-797.

Liu X, Fulmer G W. 2008. Alignment between science curriculum and assessments in selected New York State Regents exams[J]. Journal of Science Education and Technology, 17(4): 373-383.

Messick S. 1994. The interplay of evidence and consequences in the validation of performance assessments[J]. Educational Researcher, 23(2): 13-23.

Resnick L B, Rothman R, Slattery J B, et al. 2012. Benchmarking and alignment of standards and testing[J].Educational Assessment, 2004, 9(1): 1-27.

Webb N L. 1997. Criteria for alignment of expectations and assessments in mathematics and science education[R]. Academic Achievement, 1(11): 46.

Webb N L, Madison W. 1999. Alignment of science and mathematics standards and assessments in four states[J]. Education, 289(3): 559-569.

第 4 章　物理高考与课程标准的一致性研究

4.1　研究样本和研究过程

4.1.1　研究样本

以《基础教育课程改革纲要(试行)》的颁布为标志，开始新中国成立以来的第八次课程改革，本次课程改革的重大变化之一是从基于教学大纲的教学实践向基于课程标准的教学实践转变。课程标准是教学实施、教材编写、考试评价的主要依据。本书聚焦物理高考与课程标准一致性，考虑到本轮高中课程改革的实施情况，选取自 2007～2018 年的基于课程标准的高考试卷，共 110 份。表 4-1 列出了样本试卷的基本信息，其中全国卷 I 中 2007 年和 2008 年是宁夏专用卷。

表 4-1　物理高考试卷样本

年份	试卷清单
2007 年(4 份)	宁夏、山东、广东(单科)、海南(单科)
2008 年(5 份)	宁夏、山东(单科)、广东、海南(单科)、江苏(单科)
2009 年(9 份)	全国课标卷(宁夏和辽宁)、山东、广东(单科)、海南(单科)、江苏(单科)、浙江、安徽、天津、福建
2010 年(10 份)	全国卷(湖南、辽宁、宁夏、陕西、吉林、黑龙江)、山东卷、广东卷、海南卷(单科)、江苏卷(单科)、浙江卷、安徽卷、天津卷、福建卷、北京卷
2011 年(10 份)	全国卷(宁夏、吉林、黑龙江、陕西、湖南、辽宁、江西、山西、河南、新疆)、山东卷、广东卷、海南卷(单科)、江苏卷(单科)、浙江卷、安徽卷、天津卷、福建卷、北京卷
2012 年(10 份)	全国卷(河南、吉林、黑龙江、山西、新疆、宁夏、河北、云南、内蒙古、江西、湖北、湖南、陕西、辽宁)、山东卷、广东卷、海南卷(单科)、江苏卷(单科)、浙江卷、安徽卷、天津卷、福建卷、北京卷
2013 年(13 份)	全国卷Ⅰ(河南、山西、陕西、湖北、湖南、江西、河北)、全国卷Ⅱ(青海、西藏、甘肃、贵州、内蒙古、新疆、宁夏、吉林、黑龙江、云南、辽宁)、山东卷、广东卷、海南卷(单科)、江苏卷(单科)、浙江卷、安徽卷、天津卷、福建卷、北京卷、四川卷、重庆卷
2014 年(13 份)	全国卷Ⅰ(河南、河北、山西、湖北、湖南、江西、陕西)、全国卷Ⅱ(青海、西藏、甘肃、贵州、内蒙古、新疆、宁夏、吉林、黑龙江、云南、辽宁)、山东卷、广东卷、海南卷(单科)、江苏卷(单科)、浙江卷、安徽卷、天津卷、福建卷、北京卷、四川卷、重庆卷
2015 年(13 份)	全国卷Ⅰ(河南、河北、山西、江西、湖北、湖南、陕西)、全国卷Ⅱ(青海、西藏、甘肃、贵州、内蒙古、新疆、宁夏、吉林、黑龙江、云南、广西、辽宁)、山东卷、广东卷、海南卷(单科)、江苏卷(单科)、浙江卷、安徽卷、天津卷、福建卷、北京卷、四川卷、重庆卷

续表

年份	试卷清单
2016 年(9 份)	全国卷Ⅰ(河北、河南、江西、广东、安徽、湖南、湖北、福建、山西、山东)、全国卷Ⅱ(甘肃、青海、西藏、黑龙江、吉林、辽宁、宁夏、内蒙古、新疆、陕西、重庆)、全国卷Ⅲ(广西、贵州、云南)、海南(单科)、北京、天津、江苏(单科)、浙江、四川
2017 年(7 份)	全国卷Ⅰ(福建、河南、河北、山西、江西、湖北、湖南、广东、安徽、山东)、全国卷Ⅱ(甘肃、青海、内蒙古、黑龙江、吉林、辽宁、宁夏、新疆、陕西、重庆)、全国卷Ⅲ(云南、广西、贵州、四川、西藏)、海南(单科)、江苏(单科)、北京、天津
2018 年(7 份)	全国卷Ⅰ(福建、河南、河北、山西、江西、湖北、湖南、广东、安徽、山东)、全国卷Ⅱ(甘肃、青海、内蒙古、黑龙江、吉林、辽宁、宁夏、新疆、陕西、重庆)、全国卷Ⅲ(云南、广西、贵州、四川、西藏)、海南(单科)、江苏(单科)、北京、天津

教育部考试中心编制的高考物理考试大纲规定，各地高考试卷命制范围包括共同必修模块和选修三系列(2007～2009 年还包括“选修 2-2”)，包括必考和选考两部分，必考内容有“物理 1”和“物理 2”以及“选修 3-1”和“选修 3-2”(2017～2018 年增加“选修 3-5”)，选考模块是选修 3 系列的其他 3 个模块(2007～2009 年还包括“选修 2-2”)。依照全国统一的考试大纲，每个命题单位可根据具体情况在符合全国统一高考物理考试大纲的前提下设置必考和选考范围。2007～2018 年共 110 份课程标准试卷，样本分布及其编码情况如表 4-2 所示。

表 4-2　高考试卷样本信息及编码

试卷	物理总分(分)	选考分值(分)	选考情况	年份	编码
全国卷Ⅰ	110	15	四选一(选修 2-2、选修 3-3、选修 3-4、选修 3-5)	2007～2009 年	1～3
			三选一(选修 3-3、选修 3-4、选修 3-5)	2010～2016 年	4～10
			必考选修 3-5，二选一(选修 3-3、选修 3-4)	2017～2018 年	11～12
全国卷Ⅱ	110	15	三选一(选修 3-3、选修 3-4、选修 3-5)	2013～2016 年	13～16
			必考选修 3-5，二选一(选修 3-3、选修 3-4)	2017～2018 年	17～18
全国卷Ⅲ	110	15	三选一(选修 3-3、选修 3-4、选修 3-5)	2016 年	19
			必考选修 3-5，二选一(选修 3-3、选修 3-4)	2017～2018 年	20～21
北京	120	0	必考选修 3-4、选修 3-5	2010～2012 年	22～24
			必考选修 3-3、选修 3-4、选修 3-5	2013～2018 年	25～30
天津	120	0	必考选修 3-4、选修 3-5	2009～2018 年	31～40
海南	100	24	三选二(选修 3-3、选修 3-4、选修 3-5)	2007～2016 年	41～50
		12	必考选修 3-5，二选一(选修 3-3、选修 3-4)	2017～2018 年	51～52
江苏	120	24	三选二(选修 3-3、选修 3-4、选修 3-5)	2008～2018 年	53～63

续表

试卷	物理总分（分）	选考分值（分）	选考情况	年份	编码
山东	89	16	三选二（选修 3-3、选修 3-4、选修 3-5）	2007～2011 年	64～68
		8	三选一（选修 3-3、选修 3-4、选修 3-5）	2012～2013 年	69～70
	110	12	三选一（选修 3-3、选修 3-4、选修 3-5）	2014～2015 年	71～72
广东	150	8	必考选修 3-5、二选一（选修 3-3、选修 3-4）	2007 年	73
		10		2008～2009 年	74～75
	100	0	必考选修 3-3、选修 3-5	2010～2015 年	76～81
浙江	120	0	必考选修 3-4、选修 3-5	2009～2011 年	82～84
			必考选修 3-4	2012～2016 年	85～89
安徽	110	0	必考选修 3-5	2009 年	90
			必考选修 3-4、选修 3-5	2010～2012 年	91～96
福建	120	12	必考选修 3-4、二选一（选修 3-3、选修 3-5）	2009～2015 年	97～103
重庆	110	12	必考选修 3-5，二选一（选修 3-3、选修 3-4）	2013～2015 年	104～106
四川	110	0	必考选修 3-4	2013～2016 年	107～110

在样本总分值分布方面，通过图 4-1 可以看出，110 份试卷中 41%的样本总分值为 120 分，其次 110 分的样本试卷有 37 份。在教育考试具有重要导向作用的背景下，物理高考的选择性对高中物理课程基本理念选择性落实具有非常重要的意义。依据图 4-2 统计，110 份样本试卷中有 40%的试卷（44 份）未设置选考内容，具体情况又包括全考、指定考一个模块、指定考两个模块等。考虑到考试大纲所规定的选考比例相对较小，其对试卷与课程标准一致性水平具有较大影响，本章的数据分析与描述按照整体特征、必考模块、选考模块三部分展开。

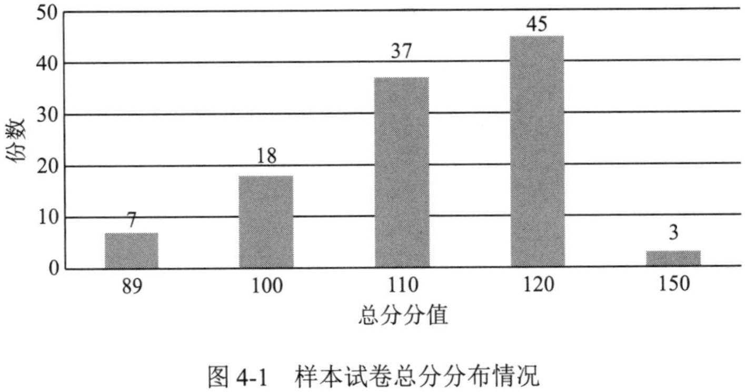

图 4-1　样本试卷总分分布情况

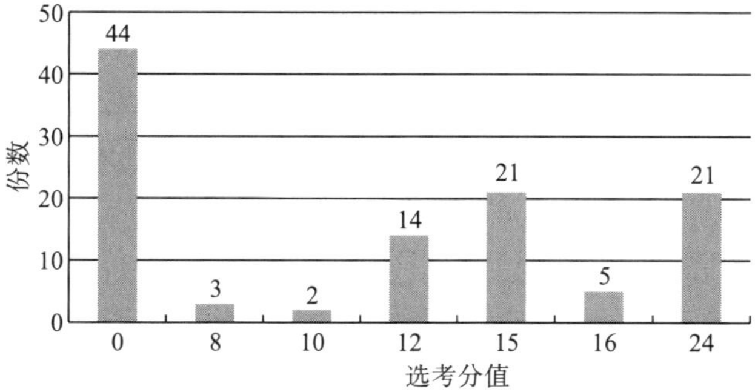

图 4-2　样本试卷选考分值种类及份数

4.1.2　研究过程

研究过程包括三大步：内容标准分析，物理高考试题分析，物理高考试卷与内容标准一致性水平的总体一致性系数、内容主题分布一致性、知识内容分布平衡性、认知水平分布一致性研究。

第一步，针对物理高考试卷涉及模块内容情况，确定课程标准中的知识内容范围为共同必修模块、选修 3 系列和选修 2-2，对课程标准中的这 8 个模块的内容表进行分析。分析过程中涉及以下几点原则。

(1) 兼顾行为动词和知识点来确定知识内容，部分条目的行为动词有的只涉及一个知识点，有的包括若干个独立知识点，此种情况便分开编码。

(2) 依据“就高不就低”原则，如“通过实验，认识共点力平衡的条件；举例说明共点力平衡的条件在生活和生产中的应用”，这一条目中对“共点力的平衡条件”的知识内容既包括“认识”水平的要求，也包括“了解”水平的要求，此种情况下，以“就高不就低”的原则确定“共点力的平衡条件”，这一知识内容的认知水平要求是“认识”。

(3) 在内容标准中，部分条目没有具体的认知水平要求或者部分内容不包括认知水平要求，只有体验性目标，此种情况一般不考虑将其作为编码对象。例如，“关注抛体运动和圆周运动的规律与日常生活的联系”，此条目所使用的“关注”表明内容标准对这一内容的体验性要求属于“反应”水平，但并不是认知水平要求，所以对此条目不做分析。再如，“讨论能源开发和利用带来的问题及应该采取的对策；具有环境保护意识”属于体验性要求，所以对于此类条目不做分析。

(4) 对内容标准条目所涉及认知水平的分析主要依据表 3-8 中所示内容标准对行为动词的界定，但部分行为动词并未包括在其中。如“6.2.1 了解固体的微观结构；会区别晶体和非晶体，列举生活中常见的晶体和非晶体”和“7.1.5……能区别横波和纵波……”条目中的“区别”一词，课程标准中有的近义词是“识别”（属“了解”水平）和“区分”（属“理解”水平），“区别”意为“把两个以上的事物加以比较，认清它们之间的差异”（董大年，2007），归为“了解”水平。

(5)部分条目对知识内容有技能型要求但无知识内容认知水平的要求，此类情况根据认知水平要求、案例等内容确定。例如，“1.1.4 能用公式和图像描述匀变速直线运动，体会数学在研究物理问题中的重要性”，“用”意为“使用、运用”，所以把“匀变速直线运动的公式和图像”这一知识内容划为“应用”水平。再如，“4.2.5 测量电源的电动势和内阻”，对“电源的电动势和内阻”这一知识内容，在上一条目要求“知道电源的电动势和内阻”并“理解闭合电路的欧姆定律”的基础上，对其进行测量，属知识内容的运用，划为“应用”水平。

高中物理内容标准的分析结果请详见书后附录 1，所得“内容主题×认知水平”的矩阵如表 4-3 所示。

表 4-3　高中物理内容标准分析结果

模块	二级内容主题	了解	认识	理解	应用	小计
物理 1	运动的描述	2	2	3	1	8
	相互作用与运动规律	4	3	1	4	12
物理 2	机械能和能源	3	1	4	2	10
	抛体运动与圆周运动	2	0	3	2	7
	经典力学的成就与局限性	7	2	1	0	10
选修 2-2	力与机械	4	3	1	1	9
	热与热机	6	0	1	0	7
选修 3-1	电场	10	0	3	1	14
	电路	6	0	1	2	9
	磁场	7	1	3	0	11
选修 3-2	电磁感应	4	0	3	0	7
	交变电流	3	0	0	2	5
	传感器	3	0	0	0	3
选修 3-3	分子动理论与统计思想	4	2	2	0	8
	固体、液体与气体	7	0	2	0	9
	热力学定律与能量守恒	3	1	0	1	5
	能源与可持续发展	1	1	1	0	3

续表

模块	二级内容主题	了解	认识	理解	应用	小计
选修 3-4	机械振动与机械波	3	3	4	3	13
	电磁振荡与电磁波	5	1	0	0	6
	光	3	2	1	2	8
	相对论	3	0	0	0	3
选修 3-5	碰撞与动量守恒	1	0	2	0	3
	原子结构	2	0	1	0	3
	原子核	9	1	1	1	12
	波粒二象性	9	0	0	0	9
小计		111	23	38	22	194

第二步，对物理高考试卷样本进行分析。根据第 3 章所确定的分析方法，对 110 份物理高考试卷从知识内容和认知水平两个维度进行分析，最终得到“知识内容主题×认知水平”的二维矩阵；对每份试卷的二维矩阵进行标准化处理，即针对部分试卷不同的总分情况，矩阵中每个单元中的数值以比例形式呈现，这样根据每份试卷形成的二维矩阵可以求每类试卷样本的平均分布情况。

第三步，通过数据统计和分析，得出物理高考试题与内容标准一致性水平。在得出高中物理内容标准和样本试卷知识内容分布情况的基础上，将两者带入上述一致性分析公式计算一致性系数(即 P 值)，然后与第 3 章所得对应矩阵规模及知识内容和试卷分值的一致性系数统计显著性参考值作比较，得出一致性情况的定量结果；对高中物理内容标准和物理高考试卷中知识内容的分布情况以曲面图的形式进行直观展示和定性分析。最后，从知识内容和认知水平两个方面分别进行物理高考试卷与课程标准一致性的定性比较。

4.2　物理高考试卷与课程标准的一致性总体特征

4.2.1　一致性系数

对 110 份物理高考试卷与课程标准的一致性系数分布情况进行汇总，如表 4-4 所示，一致性系数的平均值为 0.3954，最高值为 0.5382(60 号试卷，江苏 2015 年)，最小值为 0.2168(52 号试卷，海南 2018 年)，标准差 0.0609。

表 4-4　物理高考试卷与课程标准的一致性系数汇总

试卷	一致性系数
1 号试卷	0.3558
2 号试卷	0.2923
3 号试卷	0.3584
4 号试卷	0.4413
5 号试卷	0.4653
6 号试卷	0.3715
7 号试卷	0.3726
8 号试卷	0.2655
9 号试卷	0.2655
10 号试卷	0.3134
11 号试卷	0.4208
12 号试卷	0.4627
13 号试卷	0.4616
14 号试卷	0.2415
15 号试卷	0.3988
16 号试卷	0.4054
17 号试卷	0.3423
18 号试卷	0.3785
19 号试卷	0.3134
20 号试卷	0.4208
21 号试卷	0.4627
22 号试卷	0.3425
23 号试卷	0.4334
24 号试卷	0.3824
25 号试卷	0.3682
26 号试卷	0.3833
27 号试卷	0.3728
28 号试卷	0.4021
29 号试卷	0.3914
30 号试卷	0.3892
31 号试卷	0.4245
32 号试卷	0.4342
33 号试卷	0.3982
34 号试卷	0.4031
35 号试卷	0.3638
36 号试卷	0.4306
37 号试卷	0.4502
38 号试卷	0.4542
39 号试卷	0.3454
40 号试卷	0.4650
41 号试卷	0.3927
42 号试卷	0.4267
43 号试卷	0.4665
44 号试卷	0.4146
45 号试卷	0.4146
46 号试卷	0.4865
47 号试卷	0.4471
48 号试卷	0.3206
49 号试卷	0.4459
50 号试卷	0.3857
51 号试卷	0.4148
52 号试卷	0.2168
53 号试卷	0.4232
54 号试卷	0.4036
55 号试卷	0.4154
56 号试卷	0.4583
57 号试卷	0.4468
58 号试卷	0.4228
59 号试卷	0.2532
60 号试卷	0.5382
61 号试卷	0.3861
62 号试卷	0.4285
63 号试卷	0.3043
64 号试卷	0.3752
65 号试卷	0.4204
66 号试卷	0.4232
67 号试卷	0.4214
68 号试卷	0.4585
69 号试卷	0.4206
70 号试卷	0.4372
71 号试卷	0.2826
72 号试卷	0.3824
73 号试卷	0.4203
74 号试卷	0.3860
75 号试卷	0.4131
76 号试卷	0.4568
77 号试卷	0.4376
78 号试卷	0.3788
79 号试卷	0.4327
80 号试卷	0.2459
81 号试卷	0.4097
82 号试卷	0.5083
83 号试卷	0.3674
84 号试卷	0.4138
85 号试卷	0.3673
86 号试卷	0.4369
87 号试卷	0.3917
88 号试卷	0.4440
89 号试卷	0.4234
90 号试卷	0.4501
91 号试卷	0.4160
92 号试卷	0.3319
93 号试卷	0.3319
94 号试卷	0.3845
95 号试卷	0.3440
96 号试卷	0.3614
97 号试卷	0.3828
98 号试卷	0.3632
99 号试卷	0.3793
100 号试卷	0.3852
101 号试卷	0.4042
102 号试卷	0.2291
103 号试卷	0.3957
104 号试卷	0.4161
105 号试卷	0.2335
106 号试卷	0.3631
107 号试卷	0.4640
108 号试卷	0.4222
109 号试卷	0.5152
110 号试卷	0.3914

对一致性系数进一步分析可得到如表 4-5 所示的分布情况，2007～2018 年物理高考试卷与内容标准的一致性系数大多集中在 0.351～0.450，占比 66.36%，而大于 0.500 和小于 0.300 的比例都较小，与表 4-4 中所列一致性系数统计显著性参考值相比，均属于显著不一致的情况，总体表明样本试卷与内容标准的一致性水平较低。

表 4-5　物理高考试卷与内容标准的一致性系数分布

分组	＜0.300	0.301～0.350	0.351～0.400	0.401～0.450	0.451～0.500	＞0.500
频数	9	10	32	41	15	3
百分数	8.18%	9.09%	29.09%	37.27%	13.64%	2.73%

4.2.2　内容主题

一致性的两个维度分别是知识内容及其对应的认知水平。在知识内容方面，总体来看，样本试卷中知识内容主题考查比例最高的是“物理 1”模块的两个内容主题，其次是“选修 3-1”的三个主题以及“机械能与能源”“抛体运动与圆周运动”。“物理 1”中匀变速直线运动规律的运用和牛顿运动定律是考查比例最高的知识内容条目；“机械能与能源”内容主题中考查比例最高的是动能、机械能守恒定律等；“抛体运动与圆周运动”内容主题中考查比例最高的是匀速圆周运动和向心力，其次是运动的合成与分解。样本试卷对内容主题“经典力学的成就与局限性”涉及知识内容考查的平衡性相对较差，考查频率最高的知识内容是万有引力定律，而第二宇宙速度、第三宇宙速度、经典时空观、相对论的空间及其影响、量子论、经典力学的适用范围和局限性等 7 条知识内容条目考查频率为零。“选修 3-1”中知识内容考查重点包括电场强度、磁场感应强度、安培力、洛伦兹力、欧姆定律等。样本试卷具有整体上降低“选修 3-2”模块考查力度的特征，具体而言，这个模块的 15 个知识内容条目，只有楞次定律、法拉第电磁感应定律、交变电流的考查频率相对较高，其他几乎不涉及。选考模块的“选修 2-2”“选修 3-3”“选修 3-4”“选修 3-5”考查的集中度更高，而平衡性相对更差，与课程标准相比，除“碰撞和动量守恒”外考查力度均有不同程度的降低。总体上，内容主题中的平衡性方面，“电场”“抛体运动与相互作用”相对较好，即各内容主题中知识内容条目考核频率相对较为平衡，“经典力学的成就与局限性”“热力学定律与能量守恒”等主题相对较差。

4.2.3　认知水平

在认知水平方面，样本试卷相对课程标准，“理解”和“应用”水平的考查力度相对较大，而“了解”水平的考查力度相对低很多，只有在“认识”水平上物理高考试卷与课程标准的一致性水平较高(图4-3)。分析具体模块特征，“磁场”“电磁感应”相对差距较大，而选考模块课程标准的知识内容以“了解”水平为主，对“分子动理论”“原子核”等主题的考查也以低认知水平为主。

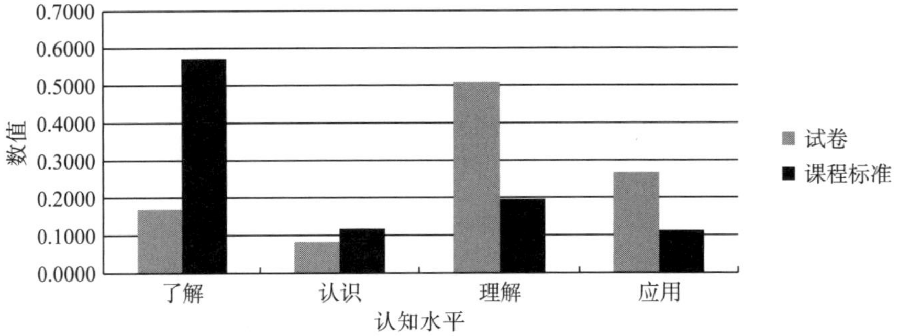

图4-3　物理高考试卷和课程标准的认知水平总体分布

在试卷样本中，常见的“理解”水平考查内容包括解释、判断、估计、计算(运用数学知识由已知条件直接得到结果)、说明等。“理解”往往是在对知识概念的内涵、外延、公式等知识了解熟记的基础上进行解释、判断或简单直接计算。“应用”与“理解”的区别，在于强调在新情境中应用已学过的知识，在解决问题中涉及的知识含量和结构较为复杂，不是使用单一知识便可以直接解决问题，需要从已知信息和问题中提取物理量、建立模型、经过归纳推理、演绎推理、分析综合等思维过程，解决问题、解释现象。样本试卷中涉及“理解”和“应用”水平的知识内容有：匀变速直线运动的公式和图像、牛顿运动定律、匀变速直线运动的向心力和向心加速度、电场强度、电源的电动势和内阻、安培力及其方向和大小、洛伦兹力及其方向和大小、法拉第电磁感应定律、简谐运动、动量守恒定律等。

通过上述分析，可以推测，在知识内容主题的考查方面，必考模块相对选考模块更为均衡，一致性水平相对较高；在认知水平方面，部分选考模块一致性水平相对较高。下面一节内容，就分为必考和选考部分分别研究样本试卷与课程标准的一致性水平。

4.3　物理高考试卷必考和选考内容与课程标准的一致性

在上节内容结论基础上，本节从必考和选考两部分样本试卷与课程标准的一致性水平分析入手，分别进行数据统计和分析。

4.3.1　样本试卷必考模块内容与课程标准的一致性

教育部考试中心的历年高考物理考试大纲，均把物理 1、物理 2、选修 3-1 和选修 3-2 作为必考模块，剩余四个作为选考模块(2017 年和 2018 年将选修 3-5 也列入必考模块，选修 2-2 只有全国卷 2007～2009 年按照四选一供选择)。课程标准中必考模块的知识内容分布情况如表 4-6 所示。

表 4-6　课程标准中必考模块的知识内容主题分布表

模块	二级内容主题	了解	认识	理解	应用	合计	编码
物理 1	运动的描述	2	2	3	1	8	1
	相互作用与运动规律	4	3	1	4	12	2
物理 2	机械能和能源	3	1	4	2	10	3
	抛体运动与圆周运动	2	0	3	2	7	4
	经典力学的成就与局限性	7	2	1	0	10	5
选修 3-1	电场	10	0	3	1	14	6
	电路	6	0	1	2	9	7
	磁场	7	1	3	0	11	8
选修 3-2	电磁感应	4	0	3	0	7	9
	交变电流	3	0	0	2	5	10
	传感器	3	0	0	0	3	11
合计		51	9	22	14	96	

本节只计算必考模块的一致性系数、内容主题分布、认知水平分布。在总分值方面，必考模块占比普遍较高，其中北京 2015 年试卷占比最低 66.3%，66 份样本试卷中必考模块占比在 80%～90%，浙江省 2015 年和 2016 年考查的知识内容全部属于必考的四个模块范围内。

1. 一致性系数

对 110 份样本试卷的必考部分与课程标准的一致性系数分布情况进行汇总，一致性系数的平均值为 0.4409，最高值为 0.6042(58 号试卷，江苏 2013 年)，最小值为 0.2323(52 号试卷，海南 2018 年)，标准差 0.0526，其统计频数如表 4-7 所示。

表 4-7　一致性系数分布频数

分组		<0.30	0.30～0.35	0.35～0.40	0.40～0.45	0.45～0.50	>0.50
全模块	频数	9	10	32	41	15	3
	百分数	8.18%	9.09%	29.09%	37.27%	13.64%	2.73%
必考模块	频数	3	8	17	37	24	21
	百分数	2.73%	7.27%	15.45%	33.64%	21.82%	19.09%

与全模块数据对比可以发现，必考模块与课程标准的一致性程度明显较高，2007～2018 年样本试卷与课程标准的一致性系数大多集中在 0.35～0.50，占 70.91%，而相对全模块，必考模块大于 0.50 的数据明显要多，小于 0.30 的比例相对全模块数据明显要少，与表 3-3 和表 3-4 中所列一致性系数统计显著性参考值相比，均属于显著不一致水平，但与临界值的差距相对较小。

2. 内容主题分布

在内容主题考查的分布均衡性方面，从图 4-4 可以看出，内容主题总体均衡性较好，其中“抛体运动与圆周运动”“磁场”“机械能和能源”等主题的均衡性相对较好，而“运动的描述”和“相互作用与运动规律”试卷考查比例明显高于课程标准中所占比重，“经典力学的成就与局限性”“电场”“交变电流”“传感器”考查相对比重又明显低于课程标准；尤其是“传感器”这一内容主题，高考大纲直接将其删除，高考试卷也就没有专设内容来考查。

在每个内容主题内部的考查条目均衡性方面，“运动的描述”内容主题分布均衡性相对较好，这一主题中除了前两条(近代实验科学产生的背景、实验对物理学发展的推动作用)没有专门考查，其余六条(详见附录 1)几乎每份样本试卷中都有考查。均衡性较差的主题有“经典力学的成就与局限性”“磁场”等，其中“经典力学的成就与局限性”考查重点仅限于万有引力定律和人造卫星的环绕速度，其他八条内容标准(详见附录 1)几乎不涉及。从知识覆盖率的角度看，总体上覆盖率约为 20%。

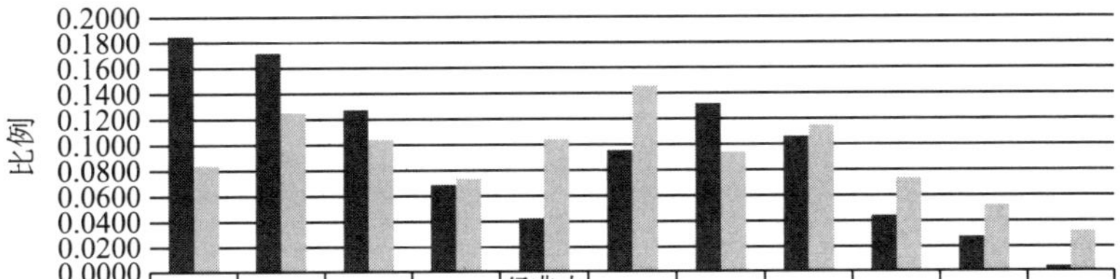

	运动的描述	相互作用与运动规律	机械能和能源	抛体运动与圆周运动	经典力学的成就与局限性	电场	电路	磁场	电磁感应	交变电流	传感器
■ 试卷	0.1853	0.1717	0.1272	0.0684	0.0419	0.0953	0.1316	0.1060	0.0436	0.0270	0.0019
■ 课程标准	0.0833	0.1250	0.1042	0.0729	0.1042	0.1458	0.0938	0.1146	0.0729	0.0521	0.0313

图 4-4　样本试卷必考主题内容与课程标准主题内容分布

3. 认知水平分布

在上一节分析样本试卷总体认知水平分布基础上，本节梳理必考模块的认知水平分布，与课程标准对比如图 4-5 所示。数据分析可得：第一，课程标准中的必考模块“物理 1”“物理 2”“选修 3-1”“选修 3-2”和选考模块内容相比，前者要求达到“理解”和“应用”水平的相对比例较高，也就是说“选修 3-3”“选修 3-4”“选修 3-5”和“选修 2-2”四个模块要求“了解”水平的知识点相对比例较高；第二，样本试卷对知识内容的考查深度明显高于课程标准；第三，样本试卷中必考部分和选考部分相比，考查深度相对略高，在“理解”水平上，必考部分的比例比选考部分的比例多 5%，而在“应用”水平上，二者没有显著差异。

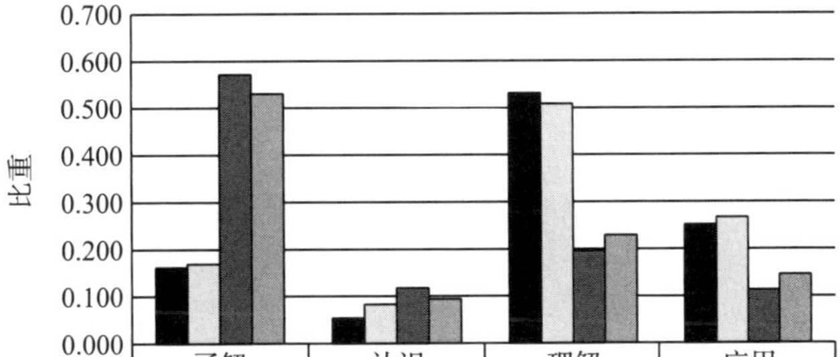

	了解	认识	理解	应用
■ 试卷（必考）	0.162	0.054	0.532	0.252
□ 试卷（全模块）	0.170	0.083	0.509	0.267
■ 课程标准（全模块）	0.572	0.119	0.196	0.113
■ 课程标准（必考）	0.531	0.094	0.229	0.146

图 4-5　认知水平分布对比

分析具体内容条目可得，上述差异主要产生原因在于：匀变速直线运动的规律、牛顿运动定律、机械能守恒定律、匀速圆周运动、电场强度、闭合电路的欧姆定律、安培力及其方向和大小、法拉第电磁感应定律等知识条目考查比例相对较大，并且涉及的认知水平相对较高。

4. 二维曲面图

前面三个部分属于定量计算基础上的总体描述，为了整体了解必考模块在考查比重上的分布和与课程标准的差异，下面采取曲面图的方式呈现，如图 4-6 所示。

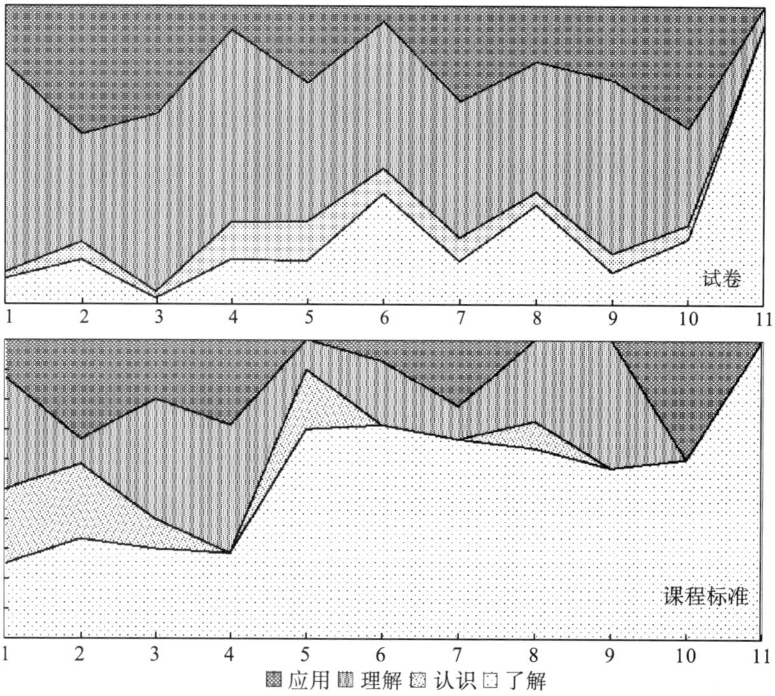

图 4-6　样本试卷必考部分和课程标准知识内容分布曲面图

图 4-6 所示为样本试卷必考部分的知识内容与课程标准对应四个模块 11 个主题的知识内容主题及认知水平平均分布情况的曲面图。横坐标表示知识内容主题，编码所指代的内容主题如表 4-6 所示。总体来看，课程标准中知识内容主题所构成的曲面图与样本试卷所构成的各曲面图存在较大差异，课程标准中的内容主题高峰主要集中在“了解”层次，其中“电场”（了解）是最高峰（0.1042），“经典力学的成就与局限性”“电路”“磁场”也在“了解”水平出现次峰值。与课程标准中的知识内容主题及认知水平分布相比，样本试卷中知识内容平均分布总体特征是高等级认知水平和共同必修模块及“选修 3-1”

中内容主题考查比例相对较高。其中峰值出现在“运动的描述”(理解水平)，“相互作用与运动规律”(应用和理解水平)、“机械能和能源”(理解水平)、“电路”(理解水平)出现次高峰，比例相对较高。

4.3.2　样本试卷选考模块内容与课程标准的一致性

通过前面两部分的分析，可以得到，选考模块考查分布均衡性是制约样本试卷与课程标准一致性水平的重要因素。本小节从选考模块基本信息及其内容主题分布平衡性分析两个方面对数据进行呈现和分析。

1. 选考模块基本信息

根据前述可得(参考表 4-2)，选考模块涉及四个模块，选修 2-2、选修 3-3、选修 3-4 和选修 3-5，其中选修 2-2 虽然只在 2007～2009 年全国高考考试大纲中出现，即在全国卷 I (包括宁夏卷)中出现，选修 3-5 在 2017～2018 年全国高考考试大纲中作为必考模块出现，但这里考虑到样本特征，仍将这两个模块列入选考模块进行统计和分析。

统计四个选考模块的出现次数及性质，如表 4-8 所示，供选考频次最多的是选修 3-3，其次是选修 3-4，然后是选修 3-5，但是列为必考范围的情况正好相反，其中有 49 份样本试卷将选修 3-5 列为必考模块。与课程标准相比，分析每个模块在考试大纲中的命题范围可以发现：第一，在内容主题设置方面，四个选考模块中只有选修 3-3 中的“能源与可持续发展”没有在高考考试大纲中出现；第二，选修 2-2 模块内容条目比较发现，有六条未在考试大纲中出现，即弹性和范性在技术中的应用、常见承重结构及其特点、稳度、机械对人类社会发展的意义、现代机械的发展概况、热机对环境的影响；第三，选修 3-3 模块内容条目比较发现，有三条内容条目没有在考试大纲中列出，用分子动理论和统计的观点解释气体的压强、日常生活中表现统计规律的事例、熵；第四，选修 3-4 模块内容条目比较发现，惠更斯原理、双缝干涉、激光的特性和应用、经典时空观与相对论时空观的主要区别、广义相对论的主要观点及观测证据等内容条目没有在考试大纲中列出；第五，选修 3-5 模块内容条目比较发现，恒星的演化、粒子物理学的基础知识、康普顿效应、光是一种概率波、实物粒子的波动性、电子云、不确定性关系等内容条目在高考考试大纲中并没有体现。

表 4-8　样本试卷中必考和选考模块信息

模块	必考/选考	样本试卷	份数
选修 2-2	选考	全国卷 I（2007～2009 年）	3
选修 3-3	选考	全国卷 I（2007～2018 年）、全国卷 II（2013～2018 年）、全国卷 III（2016～2018 年）、山东（2007～2015 年）、海南（2007～2018 年）、江苏（2008～2018 年）、福建（2009～2015 年）、广东（2007～2009 年）、重庆（2013～2015 年）	66
	必考	广东（2010～2015 年）、北京（2013～2018 年）	12
选修 3-4	选考	全国卷 I（2007～2018 年）、全国卷 II（2013～2018 年）、全国卷 III（2016～2018 年）、山东（2007～2015 年）、海南（2007～2018 年）、江苏（2008～2018 年）、广东（2007～2009 年）、重庆（2013～2015 年）	59
	必考	福建（2009～2015 年）、浙江（2009～2016 年）、四川（2013～2016 年）、安徽（2010～2015 年）、天津（2009～2018 年）、北京（2010～2018 年）	44
选修 3-5	选考	全国卷 I（2007～2016 年）、全国卷 II（2013～2016 年）、全国卷 III（2016 年）、山东（2007～2015 年）、海南（2007～2016 年）、江苏（2008～2018 年）、福建（2009～2015 年）	52
	必考	全国卷 I（2017～2018 年）、全国卷 II（2017～2018 年）、全国卷 III（2017～2018 年）、广东（2007～2015 年）、重庆（2013～2015 年）、海南（2017～2018 年）、浙江（2009～2011 年）、安徽（2009～2015 年）、天津（2009～2018 年）、北京（2010～2018 年）	49

除上述这些条目外，虽然有些条目在大纲中列出，但实际考查次数较少，这些条目的考查频次及比例是评估样本试卷与课程标准一致性的重要参考指标。表 4-9 列出了各选考模块在 110 份试卷样本中出现的次数，这些样本将作为这部分的研究对象。

表 4-9　物理高考试卷选考模块取样情况

种类	选考模块	样本数量
1	选修 2-2	3
2	选修 3-3	78
3	选修 3-4	103
4	选修 3-5	101

2. 内容主题分布平衡性分析

选考模块试卷样本对应课程标准中的 14 个内容主题，知识内容条目共计 98 个。从内容条目角度来看，选修 3-4 模块的内容条目数量最多，有 30 条，选修 2-2 模块包含的内容条目数量最少（表 4-10）。

表 4-10　选考模块内容主题及认知水平

模块	内容主题	了解	认识	理解	应用	小计
选修 2-2	力与机械	4	3	1	1	9
	热与热机	6	0	1	0	7
选修 3-3	分子动理论与统计思想	4	2	2	0	8
	固体、液体与气体	7	0	2	0	9
	热力学定律与能量守恒	3	1	0	1	5
	能源与可持续发展	1	1	1	0	3
选修 3-4	机械振动与机械波	3	3	4	3	13
	电磁振荡与电磁波	5	1	0	0	6
	光	3	2	1	2	8
	相对论	3	0	0	0	3
选修 3-5	碰撞与动量守恒	1	0	2	0	3
	原子结构	2	0	1	0	3
	原子核	9	1	1	1	12
	波粒二象性	9	0	0	0	9
小计		60	14	16	8	98

对这 98 个条目从内容主题分布平衡性的角度进行统计与分析，表 4-11 是统计结果，分析数据可以发现以下特征：第一，选修 2-2 模块虽然包括两个主题，但“热与热机”考查比例为 0，考查重点在转动及传动装置、共点力平衡、刚体平衡条件三个内容条目上；第二，除选修 2-2 外，其余选考模块中，机械振动和机械波考查比例最高，占选修 3-4 模块考查内容的 85.2%，在选考模块中占比 24.6%，其次固体、液体与气体，分子动理论与统计思想、碰撞与动量守恒等考查比例也比较高；第三，从知识内容平衡性角度来说，平衡性较差，考查重点集中在少数内容条目上，三分之二的考查比重集中在分子动理论与统计思想、理想气体状态方程、简谐运动、波的形成和传播、光的全反射现象、动量守恒定律及其应用等少数几个条目上。

在所考查的认知水平分布方面，样本试卷与课程标准的一致性水平相比，了解水平占 16.4%(课程标准 61.2%)，认识水平 16.7%(课程标准 14.3%)，理解水平 41.9%(课程标准 16.3%)，应用水平 26.2%(课程标准 8.2%)[①]。

① 四个水平的计算方法：对逐份试卷选考知识点进行分析、汇总、计算，然后在知识内容和认知水平两个维度上对所有试卷求平均值。

表 4-11　选考模块各内容主题考查比例统计结果

模块	内容主题	在模块中的比例	在选考模块中的比例
选修 2-2	力与机械	100.0%	26.9%
	热与热机	0.0%	0.0%
选修 3-3	分子动理论与统计思想	38.8%	16.0%
	固体、液体与气体	40.0%	16.5%
	热力学定律与能量守恒	20.8%	8.6%
	能源与可持续发展	0.0%	0.0%
选修 3-4	机械振动与机械波	85.2%	24.6%
	电磁振荡与电磁波	9.3%	2.7%
	光	1.5%	13.7%
	相对论	4.0%	1.2%
选修 3-5	碰撞与动量守恒	98.2%	17.0%
	原子结构	0.0%	0.0%
	原子核	1.1%	4.9%
	波粒二象性	0.7%	3.2%

通过前两节的分析可以看出，样本试卷与课程标准的一致性水平整体不高，在统计学意义上不呈现显著一致性。制约一致性水平的重要因素包括选考模块内容主题分布严重不平衡、样本试卷所考查认知水平明显高于课程标准分布等。

2007 年，首批课程改革实验省区(山东、广东、海南和宁夏)开始课程改革，2012 年，最后一个自治区(广西壮族自治区)开始课程改革，分析不同省区市的试卷与课程标准的一致性可以发现，海南、浙江、江苏和天津的试卷与课程标准的一致性水平较高，这可能与开始课程改革的先后有关，也可能与经济基础水平有一定关系。

综上所述，物理高考与课程标准在知识内容考查的广度和深度(认知水平)上的一致性水平较低，较为重要的影响因素有：知识内容覆盖率低，在内容主题和知识内容条目上均存在分布严重不平衡的情况，强调知识的综合运用等。

对学业评价项目与课程标准的一致性水平研究，单从知识内容深度和广度方面分析、统计和判断显然不够全面，下面将从其他两个维度的趋势角度展开分析。

4.4　基于课程标准的物理高考试题研究的两个趋势

以 2018 年 1 月高中阶段 14 个学科课程及系列相关文件颁布为标志，我国从基于知识和基于能力的教育目标体系向基于素养的课程目标体系转变。在基于学科核心素养的课程改革背景下，渗透物理观念、科学思维、科学探究、科学态度与责任的评价越来越必要，落实上述四个维度的物理学科核心素养，情境性和探究过程的强化是非常重要的维度。

4.4.1　物理高考试题的情境化研究

自 1956 年布卢姆等出版《教育目标分类学：第一分册，认知领域》后，其被翻译成 22 种文字版本并在世界范围内广泛传播，其对很多国家和地区的教育政策文件制定及教育实施产生了深远影响。随着认知心理学逐渐取代行为主义并占主导的地位，布卢姆教育目标分类学在学理基础、分类维度、目标表述、教学指导作用等方面受到质疑(杨军和杨道宏，2012)。2001 年安德森等出版《面向学习、教学和评价的分类学——布卢姆教育目标分类学的修订》，发布修订版的布卢姆教育目标分类学体系，其克服了原版的一些缺陷与不足，但依旧存在“现象学”困境，学习认知的对象是物理现象，是“事物本身”，而不是表征它的知识。人的认知过程就是知识建构的过程，这一过程不应将“知识”当成认知的真正对象和目的，而是指向“事物本身”。基于这样的考虑，物理学业评价项目的分析不单包括知识内容以及对应的认知水平，还应该分析试题的情境性。

情境，《现代汉语词典(第 5 版)》对其解释是“情景；境地”，“情景”的解释是“(具体场合的)情形；景象”[①]。比利时教育与培养工程所(Belgian Institute of Education and Foster，BIEF)主任易克萨维耶·罗日叶给在其《为了整合学业获得：情景的设计和开发》一书对“情境”的理解是：一个人或一群人和某个既定背景维系的关系；这一背景的特征主要取决于这些人所置身的环境，某个既定时刻、某一些状况(易克萨维耶·罗日叶，2010)。在学校教育中“情境”一词常常指教师和学生在学习中的互动，也就是教师、学生、内容之间的互动，这里包括两层含义：一层是教师和学生组织的某个活动(课堂教学

① 中国社会科学与语言研究所词典编辑室. 现代汉语词典(第 5 版)[M]. 北京：商务印书馆, 2005: 1116.

情境)；二是针对某个既定的任务，要求一个或一群学生联结起来的一组背景化的信息，这里的含义倾向于“问题情境”。

素养作为学习结果的概念，是超越学习内容的，与特定的情境相依放在一起，根本不存在脱离情境的素养；就评价而言，素养本身是不可测评的，但其所表现出来的知识、技能等是可测评的，即素养是可以表征的学业质量(崔允漷，2016)。在当前倡导素养导向的学习及评价背景下，物理高考试题的分析需要涉及一个非常重要的内容：情境性。

易克萨维耶·罗日叶团队提出情境的类型可以从辨别参数、内容参数和装扮参数三个方面分析。辨别参数是指“这是什么样的情境”，这一维度主要是从外部观察情境特征，包括情境的自然或建构特征(包括被真实解决的自然情境、被模拟解决的自然情境、被真实解决的建构情境、被模拟解决的建构情境四个水平)、学科领域、所寻求的教学功能(包括为了新学习的教学论功能、整合学习的功能和整合导向的评估功能三类)、通过情境所致发展的学生型面(在小学阶段体现不明显，在初中和高中阶段体现明显，主要出现在要实施的任务中)、所期待的作业(问题解决、新的创造、常见任务的实施、行动建议、答案选择)、情境的开放性或封闭性特征(封闭、开放和半开放)、已知条件的性质(数字或非数字、真实或想象的、个性化的或集体性的、固定的或可变化的)。内容参数是独立于情境成像方式，反映有关学习的内容情况，包括所追求的目标、运用的知识技能和知存技能、使用的方法、问题的独立性和解决问题的步骤。装扮参数反映两种问题表达方式之间的差别，给学生的情境是“装扮过的”，学业成就评估项目几乎全属于此类，其特征包括词汇简化、没有缺失或多余条件、问题放在文本后、文本展开与我们期待学生问题解决程序紧密联系、已知条件部分或完全按照我们希望的使用顺序出现等(易克萨维耶·罗日叶，2010)。

学业成就评估项目的情境化途径之一是实验操作，但受教育资源等条件限制，在像高考这样的大规模考试中无法全面实施实验操作考试。由此，笔试测验在一段时间内还将是学业成就评价的最重要形式，试题的情境化研究也就成为研究者们关注的重点之一。试题的情境化就是将试题和真实的问题情境相融合，可以简称为情境化问题(contextualized question 或 question embedded in enriched context)。物理学科的情境试题强调以自然界、社会生产生活、实验实践、前沿科技中存在的客观现象或过程为背景，考查学生对物理概念和规律的理解及综合应用能力。非情境试题是在几乎不涉及任何具体情境背景的情况下，直接考查学生对物理知识的掌握情况，从思维过程的角度考虑，基于真实情境的试题比一个经过简化抽象的物理问题复杂得多，非情境试题由于已经对物理现象进行了“去粗取精、去伪存真”的抽样，难以给学生抽象和想象的空间(邢红军等，2017)。研究表明，情境程度是影响高考物理试题难度的重要因素之一，情境试题提供给考生真实的问题情境，让学生经历情境分析、抽象建模的过程，避免机械套用公式的弊端，更利于考查学生对物理知识的理解和应用能力(杜明荣，2009)。

对试题情境化维度的分析，不同研究者给出的结论或建议不同，有人从实验情境所设计的能力要素和认知维度划分为四种类型(马艳华和魏国强，2015)；有人从情境来源的角度分为生活类、科技类和体育类等(冯楠和王林，2016)。参考易克萨维耶・罗日叶的情境研究成果，我国高考物理试题情境研究可以从辨别参数角度开展。考虑到我国物理高考试题的基本情况，学科领域、开放性或封闭性、已知条件等方面无分析的意义，物理高考试题的情境性可以从自然或建构特征角度进行分析，划分为两个水平，目前试题中包括情境试题和非情境试题。对于情境试题，可以从科技、生活、实验、自然等四个角度进行分类。

非情境试题指以考查物理概念和规律记忆与理解为主，直指具体的知识内容，这里的知识主要包括陈述性知识，如例题 4-1 所示，考查知识点为电磁波的传播速度、声波的性质和传播条件、光的传播条件。

例题 4-1(2016 年高考北京卷 14 题)：下列说法正确的是(　　)。

A. 电磁波在真空中以光速 c 传播

B. 在空气中传播的声波是横波

C. 声波只能在空气中传播

D. 光需要介质才能传播

非情境试题不是单纯的模型化问题，也不是单纯地以知识识记为考查目的，情境试题包括两类，如例题 4-2 所示，看上去是以“双星系统”这一自然现象为情境陈述试题的已知条件，但此类情境属于建构性的情境，更接近为一种模型化条件，为分析和统计便利，也将此类试题归为情境试题。还有一种如例题 4-3 所示，属于比较典型的情境试题，本题来源于真实的生活，解答此题必须联系生活，根据生活经验估计鸡蛋的质量以及从腰部到头部的高度差，然后才能应用功能关系等物理知识解题。这两道试题情境分别属于自然和生活。

例题 4-2(2013 年高考山东卷 20 题)：双星系统由两颗恒星组成，两恒星在相互引力的作用下，分别围绕其连线上的某一点做周期相同的匀速圆周运动。研究发现，双星系统演化过程中，两星的总质量、距离和周期均可能发生变化。若某双星系统中两星做圆周运动的周期为 T，经过一段时间演化后，两星总质量变为原来的 k 倍，两星之间的距离变为原来的 n 倍，则此时圆周运动的周期为

A. $\sqrt{\frac{n^3}{k^2}}T$　　B. $\sqrt{\frac{n^3}{k}}T$　　C. $\sqrt{\frac{n^2}{k}}T$　　D. $\sqrt{\frac{n}{k}}T$

例题 4-3(2011 年高考江苏卷 4 题)：如图 4-7 所示，演员正在进行杂技表演。由图可估算出他将一只鸡蛋抛出的过程中对鸡蛋所做的功最接近于(　　)。

A. 0.3J

B. 3J

C. 30J

D. 300J

图 4-7　杂技表演图示

4.4.2　物理高考中科学探究能力的考查研究

实验探究既是高中物理学习的重要内容，也是重要的学习目标。这样的学习目标和学习内容必然会在学业成就评价项目中得以体现，那么高考物理试题是如何体现实验探究的，这些题目和课程标准的契合程度又如何？下面首先解读课程标准关于实验探究的内容[①]。

① 中华人民共和国教育部. 普通高中物理课程标准(实验)[M]. 北京：人民教育出版社, 2003: 2.

物理是一门以实验为基础的学科，在约四万字的实验版课程标准中“实验”一词出现 235 次，“探究”一词出现 110 次。在 2018 年 1 月颁布发行的 2017 年版课程标准中“实验”一词出现了 279 次，“探究”一词出现 150 次。

实验版课程标准指出：高中物理课程应促进学生自主学习，让学生积极参与，乐于探究，勇于实验，勤于思考。通过多样化的教学方式，帮助学生学习物理知识与技能，培养其科学探究能力，使其逐步形成科学态度与科学精神①。为落实高中物理课程的这一基本理念，实验版课程标准在内容标准部分规定了科学探究和实验能力的基本要求，并作为教学的重要内容在“共同必修模块”和“选修模块”中以探究主题条目和活动建议的探究活动主题体现出来。

在课程总目标部分，实验版课程标准的第二条表述是“学习科学探究方法，发展自主学习能力，养成良好的思维习惯，能运用物理知识和科学探究方法解决一些问题”，在后面课程具体三维目标的表述中详细阐述了实验学习目标的内容。实验版课程标准的第三部分“内容标准”是课程标准的主干部分，包括两部分内容：一是科学探究及物理实验能力要求(表 4-12)；二是共同必修课程和选修课程的具体内容。

表 4-12　科学探究与物理实验能力要求的内容标准

科学探究要素	对科学探究及物理实验能力的基本要求
提出问题	能发现与物理学有关的问题 从物理学的角度较明确地表述这些问题 认识到发现问题和提出问题的意义
猜想与假设	对解决问题的方式和问题的答案提出假设 对物理实验结果进行预测 认识到猜想与假设的重要性
设计实验与制定计划	知道实验目的和已有条件，制订实验方案 尝试选择实验方法及所需要的装置与器材 考虑实验的变量及其控制方法 认识到制定计划的作用
进行实验与收集证据	用多种方式收集数据 按说明书进行实验操作，会使用基本的实验仪器 如实记录实验数据，知道重复收集实验数据的意义 具有安全操作的意识 认识到科学收集实验数据的重要性

① 中华人民共和国教育部. 普通高中物理课程标准(实验)[M]. 北京：人民教育出版社, 2003: 2.

续表

科学探究要素	对科学探究及物理实验能力的基本要求
分析与论证	对实验数据进行分析处理 尝试根据实验现象和数据得出结论 对实验结果进行解释和描述 认识到在实验中进行分析论证是很重要的
评估	尝试分析假设与实验结果间的差异 注意探究活动中未解决的矛盾，发现新的问题 吸取经验教训，改进探究方案 认识到评估的意义
交流与合作	能写出实验探究报告 在合作中注意既坚持原则又尊重他人 有合作精神 认识到交流与合作的重要性

探究教学的基本特征包括问题、事实、解释、评价和表达五个方面。学生围绕某一物理问题展开探究活动；为了解释问题，学生首先通过猜想与假设获取对问题进行解释需要的事实或证据；然后根据假设的证据设计能够进行解释的实验；继而根据实验所得结论对解释进行评价，并对问题做出回答；最后学生要进行论证需把自己的解释跟别人进行交流和比较，在此过程中修正、发展自己的解释，形成新的理解。对于科学探究的七个要素，在一节课中七个探究要素并不一定都要涉及，探究能力的培养需放在较长时空中来整体考虑，可以分布到多节课中实施。

在新颁布的高中物理课程标准（2017 年版课程标准）中更是把科学探究作为物理学科核心素养的四个方面之一。物理观念、科学思维、科学探究、科学态度与责任，实验与探究是落实物理学科核心素养的重要方式和路径，其中“科学探究”是指基于观察和实验提出物理问题、形成猜想和假设、设计实验与制定计划、获取和处理信息、基于证据得出结论并做出解释，以及对科学探究过程和结果进行交流、评估、反思的能力。“科学探究”主要包括问题、证据、解释、交流四个要素①。

从表 4-13 可以看出，实验版课程标准共 28 个条目的内容要求通过实验或探究的方式学习，2017 年版课程标准与之相比，删除了一条“通过实验观察门电路的基本作用”，增加了 15 个条目的内容，增幅达 53.6%。

① 中华人民共和国教育部. 普通高中物理课程标准（2017 年版）[M]. 北京：人民教育出版社, 2018.

表 4-13　课程标准中要求通过实验探究方式学习的内容标准

模块	内容标准条目
共同必修 1	1. 经历匀变速直线运动的实验研究过程，理解位移、速度和加速度，了解匀变速直线运动的规律，体会实验在发现自然规律中的作用 2. 通过实验认识滑动摩擦、静摩擦的规律，能用动摩擦因数计算摩擦力 3. 通过实验了解物体的弹性，知道胡克定律 4. 通过实验理解力的合成与分解 5. 通过实验，探究加速度与物体质量、物体受力的关系。通过实验认识超重和失重现象
共同必修 2	6. 通过实验，探究恒力做功与物体动能变化的关系 7. 通过实验验证机械能守恒定律
选修 3-1	8. 通过实际操作学会使用多用电表 9. 通过实验探究决定导线电阻的因素，知道电阻定律 10. 通过实验观察门电路的基本作用 11. 通过实验认识安培力，会判断安培力的方向 12. 通过实验认识洛伦兹力
选修 3-2	13. 通过实验理解感应电流的产生条件 14. 通过探究理解楞次定律 15. 通过实验，了解自感现象和涡流现象 16. 通过实验，了解电容器和电感器对交变电流的导通和阻碍作用 17. 通过实验，探究变压器的电压与匝数的关系 18. 通过实验，知道常见传感器的工作原理
选修 3-3	19. 通过实验观察液体的表面张力现象 20. 通过实验探究，了解气体的实验定律，知道理想气体的模型
选修 3-4	21. 通过实验，探究单摆的周期与摆长的关系 22. 通过实验，认识受迫振动的特点 23. 通过实验，认识波的干涉现象、衍射现象 24. 通过实验感受多普勒效应，解释多普勒效应产生的原因，列举多普勒效应的应用实例 25. 通过实验，理解光的折射定律
选修 3-5	26. 探究物体弹性碰撞的一些特点 27. 通过实验，理解动量和动量守恒定律，能用动量守恒定律定量分析一维碰撞问题 28. 通过实验，了解光电效应

以下是增加的 15 个条目内容：

通过实验，认识自由落体运动规律。

通过实验，了解曲线运动，知道物体做曲线运动的条件。

通过实验，探究并认识平抛运动的规律。

通过实验，探究并了解匀速圆周运动向心力大小与半径、角速度、质量的关系。

通过实验，了解静电现象。

通过实验，认识磁场。

通过实验，了解电磁波，知道电磁场的物质性。

通过实验，认识简谐运动的特征。

通过实验，了解激光的特性。

通过实验，认识洛伦兹力。

通过实验，理解法拉第电磁感应定律。

通过实验，认识交变电流。

通过实验，了解电磁振荡。

通过实验，估测油酸分子的大小。

通过实验，了解扩散现象。

两个版本标准相比，有些关于实验要求的内容，认知水平明显减低，比如“干涉和衍射现象”，原来属于“认识”，现在要求“了解”。还有一些给出了更加明确的要求，如关于匀变速直线运动规律，实验版课程标准要求通过实验理解概念，了解规律，体会实验的作用；2017 年版课程标准要求探究规律，能应用公式图像的描述方法，解决实际问题，体会这部分内容所涉及的抽象方法和极限方法。

值得提到的是，2017 年版课程标准单独列出了 21 个学生必做实验项目，这 21 个实验项目在内容标准部分几乎全部体现为要求通过实验或探究的方式学习，这里体现了“物理实验探究既是学习方式也是学习内容”的思想。

比较近年来的高考物理考试大纲发现，实验考查范围一致稳定在 16 个，其中必考部分 11 个，选考部分 5 个。与实验版课程标准中要求通过实验探究方式学习的知识内容比较发现，“探究动能定理”“描绘小电珠的伏安特性曲线”“测定电源的电动势和内阻”“用油膜法估测分子的大小”共四个实验项目没在内容标准中对实验探究做出要求，这与“偏重理论探究”有一定关系。值得一提的是，在 2017 年版课程标准所列 21 个实验项目中，除“探究动能定理”和“描绘小电珠的伏安特性曲线”外，其他 14 个实验项目均在这 21 项必做实验项目中，覆盖率达 66.7%。上述实验项目的考查广度和深度也是基于课程标准的物理高考试题研究范围。

物理课程标准是学校设置物理课程、确定教学内容及方法、编写各年级物理教科书和配套教学参考资料以及改革学业评价内容与形式的主要依据。

受中国传统文化思想及经济收入、教育资源分配不平衡、教育水平普遍还较低等因素的影响，形成了目前较为严重的应试教育。学校、家长、教师、行政部门等群体的利益博弈是应试教育产生的根本动力；当然还有高考制度本身效度、制度、功能等方面的问题，高考命题技术的制约，高考理念和现实差距，致使提高学生综合素养与考试技能的培训相比容易被忽视(周序和郑新蓉，2012)。

从本章的研究结论可以看出，物理高考在知识深度和广度方面整体高于课程标准，知识内容平衡性、覆盖率及认知水平加深是制约物理高考试卷与课程标准一致性的重要因素。对应的举措包括：第一，增加知识内容的覆盖率，关于这方面内容，英国 GCE 物理考试可以给我们提供一些借鉴(本书第 6 章呈现)；第二，适当降低知识内容深度，而增加问题的情境性，关于这方面内容，PISA 科学素养测试项目可以给我们提供一些借鉴(本书第 7 章呈现)；第三，加强物理学科思维方法的考查，关于这方面，中考探究性试题所涉及覆盖率和覆盖深度方面都可以为高考物理试题命制提供一些参考(本书第 5 章呈现)。

高中物理课程的重要理念之一是“基础性和选择性”，课程设置上包括必修和选修，高考试卷出现较大比例限制选择的情况，导致在具体教学实施过程中出现只有必修没有选修的现象，高考内容的导向作用在一定程度上肢解了课程标准中关于物理学科整体性和系统性的设计(廖伯琴，2013)。当前状况下，在高考命题和评价项目评估方面应加强课程标准在高考评价中的权威作用，出台配套方案，加强对高考大纲、高考方案、高考说明等文件的审议。机制健全是课程改革持续顺利推进的重要保障，建立专业的高考评估制度至关重要。

参考文献

崔允漷. 2016. 素养: 一个让人欢喜让人忧的概念[J]. 华东师范大学学报(教育科学版), 34(1) 1: 3-5.

董大年. 2007. 现代汉语分类大词典[M]. 上海: 上海辞书出版社: 1054.

杜明荣. 2009. 试题的情境化对试题难度的影响[J]. 中国考试(研究版), (9): 40-44.

冯楠, 王林. 2016. 2015 年高考试题情境分析[J]. 物理通报, (2): 88-92.

廖伯琴. 2013. 高中物理新课程的反思与课标修订建议[J]. 基础教育课程, (1): 50-56.

马艳华, 魏国强. 2015. 物理实验试题的结构和情境[J]. 物理教师, 37(6): 27-29.

邢红军, 文烁, 张抗抗. 2017. 核心素养视域下初中生物理能力表现研究[J]. 课程·教材·教法, 37(8): 65-70.

杨军, 杨道宏. 2012. 布卢姆认知教育目标分类学的困境[J]. 上海教育科研, 12: 18-21.

易克萨维耶·罗日叶. 2010. 为了整合学业获得: 情景的设计和开发[M]. 2 版. 汪凌译. 上海: 华东师范大学出版社: 154-171.

袁令民. 2013. 物理高考与内容标准的一致性研究[D]. 重庆: 西南大学博士学位论文: 49-152.

周序, 郑新蓉. 2012. 高考承载的“异化”压力与可能消解[J]. 中国教育学刊, (2): 16-19.

第 5 章　基于课程标准的中考物理科学探究能力评价

5.1　概念解析和研究方案

5.1.1　概念解析

1. 科学探究

美国的《国家科学教育标准》中将科学探究界定为“科学家们用于研究自然并基于此种研究获得的证据提出解释的多种不同途径”，也指“学生用以获取知识、领悟科学家的思想观念，领悟科学家研究自然界所用的方法而进行的种种活动”①。美国的《国家科学教育标准》界定的探究要素包括判断科学探究问题、设计和进行科学探究实验、收集分析解释数据、描述和构建模型、建立证据和解释之间的联系、交流科学探究过程等。

我国在《义务教育物理课程标准(2011 年版)》(以下简称“课程标准”)中重点强调科学探究，并将课程内容分为两部分：科学探究和科学内容，认为科学探究既是学生的学习目标，又是重要的教学方式，强调让学生经历与科学工作者相似的探究过程，并指出科学探究涉及提出问题、猜想与假设、设计实验与制定计划、进行实验与收集证据、分析与论证、评估、交流与合作②。其强调科学探究贯穿物理学习的始终，在课内，科学探究可能只是侧重于某些要素，而在课外活动中，可以是一次较完整的科学探究过程。2017 年版课程标准指出“科学探究”是基于观察和实验提出物理问题、形成猜想和假设、设计实验与制定计划、获取和处理信息、基于证据得出结论并做出解释，以及对科学探究过程和结果进行交流、评估、反思的能力。“科学探究”主要包括问题、证据、解释、交流四要素③。可见，对科学探究的界定可以从

① 国家研究理事会. 国家科学教育标准[M]. 戢守志, 金庆和, 梁静敏, 等译. 北京: 科学技术文献出版社, 1999: 1.
② 中华人民共和国教育部. 义务教育物理课程标准(2011 年版)[M]. 北京: 人民教育出版社, 2011.
③ 中华人民共和国教育部. 普通高中物理课程标准(2017 年版)[M]. 北京: 人民教育出版社, 2017.

实践路径的角度探讨，那么对其评价，当然也可以从探究要素视角进行界定和探讨。

2. 科学探究能力

能力是指能胜任某项任务的主观条件[①]。目前，国外相关研究人员对于科学探究能力的认识还不统一，比较有代表性的三种认识模型是：①过程技能集合模型。过程技能集合模型倾向于把科学探究能力分解成一系列独立的技能，并且这些技能的每一项可以单独训练和独立发展，如观察、假设、推论、预测等，这些技能称为过程技能。②逻辑策略模型。逻辑策略模型用控制变量的实验来检测学生的逻辑思维，将控制变量作为科学探究能力的一个重要内容。③问题解决模型。持这种观点的研究者的出发点是认知科学，他们认为科学探究是解决问题的一种形式(郭玉英，2005)。李春密等(2004)认为科学探究能力是保证学生能够顺利完成探究性活动的心理特征，具有六个特点：①科学探究能力表现在学生进行探究性学习的活动中，并在活动中得到发展；②科学知识和探究技能是有机结合的；③探究活动具有外显性，探究过程中有可以看得见的环节；④科学探究具有灵活性和协调性，在进行科学探究活动时，七个要素不一定按排列顺序进行，可交叉进行；⑤科学探究活动具有集体性、合作性和交流性，是一种集体性的协作活动；⑥探究活动具有循序渐进性。同时，他们参照基尔福特的智力结构图，建立了以科学探究内容、科学探究的过程和科学探究能力三个维度的科学探究能力结构模型(李春密等，2004)。《义务教育物理课程标准(2011 年版)》对学生科学探究能力的基本要求做了更加详细的规定，包括七大要素，35 条科学探究能力基本要求条目。

3. 科学探究能力评价的研究现状

以“科学探究能力评价”为主题，在 CNKI 数据库中搜索和筛选，得到 50 篇以基础教育阶段学生科学探究能力评价为研究对象的文献。就研究主题而言，主要包括：①科学探究能力评价理论及模型，如刘东方的《科学探究能力表现模型的建构及其在评价中的应用》基于能力构成、认识方式和科学探究的基本理论建构包括一般探究能力、特定探究能力、不同类型探究任务三个维度的科学探究能力表现模型。②从要素构成角度研究科学探究能力评价，如高

① 中国社会科学与语言研究所词典编辑室. 现代汉语词典(第 5 版)[M]. 北京：商务印书馆, 2005: 990.

岱亮(2017)的《科学探究中“分析与论证能力”评价要素的探讨》探究“分析与论证能力”的评价要素及其表现品质。③科学探究能力评价方法，如罗国忠(2007d)的《基于工作单的科学探究能力评价的有效性研究》采取实证研究路径分别用现场观察和工作单来评价178名初中生的科学探究能力，研究证明工作单在评价科学探究能力方面能有效替代现场观察。④从国际比较角度研究科学探究能力评价，如王晶莹和郭东辉(2012)的《中小学生科学探究能力评价的国际比较》对科学探究能力评价的多维度评价、多层次设置、评价方式多样化、问题内容注重情境等国际科学探究能力评价特征进行总结和分析。就研究者而言，有12篇成果为罗国忠团队完成，其主要聚焦领域是科学探究能力的工作单评价方法、科学探究能力评价的国际比较研究、科学探究能力评价的公平性等话题(罗国忠，2006、2007a、2007b、2007c、2007d、2008a、2008b)。

就目前而言，学业评价的主要方式还是以纸笔测验为主，在这样的现实背景下，科学探究能力的纸笔测验方式的有效性便备受关注。工作单(worksheet)是指让学生动手探究，同时把探究过程和结果写在工作单上，然后评分者按照标准进行延时评价的一种科学探究能力评价方法；罗国忠(2007c)的研究表明，纸笔测验工具整体可以代替工作单整体。当然也有研究者质疑纸笔测验的有效性，其重要原因是单一的选择性方式可能无法使纸笔测验工具代替工具单对学生的科学探究能力的有效评价；但涉及多探究要素、多题型的纸笔测验可以代替工作单并有效评价学生的科学探究能力。在以现场观察为效标，证明工作单方法能有效评价学生的科学探究能力的基础上，我们有理由认为设置恰当的纸笔测验题目可以有效评价学生的科学探究能力，这是本章研究设计的重要基础。集中一个地区优秀理论专家和教学实践专家命制的中考物理试题一般具有较好的效度与信度，其中的科学探究试题在充分利用填空、作图、问答、选择等方式的基础上，考查学生的多种科学探究要素；那么在前述文献综述的基础上，我们可以认为，中考物理试题中的科学探究试题可以有效评价学生的科学探究能力。本章的重点视角有探究要素、探究试题界定、情境性等。

5.1.2　研究样本和研究方案

1. 研究样本

研究目的在于系统地从横向和纵向分析中考物理试题中科学探究试题对学生科学探究的评价情况，因此先根据科学探究七要素筛选出中考物理试题中的科学探究试题，再基于“课程标准”的阐述，从科学探究试题对科学探究要素、科学内容、探究条目、学生必做实验的考查情况以及科学探究试题所使用的素材类别五个维度进行分析，以期得到当前中考物理试题对学生科学探究能力的评价情况。

为了使研究结果具有代表性和普适性，本章研究采取分层抽样和典型抽样相结合的方法，选取 2008 年、2010 年、2012 年、2014 年、2016 年这五年内 30 个省(直辖市、自治区)的中考物理试卷(不包括西藏、台湾、香港、澳门四个省区的试卷)。对于样本的选取，说明两点：①若不是全省(直辖市、自治区)统一命题则选取其省会城市的中考物理试卷作为样本，如四川省是由各地级市自主命题，则选取其省会——成都市的中考物理试卷作为该地区此次的研究样本；②其中若该地区同一年有 A 和 B 两份试卷，则选取 A 卷作为样本，如重庆地区每年中考物理试卷分 A 卷和 B 卷，则选取每年的 A 卷作为该地区研究样本。综上，每年 30 份试卷，五年共计 150 份中考物理试卷作为本次研究的样本。

2. 分析框架

1)科学探究要素

国际学生评估项目(Program for International Student Assessment，PISA)对领域素养的评价分为三方面要素：科学地解释现象、评估和设计科学探究、理解数据和证据，其中评估和设计科学探究划分为识别给定要解决的问题，区别探究问题，提出针对性探究方法，评估给出的方法，描述和评估科学家为保证数据信度、客观普适性而使用的方法。与 PISA 评价项目相似，本次研究对科学探究能力的评价实证分析也从探究所涉及要素的角度入手。根据“课程标准”对科学探究七个要素以及具体科学探究能力的基本要求，结合中考物理纸笔测验对学生科学探究评价的特点，将分析此维度的各项指标进行编码，如表 5-1 所示。

表 5-1　科学探究能力评价编码表

科学探究要素	纸笔测验考查科学探究能力的指标	关键词
提出问题	1. 能从日常生活、自然现象或实验观察中发现与物理学有关的问题，并能书面表述发现的问题	发现问题、提出问题
猜想与假设	2. 根据经验和已有知识对问题的可能答案提出猜想 3. 对探究的方向和可能出现的探究结果进行推测与假设	原因、提出……猜想、做出……假设、推测

续表

科学探究要素	纸笔测验考查科学探究能力的指标	关键词
设计实验与制定计划	4. 表述实验计划与实验步骤 5. 表述探究目的和已有条件 6. 抓住影响问题的主要因素，有控制变量的意识 7. 选择科学探究方法及所需要的器材	制定计划、选择仪器、方法、步骤
进行实验与收集证据	8. 能通过观察、实验和公共信息资源收集证据 9. 会阅读简单仪器的说明书，能按要求进行操作 10. 会使用简单仪器进行实验，会正确记录实验数据 11. 具有安全操作的意识	正确操作、记录数据、安全操作
分析与论证	12. 经历从物理现象和实验中归纳科学规律的过程 13. 能对收集的信息进行简单归类及比较 14. 能进行简单的因果推理 15. 尝试对探究结果进行描述和解释	整理信息、分析推理、归纳总结、解释
评估	16. 有评估探究过程和探究结果的意识 17. 能关注探究活动中出现的新问题 18. 尝试改进探究方案	新问题、科学性、合理性

考虑到科学探究的要素之一“交流与合作”无法通过纸笔测验的方式进行评价，这里只选取前六种探究要素为研究对象，每种要素都包括若干个具体内容维度，纸笔测验方式的评价方式关键词可以标示出评价的几种方法，如在“提出问题”这一要素中，“课程标准”列出了三点要求，而在纸笔测验中，能对学生进行有效评价的只有第二点“能书面或口头表述发现的问题”，并且第一点要求“能从日常生活、自然现象或实验观察中发现与物理学有关的问题”是第二点进行的前提，所以将第一点要求和第二点要求合二为一；而第三点“了解发现问题和提出问题在科学探究中的意义”属于情感态度与价值观方面的要求，纸笔测验难以进行评价，所以未将其进行编码(后面六个要素中凡涉及“了解……的意义”都未编码)。

2)科学内容

科学内容是学生形成科学探究能力的载体，那中考物理中一般以哪部分科学内容作为试题载体评价学生的科学探究能力呢？这是分析本维度所要回答的问题。考虑到科学探究试题一道题中可能以多个知识点为载体科学探究能力进行评价，所以根据“课程标准”中“科学内容”部分的划分，取其二级主题作为科学内容考查分析条目，编码如表 5-2 所示。

表 5-2　科学内容分析编码表

一级主题	二级主题	编码
1. 物质	1.1　物质的形态和变化	1
	1.2　物质的属性	2
	1.3　物质的结构与物体的尺度	3
	1.4　新材料及其应用	4
2. 运动和相互作用	2.1　多种多样的运动形式	5
	2.2　机械运动和力	6
	2.3　声和光	7
	2.4　电和磁	8
3. 能量	3.1　能量、能量的转化和转移	9
	3.2　机械能	10
	3.3　内能	11
	3.4　电磁能	12
	3.5　能量守恒	13
	3.6　能源与可持续发展	14

3）探究条目

科学探究重在探究的过程，科学探究能力是在探究的过程中形成的。“课程标准”中“科学内容”的三级主题中有部分内容是明确用“探究”二字进行描述的，如经历物态变化的实验探究过程；通过实验，探究平面镜成像时像与物的关系；等等。那么评价学生科学探究能力的中考物理科学探究试题对这些明确标出“探究”二字的内容的考查情况如何呢？是否更加趋向于考查这一部分的内容呢？将“课程标准”中“科学内容”部分三级主题中有“探究”二字的条目整理如下，为方便后续的分析统计，将每一条进行编码(表 5-3)。

表 5-3　探究条目编码表

一级主题	二级主题	三级主题	编码
1. 物质	1.1　物质的形态和变化	1.1.3 经历物态变化的实验探究过程	1
2. 运动和相互作用	2.2　机械运动和力	2.2.6 知道简单机械。通过实验，探究并了解杠杆的平衡条件	2
		2.2.8 通过实验，探究并了解液体压强与哪些因素有关。知道大气压强及其与人类生活的关系。了解流体的压强与流速的关系及其在生活中的应用	3
		2.2.9 通过实验，认识浮力。探究浮力大小与哪些因素有关。知道阿基米德原理，运用物体的浮沉条件说明生产、生活中的一些现象	4

续表

一级主题	二级主题	三级主题	编码
2. 运动和相互作用	2.3 声和光	2.3.3 通过实验，探究并了解光的反射定律，探究并了解光的折射现象及其特点	5
		2.3.4 通过实验，探究平面镜成像时像与物的关系。知道平面镜成像的特点及应用	6
		2.3.5 认识凸透镜的会聚作用和凹透镜的发散作用。探究并知道凸透镜成像的规律。了解凸透镜成像规律的应用	7
	2.4 电和磁	2.4.1 观察摩擦起电现象，探究并了解同种电荷相互排斥，异种电荷相互吸引	8
		2.4.3 通过实验，了解电流周围存在磁场。探究并了解通电螺线管外部磁场的方向	9
		2.4.5 通过实验，探究并了解导体在磁场中运动时产生感应电流的条件。了解电磁感应在生产、生活中的应用	10
3. 能量	3.4 电磁能	3.4.2 知道电压、电流和电阻。通过实验，探究电流与电压、电阻的关系。理解欧姆定律	11
		3.4.6 通过实验，探究并了解焦耳定律，用焦耳定律说明生产、生活中的一些现象	12

4) 学生必做实验

实验和科学探究有着紧密的联系，从科学探究的角度看，实验是科学探究的重要方式之一。“课程标准”对义务教育物理课程的实验也提出了明确的要求，在其“内容标准”中，多以“通过实验”这一短语来表述，在其附录部分又有“学生必做实验说明”，并将 20 个“学生必做实验”整理列出，由此可知，“课程标准”认为这些实验尤其重要。那么，中考物理科学探究试题是否更加倾向于考查“课程标准”所强调的学生必做实验呢？这是分析本维度所要回答的问题。学生必做实验编码如表 5-4 所示。

表 5-4　“课程标准”要求学生必做的实验

学生必做实验	编码
1. 用刻度尺测量长度、用表测量时间	1
2. 用弹簧测力计测量力	2
3. 用天平测量物体的质量	3
4. 用常见温度计测量温度	4
5. 用电流表测量电流	5
6. 用电压表测量电压	6
7. 测量物体运动的速度	7

续表

学生必做实验	编码
8. 测量水平运动物体所受的滑动摩擦力	8
9. 测量固体和液体的密度	9
10. 探究浮力大小与哪些因素有关	10
11. 探究杠杆的平衡条件	11
12. 探究水沸腾时温度变化的特点	12
13. 探究光的反射规律	13
14. 探究平面镜成像时像与物的关系	14
15. 探究凸透镜成像的规律	15
16. 连接简单的串联电路和并联电路	16
17. 探究电流与电压、电阻的关系	17
18. 探究通电螺线管外部磁场的方向	18
19. 探究导体在磁场中运动时产生感应电流的条件	19
20. 测量小灯泡的电功率	20

5) 素材类别

“课程标准”基本理念中的第二条：从生活走向物理，从物理走向社会；第三条：注意学科渗透，关心科技发展①。可见，“课程标准”强调物理与生活、社会、科技的联系，并且在提倡情境教学的大环境下，中考物理科学探究试题所使用的素材类别是否更偏向于从日常社会、生活现象、现代科技前沿中取材呢？这是分析此维度所要回答的问题。受到以往研究对这一维度分析方式的启发，将素材来源分为五类：课堂教学、生活现象、课外实验或小制作、科技前沿、时事热点，为了方便分析统计，将其编码如表 5-5 所示。

表 5-5　素材分类编码表

素材类别	例子	编码
课堂教学	教材中出现过的实验、活动	1
生活现象	生活中常见的现象、经历	2
课外实验或小制作	课外一些小活动、小尝试	3
科技前沿	科普知识和前沿性科技	4
时事热点	运动会、比赛、新闻等	5
其他		6

① 中华人民共和国教育部. 全日制义务教育物理课程标准(2011 年版)[M]. 北京：北京师范大学出版社, 2012.

5.2　中考物理科学探究各要素评价特点分析

5.2.1　试卷总体情况

通过对 150 份物理中考试题进行搜集、整理后发现：①自主命题情况。其中吉林、山西、河南、江西、安徽、北京、天津、河北、上海、福建、海南、重庆、陕西、宁夏、新疆、青海地区的中考物理试题是全省(直辖市、自治区)统一命题，而辽宁、内蒙古、湖北、湖南、山东、江苏、浙江、广东、四川、广西、贵州、甘肃这些地区的中考物理试题是各地级市自主命题。②试卷命题类型。大多数地区的中考物理试题是单科命题，如北京、四川成都、兰州、广东广州、广西南宁、贵州贵阳、河南、湖南长沙、江苏南京、天津、新疆、云南、重庆等地区，而安徽、海南、河北、黑龙江哈尔滨、辽宁沈阳、内蒙古呼和浩特、宁夏、青海、山东济南、山西、陕西、上海、浙江是理科综合命题或物理化学在一张试卷上，其中大多数地区只是单纯几个科目试题在一张卷上，各科题目是分开的，而河北省的试题由物理试题、化学试题和理化综合试题组成。③中考物理试题的总分。各地区物理中考试题总分并不相同(表 5-6)。例如，河北的物理化学在一张试卷上，总分 120 分，其中纯物理试题 60 分，纯化学试题 40 分、物理化学综合试题 20 分，对于此种情况，取其物理试题总分为 70 分。

表 5-6　样本试卷物理总分情况统计

总分	地区
70	河北、河南、黑龙江哈尔滨、吉林、内蒙古呼和浩特
80	重庆、山西
85	辽宁沈阳、宁夏
90	安徽、贵州贵阳、山东济南、青海、陕西、上海、新疆
100	北京、福建福州、广东广州、广西南宁、湖南长沙、江苏南京、江西、天津、云南
110	四川成都、海南
120	甘肃兰州

注：其中广西南宁 2008 年的总分为 90 分；山东济南 2008 年的总分为 70 分；陕西 2008 年的总分为 70 分。另外湖北 2008 年的总分为 56 分，2010 年的总分为 80 分，2012 年的总分为 76 分，2014 年、2017 年的总分为 70 分；浙江杭州 2008 年的总分为 85 分，2010 年的总分为 74 分，2012 年的总分为 64 分，2014 年的总分为 80 分，2016 年的总分为 66 分。

《义务教育物理课程标准(2011 年版)》将“科学探究”纳入“课程内容”，旨在强调物理教学中加强学生科学探究能力的形成和科学素养的培育，那么是否在此“课程标准”正式颁布后，中考物理试题对学生的科学探究能力的考查力度有显著加大呢？如图 5-1 所示，中考物理试题中探究试题的比重大体上有上升趋势，尤其是 2016 年探究试题占比 9.74%，明显高于 2014 年。总体而言，中考物理试题中探究试题比重整体还较小，有进一步加大比重的可能性。

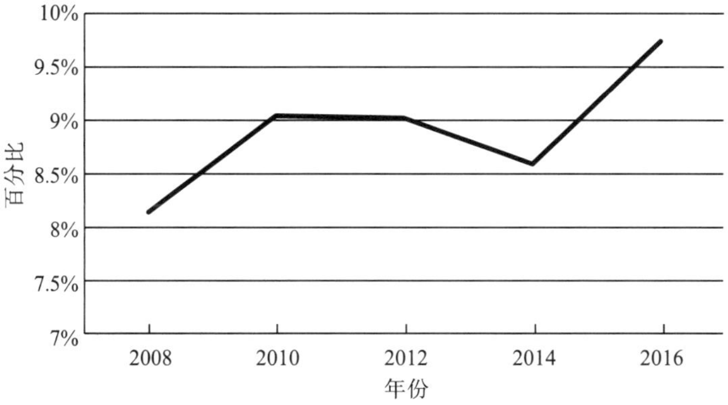

图 5-1　30 个地区每年科学探究试题占比总和情况

5.2.2　科学探究要素

1. 提出问题

在“提出问题”这一要素中，纸笔测验方式主要考查学生具有问题意识、留心日常生活、自然和物理实验中的物理现象，能把自己的发现转换成为一个具体的与物理有关的问题，并且能组织语言将其清晰、准确地用文字进行表述，在对科学探究试题进行分析统计时，主要的关键词是“发现问题”“提出问题”。

例 5-1(2010 年河北第 23 题)：电冰箱在结构上和工作过程中应用了许多物理知识：(3)提出一个与物态变化有关的问题并回答(前面两个小题略掉)。

问题：________________________________？

回答：________________________________。

这是一道典型的考查学生从生活中发现问题,提出与物理有关的科学问题的科学探究试题。此类题目考查不但要求学生提出问题，而且要求提出的不是“伪问题”，如“冰箱中是否存在液态变成固态的现象呢？”，显然不属于具有探究价值的问题。此探究要素的试题统计结果如图 5-2 所示(占比为零的未显示)，在 2008 年、2010 年、2012 年、2014 年和 2016 年这五年中，科学探究试题对“提出问题”这一要素的考查地区数及其考查分值占比并不高——均低于 0.14，相比较而言，河北与山东济南对“提出问题”这一要素要重视许多，尤其是山东济南，其在 2012 年、2014 年、2016 年这三年都考查此要素，并且分值占比都在 0.06 以上。

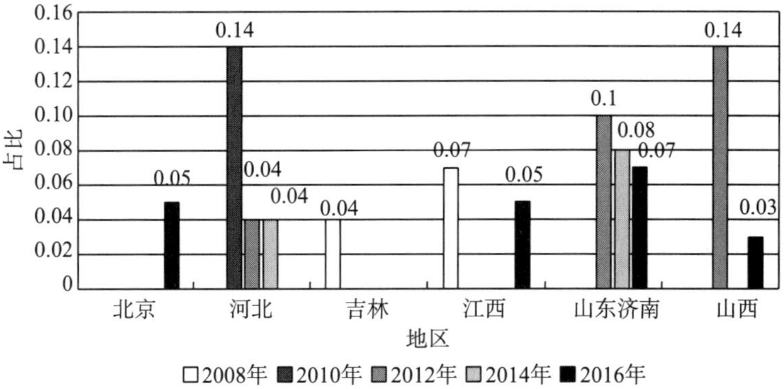

图 5-2　各地区试卷“提出问题”的分值占比情况

2. 猜想与假设

科学探究的第二个要素“猜想与假设”包括“提出猜想”和“对探究方向和可能出现的实验结果进行推测与假设”两条基本要求,前者主要考查学生是否具有根据已有经验科学合理地对探究的问题进行合理猜想的能力,此类试题的关键词是“你认为……的原因是……”“提出猜想”“做出假设”等;后者主要考查学生推测会出现何种实验现象或实验结果的能力,在试题中其关键词是“推测”“预计”等。

例 5-2(吉林 2010 年第 17(2)题)：实验过程中，小灯泡突然熄灭，电压表有示数，而电流却无示数，则出现故障的原因可能是小灯泡发生了_______路。

例 5-3(浙江杭州 2014 年第 13(2)题)：实验中，小徐同学选择了规格为“10Ω，2A”的滑动变阻器，你预计会出现什么现象？说明理由。

例 5-2 就是典型的根据经验和已有串联、并联电路知识对实验中出现“小灯泡突然熄灭，电压表有示数，电流表无示数”这一问题的可能答案进行猜想，而例 5-3 是对可能出现的实验现象进行推测，这种推测是在掌握相关知识的基础上的推测。

如图 5-3 所示是在 2008 年、2010 年、2012 年、2014 年和 2016 年这五年中考科学探究试题考查了“猜想与假设”这一要素的地区及其分值占比情况，可以发现在 2008 年只有四川成都、广东广州、辽宁沈阳、云南四个地区对“猜想与假设”这一要素有所涉及，但在 2010 年就有四川成都、甘肃兰州、海南、河北、吉林、江西、内蒙古呼和浩特、青海、山东济南九个地区对其有所考查，而在 2012 年又只有河北、吉林、青海三个地区对其进行考查，2014 年、2016 年也没有达到 2010 年的高峰水平。

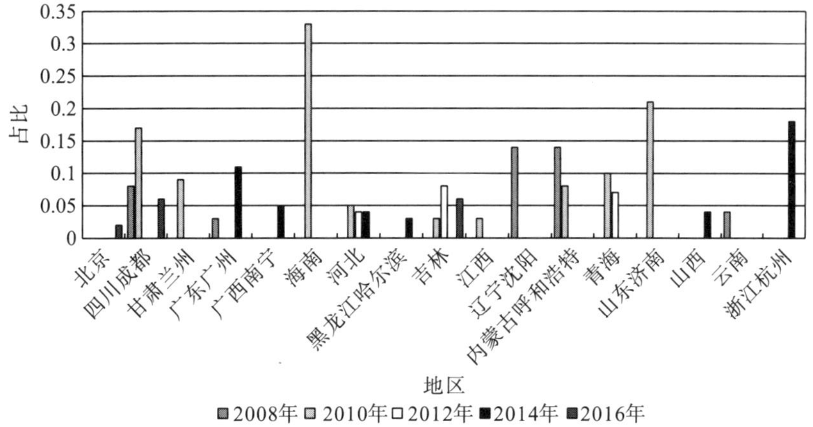

图 5-3　各地区各年“猜想与假设”的分值占比情况

3. 设计实验与制定计划

“设计实验与制定计划”是科学探究过程的第三个要素，考查具体内容包括制定计划或设计实验、选择方法、选择器材等。

例 5-4(河北 2008 年第 34 题)：小明和小红使用不同器材分别对酒精的密度进行了测量。

(1)请将他们的实验过程补充完整。

小明利用天平、烧杯、刻度尺和水($\rho_{水}$ 已知)测量酒精密度的过程如下：

①烧杯中倒入适量的水，用调节好的天平称出烧杯和水的质量为m；

②用刻度尺测出水面到烧杯底的高度为h_1;

③将水倒出，倒入酒精，用天平称出的烧杯和酒精的质量仍为m;

④______________________________;

⑤计算酒精密度的表达式为：$\rho_{酒精}=$__________;

小红利用弹簧测力计、烧杯、石块、细绳和水($\rho_{水}$已知)测量酒精密度的过程如下:

①用细绳拴住石块，并用弹簧测力计测出石块重为G;

②将石块浸没在水中，并记录弹簧测力计的读数F_1;

③____________________________________;

④计算酒精密度的表达式为$\rho_{酒精}=$__________(已知：$F_{浮}=G_{排}=\rho_{液}gV_{排}$)。

例5-4属于考查实验步骤的典型例子，显然制定实验步骤是在对相关基础知识已经掌握的基础上进行的。值得注意的是，电学部分中考查正确连接电路的问题归为学生熟悉实验步骤，即“正确连接电路”也属于设计实验与制定计划范畴。控制变量是初中物理科学探究过程中常用的一种实验方法，本要素的考查包括学生能否抓住影响问题的主要因素，有控制变量的意识，一般以要求学生根据实验目的选取实验组别的形式呈现。例5-5考查学生能否正确选择合适的实验探究方法，在此基础上选择合适的滑动变阻器。

例5-5(湖南长沙2012年第36(2)题)：连接完电路后，闭合开关，发现电流表指针不偏转，电压表有示数，则故障可能是________。故障排除后，在实验中发现无论怎样调节滑动变阻器，电流表示数变化都不大。他们认为出现这种情况的原因可能是滑动变阻器选择不合理。现有如下A、B两种滑动变阻器可供选择，那么应选择________(选填“A”或“B”)。

A. 100Ω，1A　　　　B. 5Ω，2A

试题样本对“设计实验与制定计划”各条目考查占比总和情况如图5-4所示。其中，“4”为“表述实验计划与实验步骤”，“5”为“表述探究目的和已有条件”，“6”为“抓住影响问题的主要因素，有控制变量的意识”，“7”为“选择科学探究方法及所需要的器材”(如表5-1所示)，统计发现“设计实验与制定计划”这一要素的分值占比在每年每个地区的探究试题中都超过了0.1。其中四川成都、黑龙江哈尔滨、宁夏、天津四个地区在2008年、2010年、

2012 年、2014 年和 2016 年这五年中的分值占比都相对较高，尤其是天津，每年占比都在 0.4 以上。如图 5-4 所示，对比 2008 年、2010 年、2012 年、2014 年、2016 年这五年 30 个地区关于“4”“5”“6”“7”四项内容的分值占比总和[①]情况发现，“表述实验计划和实验步骤”这一项要素的分值占比均明显高于其他三项，考查编码“7”即“选择科学探究方法及所需要的器材”这一项内容的分值占比次之。

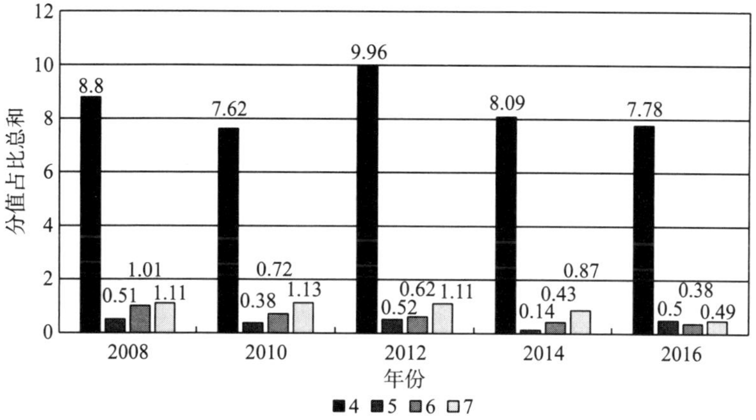

图 5-4 试题样本对“设计实验与制定计划”各条目考查分值占比总和情况

4. 进行实验与收集证据

如表 5-1 所示，“进行实验与收集证据”这一要素中涉及四方面内容：编码“8”即“能通过观察、实验和公共信息资源收集证据”；编码“9”即“会阅读简单仪器的说明书，能按要求进行操作”，“能按照要求进行操作”均属于这一项；编码“10”即“会使用简单仪器进行实验，会正确记录实验数据”主要考查天平、刻度尺、量筒、温度计、弹簧测力计、电压表、电流表这几类常见仪器的读数等；编码“11”即“具有安全操作的意识”。对“会阅读简单仪器的说明书，能按要求进行操作”的考查，一般是指在考虑安全的情况下正确操作仪器的能力，一般有连接电路时开关的状态、连接电路时滑动变阻器需要接最大阻值的问题，如例 5-6 便是考查此条基本要求。

例 5-6(黑龙江哈尔滨 2016 年第 25(2)题)：连接电路时，开关应______(选填“断开”“闭合”)。

① 分值占比总和是将一年 30 个地区对同一个编码的考查分值进行占比求和得到的，下同。

分析统计每年各地区“进行实验与收集证据”这一要素的分值与科学探究试题的分值占比总和情况如图 5-5 所示。经统计，所有地区 2008 年、2010 年、2012 年、2014 年和 2016 年这五年关于此要素的考查分值占比均未超过 0.5。将同年 30 个地区之间进行比较，发现 2008 年和 2010 年重庆的考查占比为最高，2012 年则是广西南宁的占比为最高，而 2014 年和 2016 年则是安徽的占比最高；考查分值占比相对稳定的是江苏南京，2008～2010 年都为 0.14，2014 年和 2016 年都为 0.08；其中 2008 年甘肃兰州、河北、江西，2010 年四川成都、河北、黑龙江哈尔滨、上海，2012 年四川成都、辽宁沈阳、青海、山西、浙江杭州和 2014 年湖南长沙、山东济南、天津以及 2016 年河北、湖南长沙、浙江杭州这些地区并未考查“进行实验与收集证据”这一要素。具体分析和比较发现，对本要素的考查大多以连接电路等类型的仪器操作和读数为主要考查内容；考查“11”这一内容的地区很少，即使有所涉及，占比也相对很小；没有地区考查“8”这一项内容。这一情况说明在“进行实验与收集证据”这一要素中，中考物理科学探究试题更加关注评价学生正确使用仪器、正确读取数据的能力。

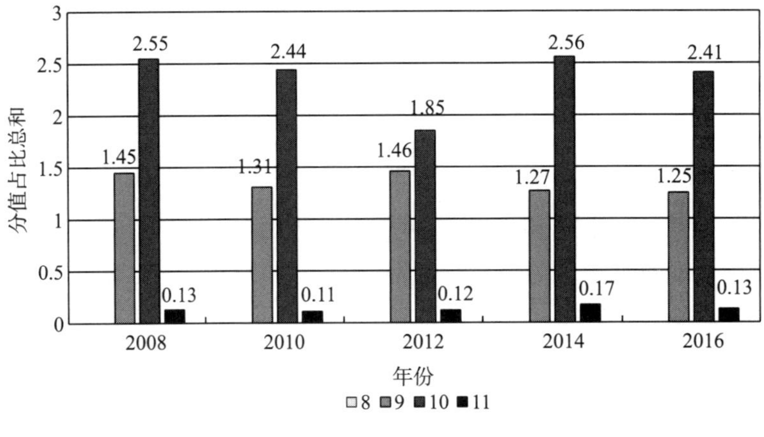

图 5-5　样本试卷中探究要素“进行实验与收集证据”各条目考查分值占比总和情况

5. 分析与论证

如表 5-1 所示，“分析与论证”这一要素涉及：编码“12”即“经历从物理现象和实验中归纳科学规律的过程”；编码“13”即“能对收集的信息进行简单归类及比较”；编码“14”即“能进行简单的因果推理”；编码“15”即“尝试对探究结果进行描述和解释”。考虑到大部分物理规律的得出都采取归纳思想，统计时未对编码为“12”的试题分值进行统计；考查学生处理实验数据的画图能力的这一类试题，都归类为编号“13”。而对“14”的考查，多以实验过程中某一小现象或小故障要求学生简单推理表述其原因，如例 5-7 所示。

例 5-7(甘肃兰州 2012 年第 31(4)题)：接下来将定值电阻换成小灯泡接入电路，闭合开关后小灯泡不亮，电流表无示数，电压表示数接近电源电压，出现这种故障的原因可能是____________。

统计结果发现，只有黑龙江哈尔滨在 2008 年未考查涉及此要素的内容，其余地区每年的考查内容必涉及此要素内的条目，并且考查分值占比普遍较高，浙江杭州在 2010 年占比高达 0.9，考查分值占比最低的是 2012 年河南中考物理试题，其占比是 0.11。

对比 30 个地区每年对“分析与论证”三项条目的考查情况，如图 5-6 所示，每年对编码“15”的考查比重都较大，远超其他两项，尤其是在 2016 年 30 个地区对编码“15”的考查占比总和为 15.18。

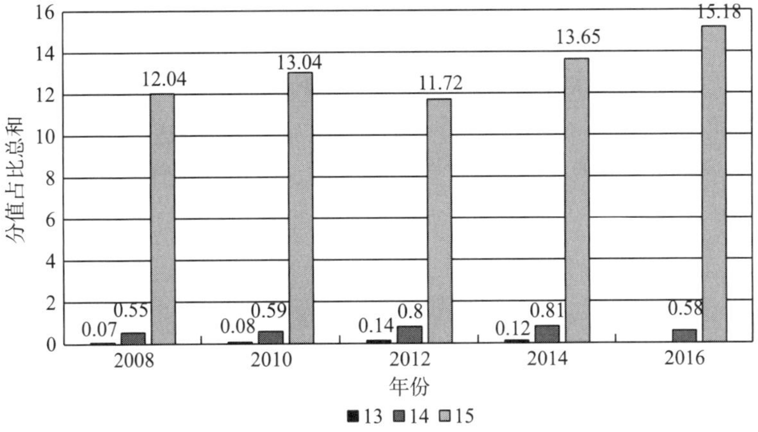

图 5-6　30 个地区每年对“分析与论证”各条目考查分值占比总和情况

6. 评估

在“评估”这一要素中包含三项条目：编码“16”即“有评估探究过程和探究结果的意识”；编码“17”即“能关注探究活动中出现的新问题”；编码“18”即“尝试改进探究方案”。如例 5-8，凡考查学生对探究过程中的操作、方法、现象以及对探究结果进行评估的科学探究试题都属于此条。编码“17”在科学探究试题中一般以探究过程中对现象的思考衍生出新问题，要求学生对其进行解释或设计下一步的探究方法，如例 5-9，就是考查学生结合生活实际或实验现象对探究过程中出现的新问题进行解释；科学探究试题中对编码“18”的考查一般以要求学生表述探究过程中存在的问题或者根据探究过程存在的问题要求学生阐述改进措施。

例 5-8（广东广州 2008 年第 24(3)题）：b. 连接电路后，两灯泡都亮，由于连线较乱，一时无法确定电路是串联还是并联，以下两种简单判断方法是否可行？请你在表中空格填写“可行”或“不可行”。

方法	操作	现象	结论	方法是否可行
方法 1	把其中一灯泡从灯座中取下	另一灯熄灭	两灯一定是串联	
方法 2	把任意一根导线断开	两灯熄灭	两灯一定是串联	

例 5-9（黑龙江哈尔滨 2010 年第 52(3)题）：张晖同学利用电流的热效应烧水，观察到水沸腾后继续加热，水的温度却保持不变，既然水没有变得更热，那么电热器所供给的能量跑到哪里去了呢？该同学猜想能量可能跑到水蒸气里去了，请你从不同的角度用生活经验或实验现象予以证实。

统计发现 2008 年、2010 年、2012 年、2014 年和 2016 年这五年中各地区的科学探究试题对“评估”这一要素的考查并不稳定，有的地区各年占比相对较高，而有的地区各年考查占比相对较低，有的地区却五年中只有一年才涉及此要素的内容，如浙江杭州、重庆、广西南宁等。总的来说，150 个样本中对“评估”这一要素的考查占比明显低于其他要素的分值占比。

如图 5-7 所示，30 个地区在 2008 年、2010 年、2012 年、2014 年和 2016 年这五年中对“评估”这一要素的考查主要集中在对编码“16”的考查，对编码“17”、编码“18”的考查相对较少，甚至在 2008 年、2016 年 30 个取样地区均未考查编码“17”这一项内容。

图 5-8 为 30 个地区在 2008 年、2010 年、2012 年、2014 年、2016 年这五年中科学探究试题对六大要素的考查分值占比总和情况，从这五年的情况进行分析，发现每年“设计实验与制定计划”“分析与论证”这两大要素的占比均

较高，“进行实验与收集证据”次之。从这个角度看，科学探究试题考查“设计实验与制定计划”“分析与论证”这两个要素分值占比最多，主要考查学生用科学探究方法设计实验、分析论证，意在考查学生的实验设计能力、分析推理能力、总结归纳能力。

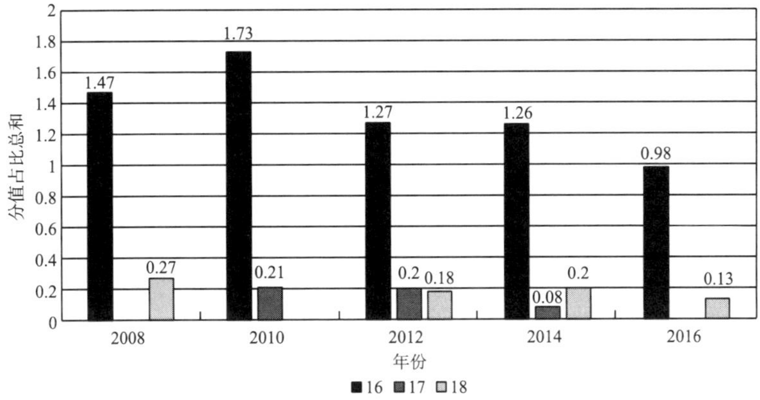

图 5-7　30 个地区每年对“评估”考查分值占比总和情况

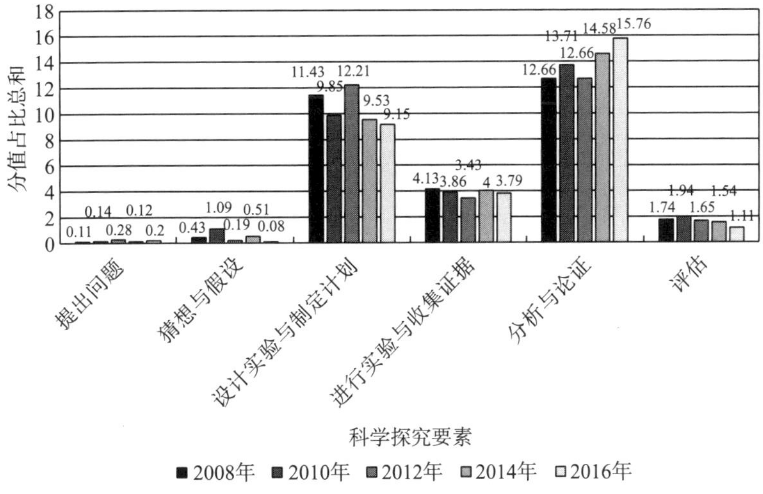

图 5-8　30 个地区对“科学探究要素”的考查分值占比总和情况

5.3　中考物理科学探究试题考查知识内容特点分析

5.3.1　科学内容

科学内容是用科学探究试题考查学生科学探究能力的基础和载体，如果离开了这个基础，科学探究能力的提高便成了无源之水，那么中考物理科学探究试题主要结合哪部分科学内容进行考查呢？根据表 5-2 的框架，进行统计分析，对各地区各年份中考物理科学探究试题所考查的知识点进行分析统计。在具体的分析统计中，依据是“课程标准”所列出的各二级主题下的三级主题内容，例如凡涉及二级主题“物质的形态和变化”下的三级主题中各知识点的试题均编码为“1”，如例 5-10；凡涉及“物质的属性”的试题编码为“2”，如例 5-2。当同一试题中考查的内容涉及不同编码的多个知识点时，按其分值划分进行统计。

例 5-10（海南 2008 年第 21 题）：一般物质都是“热胀冷缩”的，物体受热时在长度方向上的膨胀叫线膨胀。下表是某探究小组的同学探究影响物体线膨胀因素的实验记录（铜、铝线的横截面积相同）。

实验序号	材料	原长/m	温度升高/℃	伸长量/mm
1	铜	1	10	0.19
2	铜	2	10	0.38
3	铜	1	30	0.57
4	铝	1	30	0.69
5	铝	2	10	0.46
6			—	—

请根据实验记录完成下列各题：

(1) 该实验应准备的两件测量仪器是____________。

(2) 比较实验序号 3 与 4，可得结论：当原长和升高的温度相同时，固体的线膨胀与材料有关。

(3) 比较实验序号 1 与 2 可得到的初步结论是：____________。

(4) 为了进一步探究 (3) 中的结论，请在表格中空格里填上相关的信息。

纵观 2008 年、2010 年、2012 年、2014 年、2016 年这五年 30 个地区的“科学内容考查分值占比总和情况”统计图 5-9 可以发现，科学探究试题主要考查的科学内容有：物质的形态和变化、物质的属性、机械运动和力、声和光、电和磁、内能、电磁能共七项内容，其中各地区每年对“电磁能”这一项内容考查的分值占比都是最高和最稳定的；而对于“能源与可持续发展”主题内容的考查，只有 2008 年广东广州、2012 年黑龙江哈尔滨、2014 年湖南长沙有所涉及；对于“能量守恒”这一科学内容，这五年中 30 个地区均未考查到此项内容。

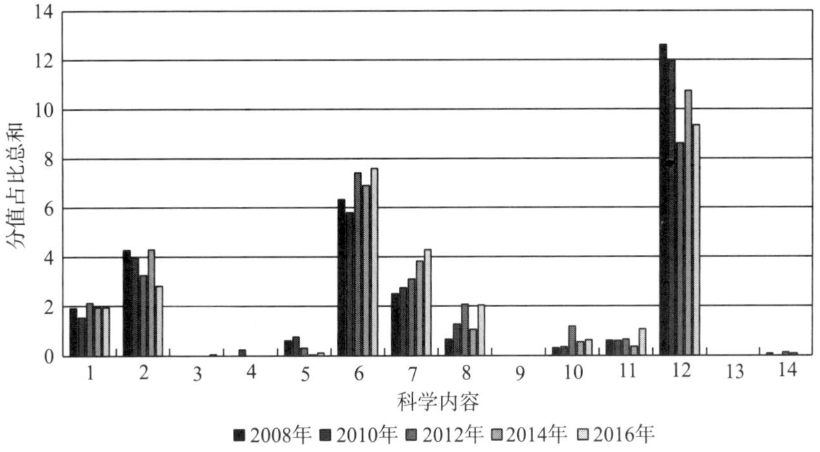

图 5-9　30 个地区各年各项科学内容考查分值占比总和情况

注：图中科学内容编码 1～14 的具体含义见表 5-2。

5.3.2　探究条目

中考物理科学探究试题对“课程标准”在“内容标准”的三级主题中明确标出“探究”二字的 12 项内容的考查情况又会如何？各年各城市是否更加趋向于考查这一部分内容呢？根据表 5-3 进行分析统计，结果如图 5-10 所示。

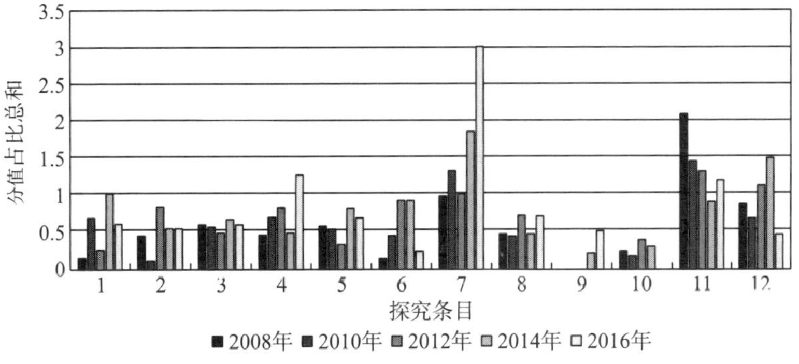

图 5-10　30 个地区对各项探究条目考查分值占比总和情况

注：图中探究条目编码 1～12 的具体含义见表 5-3。

2008年，贵州贵阳、河南、吉林、江西、山西、天津、新疆、浙江杭州8个地区未对任何一项探究条目内容进行考查；2010年，海南、宁夏、陕西、天津、新疆、浙江杭州、重庆7个地区未对其进行考查；2012年，安徽、辽宁沈阳、宁夏、山东济南、陕西、云南、浙江杭州7个地区未对其进行考查；2014年，安徽、甘肃兰州、陕西、上海、浙江杭州5个地区未对其进行考查；2016年，贵州贵阳、河南2个地区未对其进行考查。综上，全国30个地区未考查探究条目的地区越来越少，这一定程度反映了各地区开始重视对探究条目的考查，逐步将其列入科学探究试题的考查范围。

样本试卷中，12项探究条目中考查次数较多的有：探究并了解液体压强与哪些因素有关、探究并知道凸透镜成像的规律、探究电流与电压、电阻的关系、经历物态变化的实验探究过程等，各年具体的侧重点有差异。此外，整体统计和数据分析还表明：最开始较多地区考查“探究电流与电压、电阻的关系”这一探究条目，后面越来越多的地区考查“探究并知道凸透镜成像的规律”这一条目。

分析统计每个地区各年考查探究条目分值与该年科学探究试题占比情况，2008年青海对探究条目的考查分值占比高达0.91；2010年湖北武汉对探究条目的考查分值占比最高，为0.53；2012年对探究条目考查分值占比最高的是湖南长沙，为0.99；2014年对探究条目考查分值占比最高的是河南，为0.72；而2016年则是湖北武汉对探究条目的考查分值占比最高，为0.72。

5.3.3 学生必做实验

中考物理试题中科学探究试题是否更加倾向于考查“课程标准”中附录部分所列出的20个“学生必做实验”呢？根据表5-4科学探究试题中所涉及的学生必做实验进行统计，分析学生必做实验在科学探究实验中的分值占比情况。

统计分析可知：2008年，有16个地区的“学生必做实验”考查分值超过了整个科学探究试题分值的一半，其中考查分值占比较高的是青海和山东济南这两个地区，它们的科学探究试题全涉及了“学生必做实验”的内容，内蒙古呼和浩特“学生必做实验”分值占比高达0.9，宁夏分值占比高达0.87；而在2010年，有14个地区分值占比超过0.5，其中占比较高的是重庆(0.9)、贵州贵阳(0.87)和江苏南京(0.6)；在2012年有13个地区分值占比超过0.5，其中河南、宁夏、新疆三个地区分值占比都为1，湖南长沙占比0.99，重庆占比高为 0.95；在 2014 年，有 19 个地区在科学探究试题中考查“学生必做实验”的占比超过 0.5，其中重庆、新疆、宁夏和河南四个地区占比都为 1；在 2016 年，只有 16 个地区分值占比超过 0.5，其中宁夏占比高达 1，湖北武汉（0.86）、安徽（0.78）、湖南长沙（0.77）、甘肃兰州（0.7）。

这五年中占比总和较高的是宁夏（4.33），其次是重庆（3.79）、湖南长沙（3.39）、青海（3.37）、河南（3.23）、湖北武汉（3.11）。将“学生必做实验”“探究条目”的五年分值占比总和进行对比后发现，科学探究试题中对“学生必做实验”的考查分值占比明显高于“探究条目”，相比之下，一定程度上反映了中考物理科学探究试题更倾向于考查“学生必做实验”。这种情况也是可以理解的，因为“课程标准”并没有过多强调“内容标准”中三级主题相关探究条目的内容。

将各年 30 个地区对每个实验的考查分值占比进行求和，五年的对比情况如图 5-11 所示。总的来说，在 2008 年 30 个地区对 20 个实验考查分值占比总和较高的是编码 20（测量小灯泡的电功率）为 2.92、编码 9（测量固体和液体的密度）为 2.88、编码 17（探究电流与电压、电阻的关系）为 1.93；2010 年考查分值总和占比总和较高的是编码 20（测量小灯泡的电功率）为 2.66、编码 9（测量固体和液体的密度）为 2.29、编码 15（探究凸透镜成像的规律）为 1.47；2012 年考查分值占比较高的是编码 20（测量小灯泡的电功率）为 2.49、编码 9（测量固体和液体的密度）为 1.74、编码 17（探究电流与电压、电阻的关系）为 1.61；2014 年考查分值占比较高的是编码 20（测量小灯泡的电功率）为 2.6、编码 9（测量固体和液体的密度）为 2.38、编码 15（探究凸透镜成像的规律）为 1.9；2016 年考查分值占比较高的是编码 15（探究凸透镜成像的规律）为 3.39、编码 20（测量小灯泡的电功率）为 2.27、编码 9（测量固体和液体的密度）为 1.44。总的来看，30 个地区五年中对编码 2（用弹簧测力计测量力）、编码 7（测量物体运动的速度）、编码 18（探究通电螺线管外部磁场的方向）三个实验的考查占比最少。纵向分析，各地区对“编码 20”的考查占比越来越少，而对“编码 15”的考查比重越来越高；五年中考查较少的有“编码 2”和“编码 7”，对“编码 18”的考查也很少。针对此种情况，可以理解为中考物理科学探究试题对电磁学和光学部分的实验考查尤其重视，而弹簧测力计作为一种基础测量仪器，不对其进行单独考查也在情理之中。

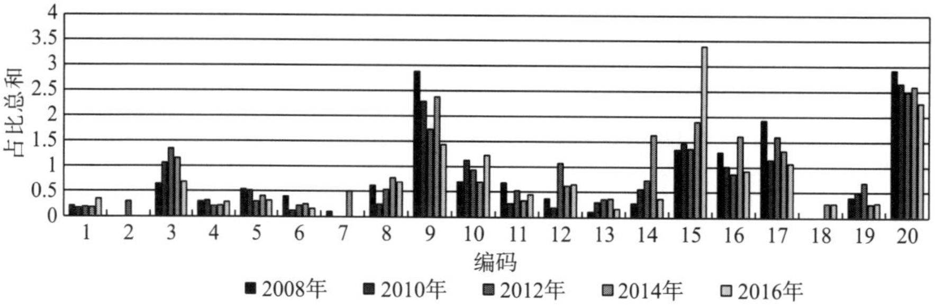

图 5-11　30 个地区对“学生必做实验”考查分值占比总和情况

5.4　中考物理科学探究试题情境性分析

随着情境化教学的提倡，中考物理试题中科学探究试题所使用的素材是否更偏向于从日常生活现象、现代科技前沿中取材呢？根据本章 5.1.2 节表 5-5 对中考物理科学探究试题的各类别素材来源使用次数进行分类整理统计。在统计时，如例 5-11 所示题目素材类型，虽表达为“学生自行在实验室所做实验”形式，但却和教材中所列出“测量固体和液体的密度”这一实验完全相同，由此认为此素材来源于课堂教学，归为类别“1”；例 5-12 所示题目素材来源于生活中的物品、现象、生活经验，将这一类型归为类别“2”；将利用课外生活素材完成的实验列为学生课外实验，将此类素材归为类别“3”；例 5-13 所示将现代科学技术作为题目素材，这一类型归为类别“4”；将时事热点、新闻作为命题素材的归为类别“5”；除以上五类素材类别外，题目不使用素材直接考查的试题归为类别“6”。

例 5-11(北京 2008 年第 27 题)：莹莹在实验室测量金属块 A 的密度。莹莹先用调节好的天平测量金属块 A 的质量。天平平衡后，右盘中所放砝码及游码在标尺上的位置如图 5-12 甲所示，则金属块 A 的质量为____________g。然后，莹莹将金属块 A 放入盛有 50mL 水的量筒中，量筒中的水面升高到如图 5-12 乙所示的位置，则金属块 A 的体积为____________cm^3。由此可计算出金属块 A 的密度为____________kg/m^3。

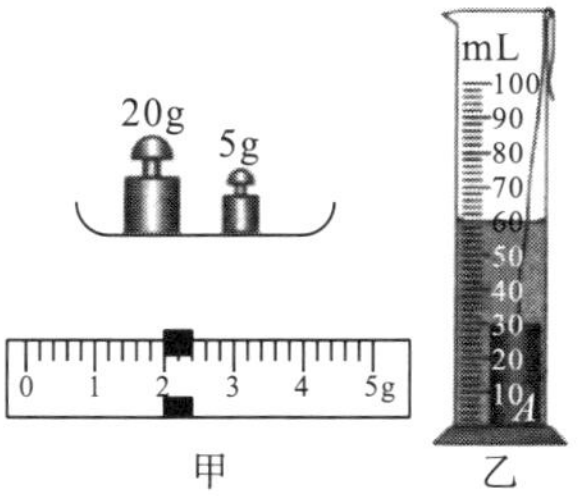

图 5-12

例 5-12(河北 2010 第 23 题)：电冰箱在结构上和工作过程中应用了许多物理知识。

(1) 问题：为什么要使用三脚插头?

回答：________________________。

(2) 问题：为什么要使用具有磁性的密封条?

回答：________________________。

(3) 提出一个与物态变化有关的问题并回答。

问题：________________________?

回答：________________________。

例 5-13(北京 2016 年第 36 题)：我们生活在电磁波的海洋中，当需要防止电磁波干扰时，通常用金属壳将电磁波与需要加以屏蔽的区域隔开，避免电磁波进入，这种做法就是电磁屏蔽。中国科技馆有一个金属小屋，侧面的大窗上镶嵌着一块电磁屏蔽玻璃(图略)。请你自选器材设计一个实验，校验这块电磁屏蔽玻璃是否能够屏蔽电磁波。写出实验步骤和判断方法。

根据统计结果，将各年 30 个地区科学研究试题素材类别使用次数进行汇总，比较 2008 年、2010 年、2012 年、2014 年和 2016 年这五年对素材类别的使用情况，如图 5-13 所示。各年物理科学探究试题所使用的素材大多来源于课堂教学，部分试题素材衍生于课堂教学的课外实验或小制作，也有部分试题属于直接考查，无素材作铺垫，试题较少将生活现象、科技前沿作为素材，极少将时事热点作为试题素材;对“课外实验或小制作”这一类别素材的使用呈现出逐年增长的趋势，而对其他类别素材的使用处于动态平衡状态。值得注意的是，在近几年提倡情境化教学、研究原始物理问题的大背景下，物理科学探究试题对“生活现象”这一类别素材的使用并未有明显增多，并且在“课程标准”所提出“关注科技发展，注重学科渗透”的课程理念下，在物理科学探究试题的素材中却并未过多涉及科技前沿。

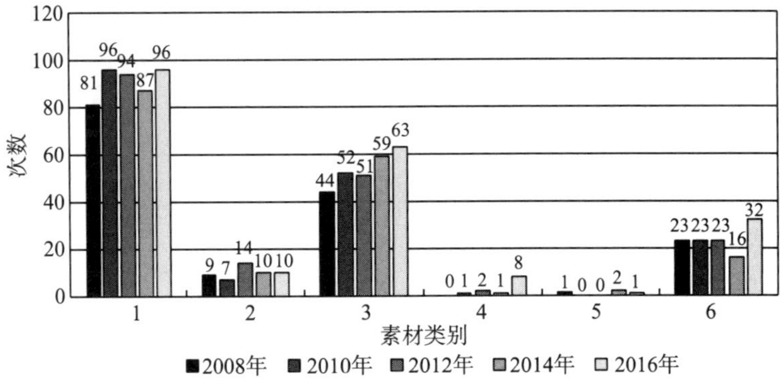

图 5-13　30 个地区的素材类别实验情况

注：素材类别编码 1～6 的含义见表 5-5。

根据各分析维度统计结果可以得出以下结论。

(1) 各地区中考物理试题中考查学生科学探究能力的试题分值占比普遍不高，中考物理试题中评价学生科学探究能力的比例并不大；虽然在 2011 年版课程标准中着重强调了“科学探究”，但其颁布前后科学探究试题占比没有显著变化。其原因可能在于进一步探索如何更加有效地在纸笔测验中评价出学生的科学探究能力。

(2) 各地区每年考查“设计实验与制定计划”和“分析与论证”这两大要素的占比均最高，且在“设计实验与制定计划”这一要素中，对“表述实验计划与实验步骤”这一项要求的考查分值占比最高，在“分析与论证”这一要素的考查中，各年各地区对“尝试对探究结果进行描述和解释”这一要求的考查占比最大。

(3) 从各要素包含基本要求的数目这一角度分析，考查“设计实验与制定计划”“分析与论证”这两大要素的占比最高是合理的，它们都包含了四项要求；而对同样包含了四项要求的“进行实验与收集证据”这一要素的考查并没有这两者高，一部分原因可能源于这一要素更多强调学生真正动手做实验，记录实验结果，评价学生的动手操作能力，而纸笔测验这一形式无法有效评价学生动手操作这一过程，所以对这一要素的考查更集中在学生能正确选择仪器、使用仪器、正确读数方面；而对“表述实验计划与实验步骤”与“尝试对探究结果进行描述和解释”这两项基本要求考查比例最高，可以看出，前者需要学生明确实验原理、会使用科学方法进行科学探究，后者需要学生有良好的分析推理能力、归纳总结能力，能对实验结果进行科学的解释，从这个层面上看，将这两项内容作为评价学生科学探究能力的重点是合情合理的；而对“提出问题”“猜想与假设”“评估”这三个要素的考查比例相对较少，可以认为科学探究试题对学生提出问题能力、创新能力、反思能力的评价力度有待加强。

(4) 各地区每年对“电磁能”这一项内容考查的分值占比几乎最高、最稳定，主要考查的科学内容还有：物质的形态和变化、物质的属性、机械运动和力、声和光、电和磁、内能等，但未对“能量守恒”这一科学内容进行考查。中考物理试题在涉及学生科学探究能力时，以“科学内容”作为科学探究试题的载体进行评价相对比较平均，这样的分布有利于评价的公平性，不将单一科学内容作为科学探究试题的载体，避免由于学生对各部分科学内容的掌握程度存在差异，影响对其科学探究能力的评价。

(5) 五年中各地区对“课程标准”中明确标有“探究”二字的内容考查分值占比越来越大，并且前几年各地区主要考查“探究电流与电压、电阻的关系”，近年来越来越多的地区考查“探究凸透镜成像的规律”，评价重点从电学部分转移到光学部分。

(6) 五年中 30 个地区对“学生必做实验”的考查，在 2008 年、2010 年、2012 年、2014 年对“测量小灯泡的电功率”这一项的考查占比较高，而 2016 年，对“探究凸透镜成像的规律”的考查占比较高，由重点考查电学内容到重点考查光学内容，与对“探究条目”的考查情况变化是相同的。

(7) 科学探究试题大部分素材来源于“课堂教学”与“课外实验或小制作”，对“科技前沿”“时事热点”“生活现象”这三类素材的使用较少。

(8) 这样的情况反映出科学探究试题处于考查学生“课堂教学”中学生已经接触过的科学探究过程，以及与“课堂教学”中相似的科学探究过程——“课外实验或小制作”，试题中出现的问题是学生已经在课堂中探究过的问题，大部分是对物理问题进行的简单重复探究，很难真正评价学生从“科技前沿”“时事热点”“生活现象”中发现问题的能力以及学生的实验创新能力。

综上，本书通过对 150 份样本试卷的研究反映出中考物理试题中的科学探究试题对学生科学探究能力的评价更加注重考查学生的实验设计能力、处理实验数据能力、分析推理能力、归纳总结能力，而对学生的发现问题能力、实验创新能力、动手操作能力的评价还不足。

常用的评价科学探究能力的方法有四种：现场观察、工作单、计算机模拟和纸笔测验。①现场观察指教师对学生的探究进行直接观察，并根据预先制定的评分标准进行评价，如物理、化学实验操作考试，由于现场观察所需的人力、物力、时间等成本的限制，现场观察比较适用于小规模评价；②工作单指让学生把探究的过程和结果记录在工作单上，然后教师根据评分标准来进行评价，类似于实验报告的形式，这种类型的评价方式可能会过于结构化，限制高水平学生的灵活性发挥，有利于低水平学生的发挥，其公平性有待研究；③计算机模拟指使用计算机模拟情境进行探究，学生在计算机模拟情境中操作鼠标即可，计算机自动对学生的操作进行打分，有着开发成本高、运行成本低、及时评分、及时反馈、便于保存的特点；④纸笔测验指以书面形式进行的测验，开发成本和运行成本都较低，可以大规模进行，评分信度高。对于科学探究能力的四种评价方式，有研究者认为现场观察最有效，但成本最高，出于对成本、可交换性、公平性等问题的考虑，对科学探究能力的评价方式依然以纸笔测验为主(罗国忠，2006)。但由于纸笔测验无法有效考查学生在“交流与合作”这一要素的能力以及学生在“进行实验与收集证据”中的动手操作能力，所以在以纸笔测验进行评价为主的同时，以其他考查方式为辅进行考查，综合考虑各因素，认为以现场观察的形式配合纸笔测验较合适，这也是目前一些地区正在使用的方式：中考设置有物理纸笔测验以及物理实验操作考试。

对于当前的这种物理纸笔测验与物理实验操作考试相结合的形式，需要在物理实验操作中着重考查学生发现问题、动手操作、评价交流的能力，改善当前着重考查与“课堂教学”简单重复的物理问题，从这一方面加强对学生创新能力的评价。另外，纸笔测验中的试题素材更加注重情境性。统计分析发现科学探究试题很少采用“科技前沿”“时事热点”“生活现象”这三类素材进行命题。“从生活走向物理，从物理走向社会”是物理新课程改革的重要理念之一。物理来源于生活，与生活、社会紧密相连，在日常生活和科学技术中有着广泛的应用，极大地影响着社会的发展。评价学生的科学探究能力需要尽可能地向学生呈现真实的情境，学生出于解决实际问题的需要进行答题，在解决实际问题的过程中评价其科学探究能力；目前科学探究试题对“提出问题”这一科学探究要素的考查并不多，但学生发现问题和表述与物理有关的科学问题的能力却非常重要，一定程度上发现问题比解决问题的能力更能体现学生的科学素养，因此，在以后对学生科学探究能力的评价中，可以加强对“提出问题”这一要素的考查，重视学生发现问题的能力培养。

参 考 文 献

高岱亮. 2017. 科学探究中“分析与论证能力”评价要素的探讨[J]. 物理通报, (2): 101-103.

郭玉英. 2005. 学生的科学探究能力: 国外的研究及启示[J]. 课程·教材·教法, 5(7): 93-96.

李春密, 梁洁, 蔡美洁. 2004. 中学生科学探究能力模型结构初探[J]. 课程·教材·教法, 24(6): 86-90.

罗国忠. 2006. 国外科学探究能力评价研究综述[J]. 考试与评价, 11(7): 19-21.

罗国忠. 2007a. 初中生科学探究能力评价方式的比较研究[D]. 重庆: 西南大学博士学位论文: 20-78.

罗国忠. 2007b. 对科学探究能力引导式评价的研究[J]. 上海教育科研, (1): 61-63.

罗国忠. 2007c. 基于纸笔测验的科学探究能力评价的有效性研究[J]. 上海教育科研, (10): 51-54.

罗国忠. 2007d. 基于工作单的科学探究能力评价的有效性研究[J]. 课程·教材·教法, (11): 69-73.

罗国忠. 2008a. 基于公平视角的科学探究能力评价研究[J]. 课程·教材·教法, (8): 59-62.

罗国忠. 2008b. 英国 APU 的科学探究评价案例简析[J]. 上海教育科研, (8): 63-65.

王晶莹, 郭东辉. 2012. 中小学生科学探究能力评价的国际比较[J]. 中国教师, (19): 70-73.

朱行健. 2007. 国家教育评价中的科学探究能力测评简介和启示[J]. 课程·教材·教法, (2): 89-91.

第 6 章　英国基于标准的物理学业评价

英国作为世界上率先完成工业革命的国家，迅速发展成为世界头号强国，极大地影响了近代世界历史的发展。一个国家的强大，原因是多方面的，其中教育发挥着重要作用。英国的教育在世界上一直备受关注，无论是对教育理论还是教育实践都产生了深远的影响，尤其是高等教育的质量在全世界都享有较高的声誉。高等教育的成功不仅需要依托基础教育对学生综合素质的培养，更需要合理的评价方式和人才选拔制度，让真正有能力、高素质的学生得到相应的发展机会。由此便不得不思考，教育评价虽形式多样、方法各异，但到底怎样的评价方式才更合理？英国的考试评价又具有怎样的特点？本章将在概述英国教育发展历程的基础上，以英国普通教育证书(general certificate of education, GCE)物理考试为例，通过课程标准、考试大纲、考试题目的分析和比较，探讨英国基于标准的物理学业评价特征。

6.1　英国基础教育概述

6.1.1　英国近现代教育发展沿革

19 世纪以前，英国的教育主要由教会和慈善团体承办，政府对教育的干预很少。随着资本主义的发展，社会生产方式的改变，科学技术在生产中的广泛应用，对劳动者的要求进一步提高，为适应社会发展需求，1870 年英国颁布了《初等教育法》(又称《福斯特法案》)。该法案建立了公共的初等教育制度和由地方教育委员会负责的教育督导制度，促进了英国初等义务教育的实施，形成了英国教育史上公立学校与教会学校并存的初等教育制度，被视为英国教育发展的一个里程碑(王璐，2010)。进入 20 世纪后，生产力进一步发展，普及初等教育已无法满足社会生产对劳动者文化素质和知识技能的更高要求，因此中等教育的普及显得至关重要。1902 年，英国议会通过了《1902 年教育法》(又称《巴尔福法案》)，结束了教育的混乱状态，建立起了国民教育体制。在统一的教育体系下，英国政府和地方教育部门新建了许多中等学校，为更多的国民提供了接受更高级别的教育机会，在一定程度上促进了中等教育的发展(曹爱萍，2012)。《1944 年教育法》作为英国现代教育制度的基础，设立了教育部作为全国教育行政机构，加强国家对教育的控制和领导；确立了英国的基本学制，建立起由初等教育、中等教育和继续教育三个循序渐进的公共教育制度；规定 5～15 岁为中小学免费义务教育阶段。英国是一个崇尚自由主义的联邦制国家，地方教育部门和学校具有较大的自主权，学校可以自由选择各高校或教育机构开发的教材和考试。但自 20 世纪 80 年代开始，联邦政府逐渐加强对教育的干预，1981 年颁布的《学校课程》(*School Curriculum*)首次以联邦政府名义明确提出课程目标和关于中学课程开设的建议，并逐步实行单一考试制度。1987 年欧洲共同体颁布的《欧洲统一条例》促使英国联邦政府重视中央政府对教育事务缺乏决定权和没有全国统一实施课程的问题(当时欧洲共同体其他国家全部实施了国家统一课程)。《1988 年教育改革法》(1988 *Education Reform Act*)颁布，并对课程制度、考试制度、学校管理体制进行相应改革，要求设立全国统一课程和全国统一测试，把课程的许多决策权给了中央政府。在此背景下，为加强国家课程的实施及对国家课程实施的监督，英国联邦政府成立了全国课程委员会(National Curriculum Committee，NCC)，监督全国公立学校课程的实施等。20 世纪 80 年代，课程改革的另一项措施是推行统一考试。

1997 年，英国工党开始执政，为迎接 21 世纪的挑战，培养更具国际竞争力的新一代国民，如何改革基础教育成为政府极为关注的问题。托尼·布莱尔当选首相后，以在西方政治哲学的“新自由主义”和“社会民主主义”之间，在追求效率与追求平等之间，在增长与协调之间寻求一条中间道路即“第三条道路”为执政理念。教育部下属的资格与课程局(Qualifications and Curriculum Authority，QCA)于 2000 年正式颁布新的国家课程标准——《课程 2000》。本次课程标准的出台，强调了课程的相互包容以及课程的统一性与灵活性，为提高学生各种基本素质，着眼于为学生未来生存做准备。21 世纪的发展日新月异，在《课程 2000》的实施过程中，越来越多的问题被显露出来，课时和资源分配不均，学生多项能力发展不足，国际评测效果不佳等，都需再一次全面地进行课程改革。2014 年，英国政府部门资格与考试管理办公室又发布了新的国家课程标准。此次课程标准的变化主要体现在三个方面：①改变了部分基础学科的门类和名称；②对国家课程评价体系做了相关调整；③国家课程标准的框架结构更完善、更清晰，对教师教学的指导更具体(郭爵湘，2015)。各机构的教育考试也做了相应的调整。英国基础教育整体进入基于标准(大纲)的教学实践和学业评价阶段。

6.1.2　英国学制

经过历史上多次的改革与完善，英国的教育体系日趋成熟，以其全面性和独特性被世界许多国家所借鉴。英国的现行学制是在《1944 年教育法》的基础上建立的，包括学前教育、义务教育、继续教育和高等教育四个阶段，其中义务教育阶段是 5～16 岁。英国学校种类众多，除公共教育体系下的公立学校和接受国家补助的学校外，还有独立学校系统。独立学校系统是指不直接接受公款补助的全日制学校，主要包括私立幼儿园、预备学校和公学。

英国的义务教育分为两个阶段，分别是小学教育(5～11 岁)和中学教育(11～16 岁)，见表 6-1。小学学校分为私立、公立和教会小学三种，公立和教会小学接受政府资助实行免费教育，这三种学校在教育制度、生源等方面的差别和界限较小(黄永红，2011)。中等教育阶段的学校包括公立中学和属于独立学校系统的私立学校。公立中学主要有综合中学、文法学校、现代中学、城市技术学院等类型，其中综合中学是英国中等教育学校中最主要的类型。根据《1988 年教育改革法》，义务教育阶段开设统一的国家课程，根据课程设置将义务教育又划分为如表 6-2 所示的四个关键阶段(key stage，KS)。学生在每个阶段结束后要参加全国性考试以检验学习成果。小学阶段学生在 Year 2 学期末会参加英语、数学和科学的考试；之后直到 Year 6 的学年底，所有学生会参加 National Curriculum Tests(小学结业考)，也叫“Sats”(standard assessment tasks)考试。中学阶段课程选择很丰富，学生除了必修课，还可以选修 5～8 门自己感兴趣的课程，并在 Year 10、Year 11 参加英国中考，取得相应证书，即普通中等教育证书(general certificate of secondary education，GCSE)。

表 6-1　英国学段划分

学段	学前教育	义务教育		继续教育(高中)	高等教育
		小学	中学		
年龄	3～5 岁	5～11 岁	11～16 岁	16～18 岁	18～22 岁
学年	—	Year1～Year 6	Year7～Year11	Year12～Year13	—

表 6-2　英国义务教育学段划分

学段	KS1	KS2	KS3	KS4
年龄	5～7 岁	7～11 岁	11～14 岁	14～16 岁
学年	Year1～Year2	Year3～Year6	Year7～Year9	Year10～Year11

《1988 年教育法》对初等教育、中等教育和继续教育有明确规定，继续教育是中等教育之后的非高等教育的继续学院教育（翟海魂，2004）。继续教育学院既进行普通教育也进行职业教育，学生毕业后可升入高校继续学习，也可以直接就业。该阶段的学习也被称为大学预科教育，对应 KS5 学段。学生毕业后可参加高级水平普通教育证书（general certificate of education advanced level，GCE A-Level）考试、国家职业资格认证（national vocational qualification，NVQ）考试、高级水平文凭（advanced diploma）考试等。

作为世界大学发源地之一，英国一直以高等教育的繁荣兴盛而闻名于世。与其他国家不同，英国没有高等教育入学考试，学生凭中学阶段的证书或考试成绩申请进入大学。所以中学阶段的考试就显得非常重要，其中影响力最大的便是 GCE 考试。

6.1.3　英国 GCE 考试

GCE 考试是英国普通教育证书（general certificate of education）考试的简称，其中高级水平（advanced-level，A-Level）是英国高中学生毕业、求职、升学的主要依据，其作用类似于中国高考。GCE A-Level 考试由两部分组成：AS（advanced subsidiary-level，高级辅助水平）水平和 A2（A 水平的第二部分）水平，同一门学科的 AS、A2 考试都合格后才能拿到该学科的 GCE A-Level 证书。学生在高中阶段一般会选择 3～4 门课程，完成第一年的学习后，通过考试即可获得 AS 水平证书。AS 水平证书既是 A-Level 证书的一部分，也是具有独立价值的证书，在取得该证书之后学生可以继续学习 A2 阶段的课程，也可以另学其他课程。

为英国本土提供 GCE A-Level 考试的服务机构主要有五个：AQA（Assessment and Qualifications Alliance，资格评估与认证联合会）、OCR（Oxford，Cambridge and RSA Examinations，牛津、剑桥和 RSA 考试局）、Edexcel（爱德思国家职业学历与学术考试机构）、CCEA（Northern Ireland Council for the Curriculum，Examiontions and Assessment，北爱尔兰教学大纲、

考试与评估委员会）、WJEC（Welsh Joint Education Committee，威尔士联合教育委员会）。它们都是非官方组织，其中规模较大且比较具有代表性的是 AQA 和 OCR。不同的考试机构会根据国家课程相关文件编写不同的教材和制定不同的考试大纲。学生可以根据自己的需要选择不同的机构参加考试，各考试机构都制定了比笔试测验和操作考试更为详细的评价标准①。这些标准需要符合国家统一课程标准并且受资格与课程局（QCA）的监督。

6.2　英国物理课程标准和 OCR 物理考试大纲

6.2.1　英国科学（物理）课程标准解读与比较

2014 年 4 月英国教育部颁布了新的 GCE 考试 AS 和 A 级水平科学学科资格证书主题内容，它是对 KS5 学段科学课程学习的总体规划和基本要求呈现，因此可以认为该文件是英国现行高中阶段的科学课程标准。为了更加全面了解英国是否是基于标准进行考试的，或者说是如何实施基于标准的考试，下文将 2014 年版和 2011 年版科学课程标准从整体框架、物理学科内容两方面进行解读与比较②。表 6-3 为两版英国高中科学课程标准框架对比。

表 6-3　两版科学课程标准框架对比

2011 年版课程标准		2014 年版课程标准	
1. 前言		1. 前言	
2. 课程目标		2. 课程目标	
3. 规范内容		3. 学科内容	
4. 评价目标		4. 附件	附件一　生物学知识和理解
5. 评价方案			附件二　化学知识和理解
6. 附件	附件一　生物学知识和理解		附件三　物理学知识和理解
	附件二　化学知识和理解		附件四　心理学知识和理解
	附件三　物理学知识和理解		附件五　科学工作
	附件四　心理学知识和理解		附件六　数学要求及实例

① Qualifications and Curriculum Authority. GCE A level performance descriptions for physics[EB/OL]. [2018-12-10]. http: //www. ofqual. gov. uk/downloads/.

② 2011 年英国教育部下属的资格与考试管理办公室发布“GCE AS and A Level Subject Criteria for Science”（GCE AS 和 A 水平考试科学学科标准），2014 年英国教育部名义发布“GCE AS and A Level Subject Content for Biology, Chemistry, Physics and Psychology”（生物、化学、物理和心理学 GCE AS 和 A 水平考试学科内容），两个文件的地位和内容相当于课程标准，所以选取这两个文件作为英国课程标准来分析。

续表

2011 年版课程标准		2014 年版课程标准
6. 附件	附件五　地质学知识和理解 附件六　电子学知识和理解 附件七　环境科学知识和理解 附件八　科学课程中的数学内容	

由表 6-3 可以看出，与 2011 年版课程标准的六个部分组成相比，2014 年版共四部分，删除了评价目标和评价方案两部分。比较两个版本的课程目标（表 6-4）可以看出，两版标准的课程目标差异不大，都比较注重培养学生的兴趣和不同领域知识的融合以及联系社会实际。2014 版课程标准中还增加了一条：培养解决实践问题、运用数学的能力、提高其自信心。

表 6-4　两版科学课程标准的课程目标对比

2011 年版课程目标	2014 年版课程目标
1. 培养学生对该主题的兴趣和热情，包括培养对该学科的进一步学习和职业兴趣	1. 发展必要的知识，了解不同领域的主题以及它们之间的相互关系
2. 了解社会如何就科学问题作出决定，以及科学如何为经济和社会的发展作出贡献	2. 深刻理解科学知识，并能展示相关科学技能
3. 培养和展示学生对科学工作的技能和对知识更深层次的理解能力	3. 培养解决实践问题和运用数学的能力，提高其自信心
4. 发展必要的知识和了解不同领域的主题，以及它们的相互关系	4. 培养学生对这门学科的兴趣和热情，包括对与这门学科相关的进一步学习和职业发展产生兴趣
	5. 了解社会，领悟科学决策的路径

2011 年版课程标准的第三部分“规范内容”与 2014 年版课程标准第三部分“学科内容”均是对 AS 水平和 A 水平等级考试的具体说明，主要包括申请条件、学科内容基本要求、科学工作要求等。值得注意的是，学科内容基本要求规定 AS 水平和 A 水平证书考试至少分别包含课程标准中 AS 级和 A 级主题内容的 60%，同时必须达到相应附件中所列出的数学要求。

两版课程标准都在附件中列出了各学科的主题内容，由表 6-3 可以看出，2014 年版课程标准删除了地质学、电子学、环境科学三门学科，增加了附件五的“科学工作”，该附件内容是对学生实验技能的要求，通过直接和间接测评的方式对学生独立思考、实验操作、研究方法、设备使用等方面进行考评。

综上对两版科学课程标准框架的比较可以看到，2014 年版课程标准整体结构和科目数量都有所删减，那么物理学科主题内容是否也有所删减？表 6-5

是2011年版和2014年版科学课程标准中物理学科主题内容的对比。

表6-5　两版课程标准中物理学科主题内容对比

2011年版课程标准			2014年版课程标准		
一级主题	二级主题	知识条目数量	一级主题	二级主题	知识条目数量
1. 物理规范	1.1 物理规范	4	1. 物理规范与标矢性	1.1 物理规范	4
2. 力学	2.1 矢量	3		1.2 矢量与标量	4
	2.2 运动学	3	2. 力学	2.1 运动学	3
	2.3 动力学	3		2.2 动力学	3
	2.4 功与能	3		2.3 能源	3
	2.5 动量*	3		2.4 动量	3
	2.6 圆周运动*	1		2.5 圆周运动*	2
	2.7 振动*	5		2.6 振动*	2
3. 电学	3.1 电流	1		2.7 物质的力学特征	2
	3.2 电路	3	3. 电学	3.1 电流	1
	3.3 电动势和电位差	2		3.2 电动势和电位差	2
	3.4 电阻	4		3.3 电阻	3
	3.5 电容*	3		3.4 直流电路	4
	3.6 波	3		3.5 电容*	3
4. 物质	4.1 分子动理论	4	4. 波	4.1 波	3
	4.2 内能	2	5. 物质*	5.1 分子动理论*	3
5. 量子与核物理	5.1 光子	2		5.2 内能*	2
	5.2 粒子	2	6. 量子与核物理	6.1 光子和粒子	3
	5.3 核衰变*	5		6.2 核衰变*	5
	5.4 核能*	4		6.3 核能*	3
6. 场	6.1 力场(重力场与电场)*	5	7. 场*	7.1 力场(重力场与电场)*	6
	6.2 磁场*	1		7.2 磁场*	1
	6.3 磁通与电磁感应*	3		7.3 磁通和电磁感应*	3
	AS主题数量 / A2主题数量			AS主题数量 / A2主题数量	
合计	14 / 9	69	合计	13 / 10	68
	23			23	

注：带*为A2阶段主题内容。

通过表 6-5 的比较，发现两版物理学科的主题内容差别不大，2014 年版在 2011 年版的基础上对 AS 和 A2 主题内容和具体知识条目两方面有少量调整。第一，2014 年版将“波”单独列为一级主题，不再归属于原来的电学范畴。第二，2014 年版的 A2 主题内容去掉了“动量”，新增了“分子动理论”和“内能”两部分。第三，具体知识内容方面，2014 年版的二级主题中增加了“物质的力学特征”，而“振动”对应的知识条目数量减少了三条。第四，知识条目数量上，2014 年版比 2011 年版减少了一条。

6.2.2　OCR 物理考试大纲解读与比较

新的国家课程标准颁布之后，考试机构需要根据新的标准制定考试大纲，2015 年 OCR 发布了新的 AS 水平和 A 水平考试大纲，并于当年开始实施。2016 年和 2017 年根据新的考试方案，首次对 AS 水平和 A 水平考试进行评估。考试大纲直接关系着考试内容，影响着考试结果，那么基于不同版本课程标准制定的考试大纲又有哪些异同呢？以下内容将从评价方案和主题内容两方面对新旧两版考试大纲进行比较。

通过表 6-6 和表 6-7 的对比可以看出，新旧两版考试大纲的评价方案有较大差异，具体表现如下。

表 6-6　2013 年 OCR A-Level 考试方案

等级	试卷	总分	时间/min	AS 比重/%	A-Level 比重/%
AS	G481：力学	60	60	30	15
	G482：电子、波和光子	100	105	50	25
	G483：物理实验技能 1	40	课程作业	20	10
A2	G484：牛顿世界	60	75		15
	G485：场、粒子和物理前沿	100	120		25
	G486：物理实验技能 2	40	课程作业		10

表 6-7　2015 年 OCR A-Level 考试方案

等级	试卷	考试范围	总分	时间/min	比重/%
AS	物理学广度	模块 1～4	70	90	50
	物理学深度	模块 1～4	70	90	50
A-Level	模型物理	模块 1，2，3，5	100	135	37
	探索物理	模块 1，2，4，6	100	135	37
	统一物理	模块 1～6	70	90	26
	实验操作	12 次实践活动			

2013 年版考试大纲将考试内容分为五个单元，分别是力学，电子、波和光子，牛顿世界，场、粒子和物理前沿，物理实践技能。其中力学，电子、波和光子两个单元为 AS 等级的学习内容，每年五月下旬或六月上旬考试；牛顿世界，场、粒子和物理前沿两个单元为 A2 等级的学习内容，每年六月中下旬笔试考试；物理实践技能既为 AS 等级的学习内容，也为 A2 等级的学习内容，在 AS 等级和 A2 等级的考试中均以课程作业的方式进行考查。若要取得 A-Level 等级证书则该五个单元均要学习。

2015 年版考试大纲对知识板块和考查方式都做了较大的调整。首先是将考试内容重新分为了六个模块：物理实验技能发展，物理基础，力和运动，电子，波和光子，牛顿世界与天体物理学，粒子和医学物理。其次是考试不再以单元为主要划分，综合性考试特点突出。将前四个模块作为 AS 等级证书的考试内容，于每年五月下旬和六月上旬分为“物理学广度”和“物理学深度”两套试题进行测试；而 A-Level 等级证书考试范围则包括以上所有模块，分“模型物理”“探索物理”“统一物理”三套试题，并于每年六月中下旬考试，关于实验操作技能，则明确要求通过 12 次实践活动进行过程性评价。

2015 年版和 2013 年版考试大纲除考试方案有较大差别外，课程主题内容也有所不同。表 6-8 为两版考试大纲主题内容对比。

表 6-8　两版考试大纲主题内容对比

2013 年版考试大纲			2015 年版考试大纲		
一级主题	二级主题	三级主题	一级主题	二级主题	三级主题
1.力学	1.1 运动	1.1.1 物理量和单位	1. 物理实验技能发展	1.1 纸笔测验实验技能	1.1.1 计划
		1.1.2 标量和矢量			1.1.2 实施
		1.1.3 运动学			1.1.3 分析
		1.1.4 直线运动			1.1.4 评估
	1.2 力与运动	1.2.1 力	2. 物理基础	2.1 物理量和单位	2.1.1 物理量
		1.2.2 非线性运动			2.1.2 国际制单位
		1.2.3 平衡		2.2 测量和数据分析	2.2.1 测量与估读
		1.2.4 汽车安全		2.3 量的性质	2.3.1 标量与矢量
	1.3 功和能	1.3.1 功和能量守恒	3. 力与运动	3.1 运动	3.1.1 运动学
		1.3.2 动能和势能			3.1.2 直线运动
		1.3.3 功率			3.1.3 抛物线运动
		1.3.4 弹簧和材料的性能		3.2 运动和力	3.2.1 动力学

续表

2013 年版考试大纲		
一级主题	二级主题	三级主题
2. 电子、波和光子	2.1 电流	2.1.1 电荷与电流
	2.2 电阻	2.2.1 电路符号
		2.2.2 电动势和电位差
		2.2.3 电阻
		2.2.4 电阻率
		2.2.5 功率
	2.3 直流电路	2.3.1 串联和并联电路
		2.3.2 实际电路
	2.4 波	2.4.1 波动
		2.4.2 电磁波
		2.4.3 波的干涉
		2.4.4 驻波
	2.5 量子物理	2.5.1 光子能量
		2.5.2 光电效应
		2.5.3 波粒二象性
		2.5.4 原子能级
3. 牛顿世界	3.1 牛顿定律和动量	3.1.1 牛顿运动定律
		3.1.2 碰撞
	3.2 圆周运动和振动	3.2.1 圆周运动
		3.2.2 引力场
		3.2.3 简谐振动
	3.3 热学	3.3.1 固体、液体和气体
		3.3.2 温度
		3.3.3 材料热性能
		3.3.4 理想气体
4. 场、粒子和物理前沿	4.1 电场和磁场	4.1.1 电场
		4.1.2 磁场
		4.1.3 电磁感应
	4.2 电容和指数衰减	4.2.1 电容器
	4.3 核物理	4.3.1 原子核

2015 年版考试大纲		
一级主题	二级主题	三级主题
3. 力与运动	3.2 运动和力	3.2.2 非匀加速运动
		3.2.3 力的平衡
		3.2.4 密度和压强
	3.3 功、能量和功率	3.3.1 功和能量守恒
		3.3.2 动能和势能
		3.3.3 功率
	3.4 弹性材料	3.4.1 弹簧
		3.4.2 物质的机械特性
	3.5 牛顿三定律和动量	3.5.1 牛顿运动定律
		3.5.2 碰撞
4. 电子、波和光子	4.1 电荷与电流	4.1.1 电荷
		4.1.2 平均漂移速度
	4.2 能量、电功率和电阻	4.2.1 电路符号
		4.2.2 电动势和电势差
		4.2.3 电阻
		4.2.4 电阻率
		4.2.5 电功率
	4.3 电路	4.3.1 串联和并联
		4.3.2 内阻
		4.3.3 分压元件
	4.4 波	4.4.1 波的运动
		4.4.2 电磁波
		4.4.3 光的叠加
		4.4.4 驻波
	4.5 量子物理	4.5.1 光子
		4.5.2 光电效应
		4.5.3 波粒二象性
5. 牛顿世界与天体物理学	5.1 热物理学	5.1.1 温度
		5.1.2 固体、液体和气体
		5.1.3 材料的热性能
		5.1.4 理想气体

续表

2013 年版考试大纲			2015 年版考试大纲		
一级主题	二级主题	三级主题	一级主题	二级主题	三级主题
		4.3.2 基本粒子		5.2 圆周运动	5.2.1 圆周运动的动力学
	4.3 核物理	4.3.3 放射现象			5.2.2 向心力
		4.3.4 核裂变与核聚变			5.3.1 简谐振动
4. 场、粒子和物理前沿		4.4.1 x 射线		5.3 振动	5.3.2 简谐振子的能量
	4.4 医学物理	4.4.2 医学诊断方法			5.3.3 阻尼振动
		4.4.3 超声波			5.4.1 点和球的质量(质点)
	4.5 宇宙模型	4.5.1 宇宙结构	5. 牛顿世界与天体物理学		5.4.2 万有引力定律
		4.5.2 宇宙的演化		5.4 引力场	5.4.3 行星运动
5. 物理实践技能	5.1 实践技能 1（AS 水平）				
	5.2 实践技能 2（A2 水平）				5.4.4 引力势和能量
合计	18	50			5.5.1 天体
				5.5 天体物理与宇宙学	5.5.2 恒星发出的电磁辐射
					5.5.3 宇宙学
					6.1.1 电容器
				6.1 电容器	6.1.2 能量
					6.1.3 电容器充放电
					6.2.1 点和球电荷
				6.2 电场	6.2.2 库仑定律
					6.2.3 均匀电场
					6.2.4 电能和能量
					6.3.1 磁场
			6. 粒子和医学物理	6.3 电磁学	6.3.2 带电粒子运动
					6.3.3 电磁学
					6.4.1 原子核
				6.4 核物理与粒子物理	6.4.2 基本粒子
					6.4.3 放射性
					6.4.4 核聚变
					6.5.1 使用 X 射线
				6.5 医学成像	6.5.2 医学诊断方法
					6.5.3 利用超声波
			合计	24	72

通过表 6-8 的对比可以看出，2015 年版考试大纲主题数量变多，其中二级主题 24 个，三级主题 72 个，分别比 2013 年版考试大纲多了 6 个和 22 个。将两版大纲二级主题下的主题内容进行逐一对比后发现，2015 年版大纲新增了“纸笔测验实验技能”“物理量和单位”“测量和数据分析”“量的性质”“弹性材料”和“引力场”六个主题。

6.2.3 课程标准与 OCR 考试大纲比较

通过前文分别对新旧两版课程标准和考试大纲主题内容的对比可以看出，虽不同版本对所学内容的要求有所不同，但整体差异不大。那么课程标准与考试大纲对知识内容的要求又是否一致？下面以2014年版课程标准与2015年版考试大纲中的二级主题“运动学”为例，分别从两个对应系列的课程标准与考试大纲进行对比(表 6-9)。

表 6-9 新版课标与新版大纲“运动学”主题内容对比

2014 年版课程标准			
一级主题	二级主题	三级主题	具体内容
2. 力学	2.1 运动学		2.1.1 匀加速运动的图示 2.1.2 运动方程在一维匀速或加速度下的应用 2.1.3 运动速度和位移图像的解释
2015 年版考试大纲			
一级主题	二级主题	三级主题	具体内容
3. 力与运动	3.1 运动	3.1.1 运动学	A.位移、瞬时速率、平均速率、速率和加速度 B.位移、速率、速度和加速度图形表示 C.位移-时间图像，斜率表示速度 D.速度-时间图像，斜率表示加速度
		3.1.2 直线运动	(1)匀变速直线运动方程与自由落体运动：$v=u+at$，$s=\frac{1}{2}(v+u)t$，$s=ut+\frac{1}{2}at^2$，$v^2=u^2+2as$ (2)观察物体运动和碰撞的技术和程序 A.掌握使用光电门和电磁铁测量重力加速度 g B.反应时间和思考距离，汽车的刹车距离和停止距离
		3.1.3 抛物线运动	A.抛体运动水平分量和竖直分量的独立性 B.匀速直线运动与匀变速直线运动合成的二维运动(曲线运动)

由表 6-9 可以看到，2014 年版课程标准和 2015 年版考试大纲在“运动”这一主题下的知识内容都包括：匀变速直线运动方程和匀加速运动的图像以及利用匀

变速直线运动方程解决问题。但二者的不同点更多：①2015 年版考试大纲的“运动”部分细分到三级主题；②2015 年版考试大纲的每个三级主题下都对应着二至四条具体知识内容，“运动”部分的知识范围比 2014 年版课程标准的要广；③2015 年版考试大纲的知识分类更合理，知识点更明确。

采用以上的对比方式，对附件 2～5 中两个系列的课程标准和考试大纲进行对比，可以看到：第一，考试大纲罗列的主题范围更广。两版考试大纲二级主题中都有“天体物理”和“医学影像”，而两版课程标准中则没有。第二，考试大纲在知识结构的编排上更细化。2015 年版考试大纲将考试的知识内容分为 6 个部分，对应了 24 个二级主题，72 个三级主题，数百个知识点，2014 年版课程标准则是 6 个部分，23 个二级主题，68 个知识点。

6.3　英国 GCE 物理试题分析

为了理清英国 GCE 考试与课程标准和考试大纲之间的关系，进一步了解英国考试的特点，本节将分别基于上文中呈现的两版课程标准和考试大纲对 OCR 2013 年 6 月至 2017 年 6 月的物理试题进行分析。由于 2014 年英国教育部颁布了新的 AS 和 A 级科学课程主题内容文件(即前文中的 2014 年版课程标准)，2015 年 OCR 制定了新的考试大纲，因此 2016 年及以后的试题都是按照新考试方案命制的。鉴于此种情况，对 GCE 考试的分析有必要分别对比新旧两版课程标准和考试大纲与相应试题的情况，具体分析思路如下：分别对两个版本课程标准和两个版本考试大纲的知识内容条目按照一、二、三级主题进行分析和编码；基于课程标准和考试大纲的编码，分析汇总试卷知识点并统计其相对课程标准和教学大纲的覆盖率。

6.3.1　基于 2011 年版课程标准的 GCE 考题分析

基于 2011 年版课程标准的试题分析，选取了 2013 年 6 月至 2017 年 6 月共五年的试题。根据 2013 年版考试方案，这五年的试题均采用单元试卷形式。为了方便对比和呈现，首先对课程标准的每级主题进行编码，再逐题分析每年的四份试卷中所考查的知识点，统计每个二级主题考查频次，得到相应年份试题的主题考查频次分布图和知识覆盖率(编码表详见附录 2)。

由图 6-1 可以看出，2013～2017 年的 20 份试卷中“2.3 动力学”“3.4 电阻”“3.6 波”“6.1 力场(重力场和电场)”等主题平均考查频次较多；“3.1 电流”“6.3 磁通量与电磁感应”等主题考查频次较少。综合来看，试题考查了课程标准中的所有一级主题，知识覆盖率为 100%。值得注意的是，考查课程标准所列以外知识的频次达到了 40.2 次，涉及的知识包括：“天体物理”“宇宙模型”“应力与应变”“杨氏模量”“物质波”等内容。超出课程标准范围的知识点大多属于义务教育阶段学习，或者高中阶段拓展学习过的，这一现象说明了“标准”的意义在于“规定最基本要求”。

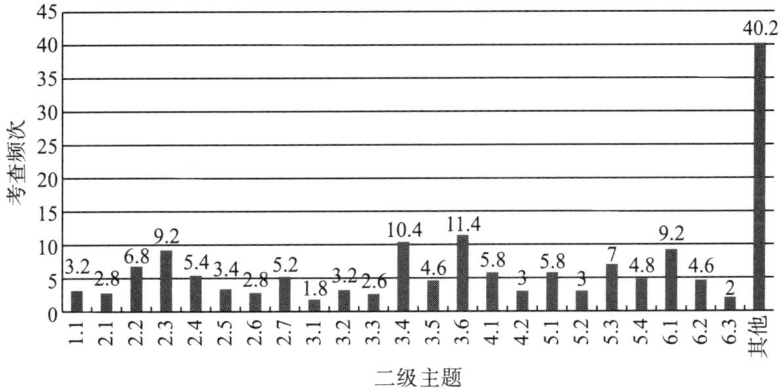

图 6-1　2013～2017 年 GCE 物理考题中二级主题考查情况

6.3.2　基于 2014 年版课程标准的 GCE 考题分析

由于 2015 年 OCR 考试方案的调整，基于 2014 年版课程标准的物理试题分析，目前只有 2016 年 6 月 AS 水平的两份试题和 2017 年 6 月 AS 水平和 A 水平的五份试题。根据 2015 年版 OCR 考试方案的规定，AS 水平考试分为“广度物理”和“深度物理”；A 水平考试分为“模型物理”“探索物理”“统一物理”。参考前面的分析方式，参考 2014 年版课程标准二级主题，分析和统计 2016 年和 2017 年这两年试题对二级主题的考查频次，进而得到考题的知识覆盖率(编码表详见附录 3)。

由图 6-2 可以看到，2016 年 6 月 AS 水平考试的两份试题中考查频次较多的主题有“2.2 动力学”“3.3 电阻”“4.1 波”等；考查频次较少的有“1.1 物理规范”“1.2 矢量和标量”“3.1 电流”“6.1 光子和粒子”等。完全没有考查到的主题有“2.5 圆周运动”“2.6 振动”“3.5 电容”“5.1 分子动理论”“5.2 内能”“6.2 核衰变”“6.3 核能”“7.1 力场”“7.2 磁场”和“7.3

磁通和电磁感应”，这些主题都属于 A2 阶段的考试范围，因此这两份 AS 试题知识考查覆盖率为 100%。其他知识的考查频次为 24 次，主要包括“物质波”“逸出功”“浮力与压强”“振幅、波长、频率的计算”等内容。

由图 6-3 可以看到，2017 年 6 月 AS 水平和 A 水平考试的五份试卷中考查频次与 2016 年 6 月大体相似，相比而言，覆盖率更高；“浮力与压强”“物质波”“弹簧”“光谱”“X 射线”“霍尔效应”等内容的考查超出课程标准范围。一级主题知识覆盖率同样是 100%，二级主题知识覆盖率为 91.3%。

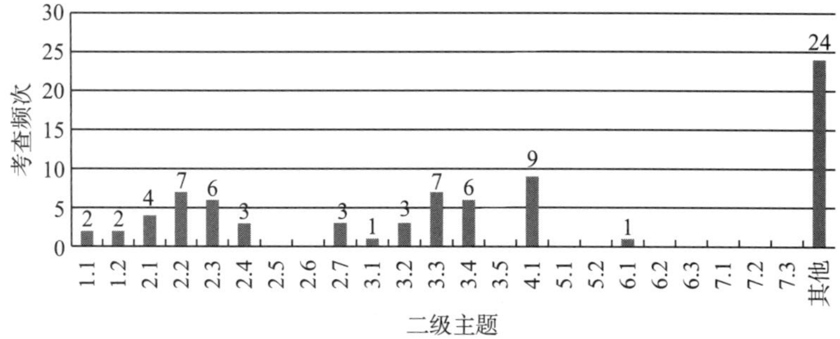

图 6-2　2016 年 6 月 AS 水平考试课标主题考查情况

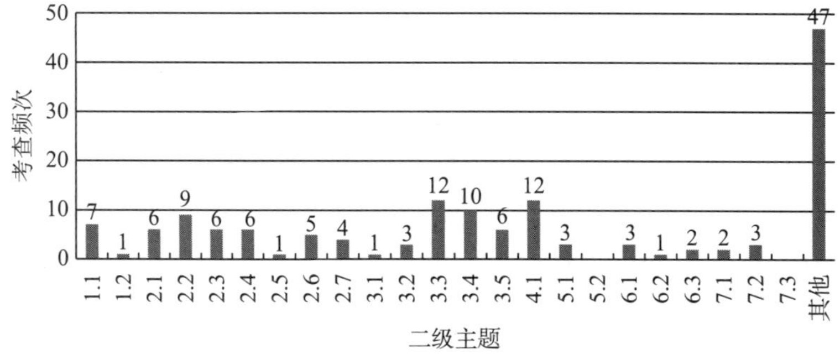

图 6-3　2017 年 6 月 AS 水平和 A 水平考试课标主题考查情况

6.3.3　基于 2013 年版考试大纲的 GCE 考题分析

考试大纲直接决定着考试的方式和内容。英国各大考试机构根据课程标准制定考试大纲，编写教材，命制试题。基于此，有必要将试题与考试大纲进行对比，归纳这两者之间又有哪些特征。参考前面的分析方式，同样对考试大纲的每级主题进行编码，再逐题分析每套试卷中考查的知识点，对照编码表统计二级主题考查频次，最后计算知识覆盖率(编码表详见附录 4)。

由图 6-4 可以看到，对 2013～2017 年的 20 份试题基于考试大纲分析得到的二级主题知识覆盖率为 100%。考查频次较高的主题有“1.1 运动”“1.3 功和能”“2.4 波”；而“2.1 电流”“4.2 电容和指数衰减”等知识主题考查频次较低。“其他”知识的平均考查频次为 1.2 次，包括“机械效率”“视角差”“反质子”“液体流速”“衰减波”等，远少于基于课程标准分析中“其他”知识的考查频次。

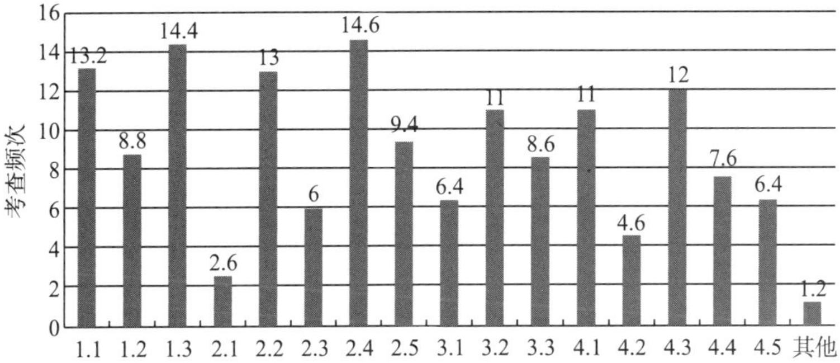

图 6-4　2013～2017 年试卷中的二级主题考查情况①

6.3.4　基于 2015 年版考试大纲的 GCE 考题分析

基于 2014 年教育部颁布的课程标准(学科内容主题)，各考试机构连续颁布了各自的考试大纲，OCR 考试中心 2015 年颁布基于新版课程标准的各学科考试大纲(详见附录 5)，基于此版考试大纲，2016 年 6 月的考试涉及 AS 水平考试，2017 年 6 月涉及 AS 水平和 A 水平考试，图 6-5 是 2016 年 6 月 AS 水平试卷中考试大纲二级主题考查频次分布情况，图 6-6 是 2017 年 6 月 AS 水平和 A 水平试卷中考试大纲二级主题考查频次分布情况。

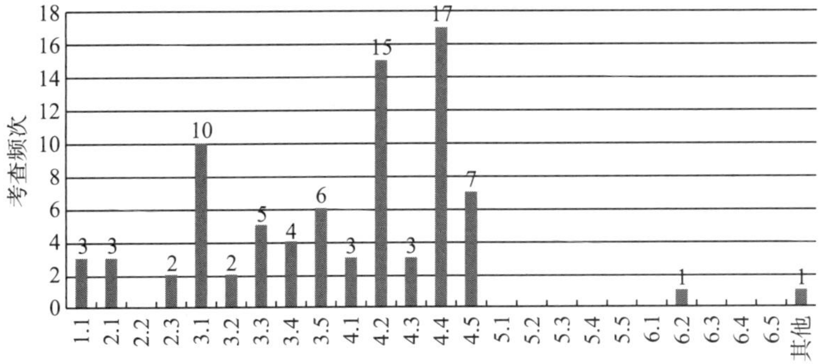

图 6-5　2016 年 6 月 AS 水平试卷中考试大纲二级主题考查情况

① 图 6-4 中横坐标序号是附录 4《英国 OCR AS 和 A-Level 物理考试大纲主题内容(2013 年)》中二级主题的序号。

由图 6-5 可以看到，2016 年 6 月 AS 水平考试的两份试卷中考查频次较高的有“3.1 运动”“4.2 能量、电功率和电阻”“4.4 波”等；考查频次较低的是“2.3 量的性质”“3.2 运动和力”“4.1 电荷与电流”“4.3 电路”“6.2 电场”等；“2.2 测量和数据分析”则在这两份试卷中均未考查。根据考试方案的规定，AS 水平考试范围为前四个一级主题的内容，对应二级主题的编码为 1.1～4.5，而在“广度物理”试卷中考到了“电场”部分的知识，属于考试大纲外的内容，该试卷的最后一题考查“阿基米德原理”属于考试大纲之外，但在 GESE 阶段是已学过的知识，故归为“其他”。在 AS 水平规定的范围内，一级主题知识覆盖率同样是 100%，二级主题知识覆盖率为 92.9%。

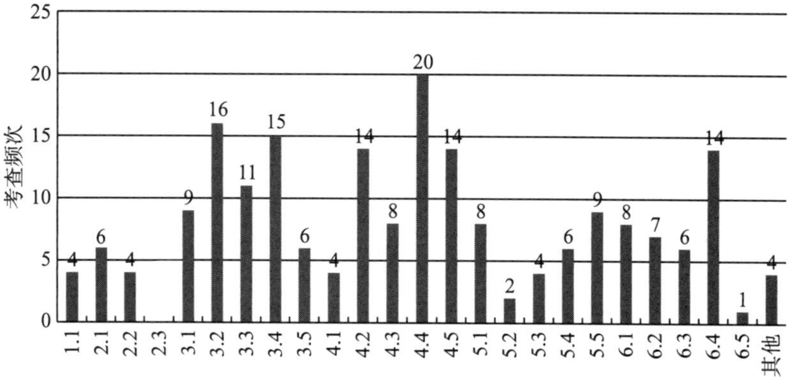

图 6-6　2017 年 6 月 AS 水平和 A 水平试卷中考试大纲二级主题考查情况

由图 6-6 可以看到，2017 年 6 月举行的 AS 水平和 A 水平考试的五套试卷中考查频次较高的有“3.2 运动与力”“3.4 弹性材料”“4.2 能量、电功率和电阻”“4.4 波”“4.5 量子物理”“6.4 原子核与核物理”；考查频次较低的是“5.2 圆周运动”“6.5 医学影像”；“2.3 量的性质”未考查。“霍尔效应”“浮力”“电荷的转移”属于考试大纲之外的其他知识。一级主题知识覆盖率同样是 100%，二级主题知识覆盖率为 95.8%。

6.4　英国 GCE 情境试题考查情况

情境试题就是题目条件是放在贴近生产生活或自然的描述中，要求学生在阅读、理解并提取相关信息的基础上，建立模型，解答题目。易克萨维耶·罗日叶团队提出情境的类型从外部观察角度分为被真实解决的自然情境、被模拟解决的自然情境、被真实解决的建构情境、被模拟解决的建构情境四类(易克萨维耶 • 罗日叶，2010)。情境试题是将试题和真实的问题情境相融合，物理学科的情境试题强调以自然界、社会生产生活、实验实践、前沿科技中存在的客观现象或过程为背景，考查学生对物理概念和规律的理解及综合应用能力。非情境试题是在几乎不涉及任何具体情境背景的情况下，直接考查学生对物理知识的掌握情况，从思维过程的角度考虑，基于真实情境的试题比一个经过简化抽象的物理问题复杂得多，非情境试题由于已经对物理现象进行了“去粗取精、去伪存真”的抽样，难以给学生抽样和想象空间(邢红军等，2017)。结合本书 3.3 节的阐述和 GCE 试题的分析，这里把情境试题从外部观察角度分为生活实际、技术应用、体育运动、科技前沿四大类。

6.4.1　情境试题统计

GCE 物理试题样本共有 20 份，每年的试卷数量和卷面总分均相同，在统计各年的情境试题考查分值时有较好的可比性。具体而言，每年的试题和分值分别为：力学 60 分，电学、波和光学 100 分，牛顿世界 60 分，场、粒子和物理前沿 100 分，四份试卷总分为 320 分。根据上述四类情境来源对试题进行分析和统计，发现两个明显特征：英国 GCE 考试较为注重试题的情境性，2013～2017 年被真实解决或被模拟解决的情境试题分值超过总分的五分之一。如图 6-7 所示，各年情境试题分值均为 50 分以上，2015 年最高，达到了 104 分，接近总分的三分之一。四类情境分布差异较大，“生活实际”类情境试题最多。由图 6-8 可以看到，2013～2017 年所有情境类型对应的考查分值由多到少依次为：生活实际、科技前沿、技术应用、体育运动。同一年内各类情境分值差异较大，如 2013 年生活实际类情境试题分值达到 47 分，技术应用类为 17 分，另两类情境则没有涉及。

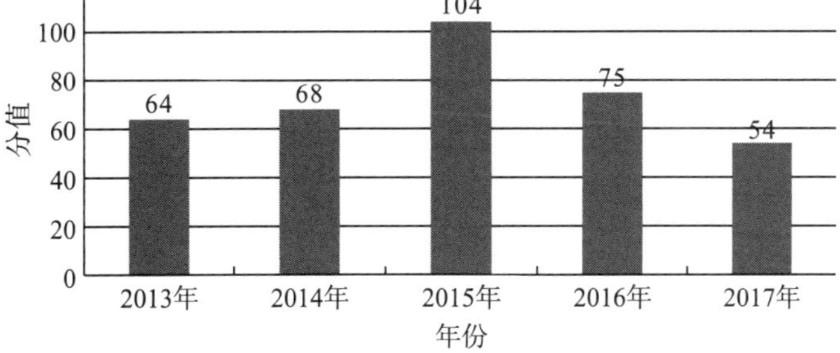

图 6-7　2013～2017 年各年情境试题分值统计图

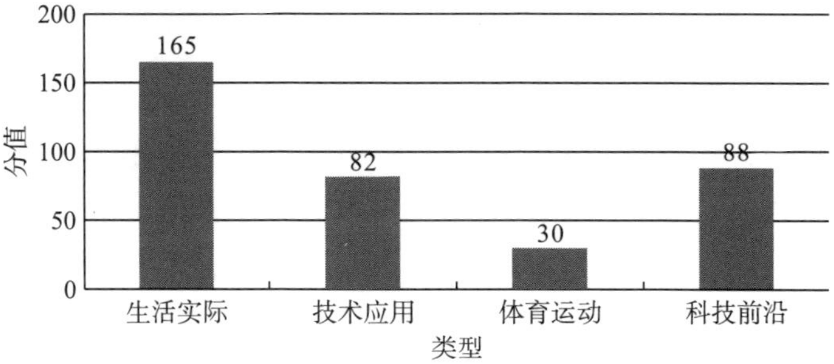

图 6-8　各类情境试题分值统计图

6.4.2　情境试题举例

1. 生活实际

例 6-1(2014 年 GCE 力学模块试题)：3(b)如图 6-9 所示为静止的缆车。车两边的缆绳与水平的夹角为 12°，缆绳半径为 2.6×10^{-2}m，承受的压强为 1.8×10^{7}Pa，缆绳材料的杨氏模量是 2.0×10^{11}Pa。

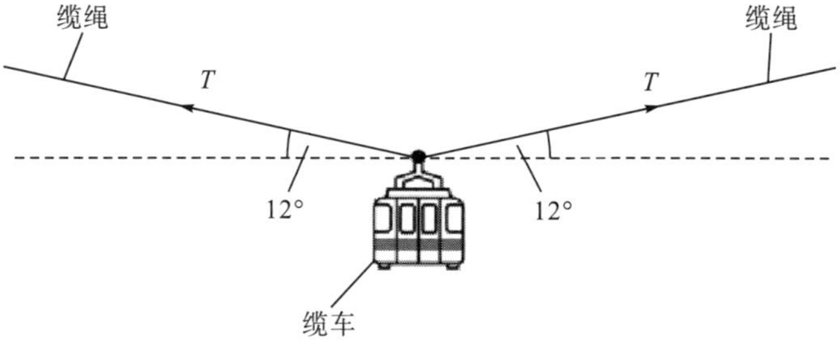

图 6-9　静止的缆车示意图

(i)计算缆绳的应变。

(ii)计算缆绳的张力 T。

(iii)计算缆车的重量。

该题以常见的缆车为背景构建情境，主要考查了受力平衡、力的合成与分解、应力与应变等知识。这类情境虽然删除了前面的背景信息，抽象为模型性试题同样可以成立，但除了压强给的值属于真实环境下无法直接测定的，其他数值均可测得，然后求解应变张力和缆车重量，所以这类试题的情境称为被模拟解决的自然情境。

例 6-2（2016 年 GCE 力学模块试题）：(a) 安全气囊是汽车重要的安全装置之一。在碰撞过程中，驾驶员的安全气囊由加速度计触发。安全气囊充气时间不到 40ms，在 0.3s 后气囊上的小孔开始泄气。

(i) 如果安全气囊没有孔，司机在碰撞中会发生什么？

(ii) 解释安全气囊如何减少对驾驶员的冲击力。

(b) 下表显示了汽车的制动距离 X 所对应的初始速度 U。

U/(m/s)	5	10	20	40
X/m	2	8	32	128

(i) 说明 X 和 U 之间的关系。

(ii) 司机的反应时间是 0.60s。计算 U=30m/s 时，汽车的制动距离。

本题是典型的生活实际类情境试题，以汽车安全知识为背景，既考查了学生的生活常识又考查了常识背后的物理知识，主要涉及动量与冲量的定性分析以及匀变速直线运动基本公式的应用。这道题目与 PISA 2015 年关于安全气囊的试题比较相似，都是立足实际，给定一些参数，利用所学知识求得制动距离等，这类试题更加接近真实情境，按照易克萨维耶·罗日叶从外部观察划分，这类试题属于被真实解决的自然情境。

2. 技术应用

例 6-3（2014 年 GCE 有关场、粒子和前沿的物理模块试题）：(a) 图 6-10 为 12 周胎儿的 B 超扫描图像。描述和解释 B 超的原理。（在你的回答中，你应该清楚如何区分不同材料之间的界限。）

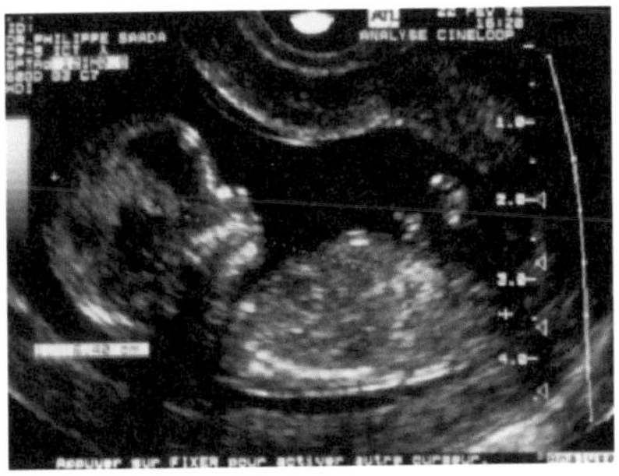

图 6-10　例题 6-3 图（一）

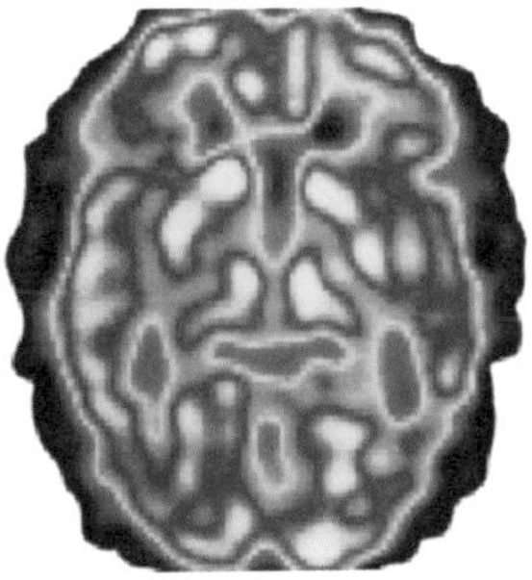

图 6-11　例题 6-3 图（二）

(b) 图 6-11 显示的是使用正电子发射计算机断层显像仪 (PET) 扫描的大脑图像。图中较亮的区域为大脑的活跃区域。氟 18 是一种常见的示踪剂，在 PET 扫描前注射到病人体内。解释 PET 扫描的基本原理，包括图像是如何形成的？

参考 6.2 节和 6.3 节内容，两版考试大纲的二级主题中都有“医学影像”部分，该部分包括使用 X 射线、医学诊断方法和利用超声波。本题即是考查学生对超声波、PET 扫描等技术应用于医疗健康的了解程度。这道题的题目如果删除前面的部分情境信息，仍然能够独立呈现，此类试题可归为被模拟解决的建构情境。

3. 体育运动

例 6-4（2016 年《力学》）：如图 6-12 所示，在坡道顶部的 X 处，一名特技演员骑着一辆威力强大的摩托车。摩托车和摩托车手的总重量为 190kg。坡道的顶部和底部之间的高度差为 25m。摩托车手用发动机加速下斜坡。他以 30m/s 的速度离开斜坡水平段的末端 Y 。

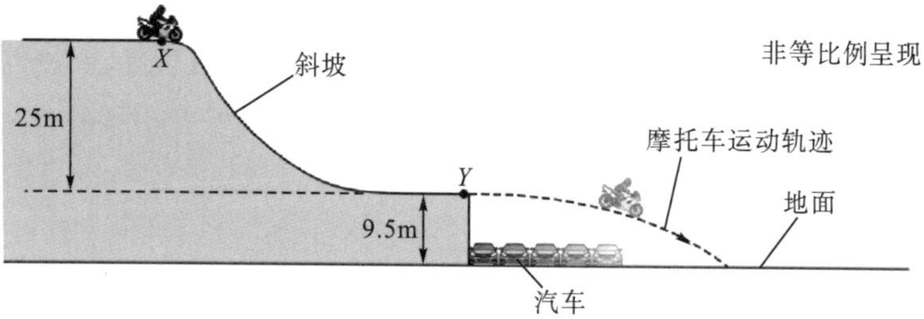

图 6-12　摩托车运动轨迹示意图

(a) 计算摩托车手和摩托车从 X 到 Y 的重力势能 E_p 的损失。

(b) 计算摩托车手和摩托车在 Y 点的动能 E_k 。

(c) 解释为什么 (b) 的答案大于 (a) 的答案。

(d) 摩托车沿斜坡从 X 到 Y 的总路程是 120m，计算摩托车发动机沿坡道提供的平均加速度。

(e) 坡道末端 Y 距地面的高度为 9.5m，摩托车离开斜坡后在空中飞行，从多辆并排的汽车上方飞过。假设空气阻力对摩托车手和摩托车的运动影响可以忽略不计。

(i) 证明摩托车从 Y 到地面的时间是 1.4 s。

(ii) 每辆车的宽度为 1.8m，估计一下这辆摩托车能越过多少辆汽车。

本题是一种常见的考查机械能守恒、平抛运动、动能定理的情境试题。以摩托车特技表演为背景构建情境，考查学生分析多过程问题、构建物理模型的能力。这道情境试题需要做一些模型化处理，如自 Y 点飞出到落地，近似看成自由落体，所以这类试题属于被模拟解决的建构情境。

4. 科技前沿

例 6-5(2014 年 GCE《牛顿世界》模块试题)：(a) 解释同步轨道一词的含义。

(b) 在一部科幻电影中，一艘宇宙飞船接近一颗名叫本扎尔的行星，本扎尔旋转周期为 1.2×10^5 s。飞船的船长命令机组人员"进入同步轨道，飞越本扎尔南极"。

(i) 用你的物理知识解释为什么遵守这个命令是不可能的?

(ii) 本扎尔的质量为 8.9×10^{25} kg，计算环绕本扎尔的宇宙飞船可能的同步轨道半径。

本题以科幻电影的情节片段及台词为切入点构建情境，属于被真实解决的建构情境，考查学生提取关键信息和分析问题的能力，利用所学的万有引力定律、同步卫星轨道、卫星运行周期等知识解释电影中的错误情节；虽是建构情境，但此类情境背景下的问题解决有利于促进学生学习物理的兴趣，达成除知识维度以外的情感价值观等方面的学习目标。

总体而言，英国基于标准的物理学业成就评价特征有以下几个方面。

第一，学业评价知识覆盖率高。英国 GCE 考试试题的知识覆盖率普遍较高，年均达到 95%以上。2013～2017 年的 GCE AS 和 A 级试题对比 2011 年版课程标准中的一级主题知识覆盖率为 100%，二级主题知识覆盖率平均为 95.68%。另外，七份 2016 年和 2017 年的试题在课程标准和考试方案修订背景下，知识覆盖率依然较高，一级主题保持着 100%的覆盖率，二级主题的平均知识覆盖率仍高达 95.65%。

第二，学业评价与课程标准、考试大纲的定位明确。学业评价范围远超课程标准所列出的内容，与考试大纲相对较为契合。基于课程标准的分析发现，平均每年不在课程标准范围内的知识考查频次约为 40 个，主要涉及天体物理、宇宙模型、应力与应变、杨氏模量、物质波等，而这些内容均属于考试大纲上的主题。超出课程标准的内容往往是综合运用、前一个学习阶段基础知识或综合拓展情境类。

第三，英国 GCE 考试试题的情境性特点突出。情境试题分值约占每年总分的 20%～30%，四类情境的考查比例各年差别较大，“生活实际”类情境试题考查最多。情境设置相对较为贴近生活和自然。

第四，学业评价考查目标设置层次清晰，导向性强。英国 GCE 物理课程标准对 A 水平考试提出三个层次的评价目标：知识的理解；知识的应用和评价；知识的综合应用。第三个层次强调在知识记忆和理解的基础上，通过实践来解释现象、解决问题。

由于政治制度等原因，英国的基础教育和评价主管部门更换与更名相对较为频繁，从 20 世纪 80 年代的全国课程委员会(NCC)到 1993 年成立的学校课程与评估局(School Curriculum and Assessment Authority，SCAA)，再有资格与课程局(QCA)等，从机构改革也可以看出英国基础教育界越来越强调基础教育质量的提升和有效监控，越来越强调基于标准的课程实施和学业评价。

参 考 文 献

曹爱萍. 2012. 英国 1902 年教育法[J]. 黑龙江史志, (3):9-15.

郭爵湘. 2015. 2014 版英国国家课程标准研究[D]. 重庆: 重庆师范大学博士学位论文.

黄永红. 2011. 中国和英国小学教育制度差异分析[J]. 现代教育科学, (2): 60-61.

王璐. 2010. 英国教育督导与评价: 制度、理念与发展[M]. 北京: 高等教育出版社: 3.

邢红军, 刘烁, 张抗抗. 2017. 核心素养视域下初中生物理能力表现研究[J]. 课程·教材·教法, (37) 8: 65-70.

易克萨维耶·罗日叶. 2010. 为了整合学业获得: 情景设计和开发(第 2 版)[M]. 汪凌译. 上海: 华东师范大学出版社: 154-171.

翟海魂. 2004. 英国中等职业教育发展研究[D]. 保定: 河北大学博士学位论文: 79-81.

第 7 章　问题情境与知识整合：来自 PISA 科学素养测评的启示

PISA（program for international student assessment）是指国际学生评估项目，是由国际经济合作与发展组织（Organization for Economic Co-operation and Development，OECD）发起组织实施的，以即将完成义务教育的 15 岁学生为测试对象，评估学生在阅读素养、科学素养和数学素养三个领域的达成程度，以便于各国进行比较的国际性评价项目；测评结果也为各成员国政府研究制定教育政策提供参照；该项目相对一般评价项目而言，更加强调其诊断及发展借鉴功能。PISA 于 2000 年首次开展，此后每三年进行一次，每次都会有一个素养成为测试重点，2018 年测试重点为阅读素养，2012 年、2015 年分别以数学素养、科学素养为测试重点。PISA 侧重于评估学生在阅读、科学和数学方面的表现，因为它们是学生持续教育的基础，是学生终身学习的前提。PISA 还收集了关于学生学习态度和动机的有价值的信息，并对学习技能进行评估，如合作解决问题的能力等。PISA 利用世界各地课程中的内容，考查学生在研究、解释和解决问题时，应用知识和技能、分析、推理和有效沟通的能力。PISA 不规定或推广任何一门课程，也不受寻找共同点需求的约束。2015 年，PISA 的目标是评估科学知识和技能，参与国家和经济体的专家认为，这些知识和技能对未来学生在日益以科学为基础的世界中取得成功至关重要（邓文静，2018）。

7.1　PISA 评价维度和要点

7.1.1　评价维度

全球即将完成义务教育的 15 岁学生是 PISA 取样的样本群体，PISA 测试对于 15 岁少年应该达到的科学素养要求包括以下四个方面。

1. 科学能力

PISA 项目团队经过研究得到，15 岁学生在科学能力方面应该具备三个维度的科学能力：能够科学地解释现象，以识别、分析和评估的方式对一系列自然和技术现象进行解释；评估和设计科学探究，并提出科学的解决问题的方法；基于证据，科学地分析数据、解释数据和评估数据。在各种陈述中，得出适当的科学结论。这其中包括科学地确定可研究问题的能力，确定科学地观察所需要论据的能力，得出或评价结论的能力，传播交流结论的能力，以及论证对科学概念的理解的能力。

2. 知识种类

内容知识是指理论知识、解释性知识、信息知识和事实知识，具体可以分为三类知识：内容性知识、程序性知识和认知性知识。内容性知识是指物质结构及性质、运动和相互作用、能量及其转化等具体科学知识内容，这些是科学素养的基础，是科学探究的基础；程序性知识是指科学家获得可靠、有效数据的过程的知识，包括变量概念、测量概念、评估并减小各类误差的方法，使用图表等表达数据，控制变量等方法的有效运用，研究设计方案等。科学知识是科学能力的基础，是科学数据收集、分析和解释的基础。认知性知识是指知识的本质，是对科学知识的本质和起源的理解，可以反映学生像科学家一样有理性思考的能力。认知知识是理解观察科学现象之间的区别所必需的。基于科学事实、科学假设、科学模型和理论认识科学的核心本质，了解为什么某些程序(如实验)是建立科学知识的核心。

3. 内容维度

PISA 测试的内容维度可以根据它所涉及的主要科学领域进行分类，主要涉及物理、生命系统、化学、地球和太空系统等。其中物理部分的科学主题会涉及物质的结构和特性、气压变化、化学变化和物理变化、能量转化、力与运动等。

4. 问题情境

被试者需要在不同的问题情境中解决问题，这些问题情境主要来自自己的日常生活，关于自己地区的生活情境，以及自己国家及其他国家的问题情境。如表 7-1 所示，PISA 把科学情境分为个人、社会、全球三类，第一类“个人”主要涉及自我、家庭及同伴群体的情境；“社会”涉及所生活的社会及社区情境；“全球”涉及全球性话题。问题情境的另一个维度包括健康、自然资源、环境、危险、科学与技术前沿等方面(陆璟，2013)。

表 7-1　PISA 科学素养测评情境背景分类

分类	个人	社会	全球
健康	保持健康、营养、意外	疾病控制、食品选择、社群健康	流行病、传染病
自然资源	物质和能源的个人消费	生活质量及安全、食品生产、能源供应	可再生和不可再生、人口增长
环境	环保、材料的使用和处理	人口分布、垃圾处理、气候变化	生物多样性、土壤养护和流失等
危险	自然的和人为的	地震、天气等快速变化、海岸侵蚀等渐进变化、风险评估	大气变化、现代战争
科学与技术前沿	与科学有关的兴趣爱好及技术	新材料、基因、交通	空间探索、宇宙起源和结构

PISA 测试建立起了一个国际教育比较体系，能够准确、有效地帮助各个国家找到自身教育体系与其他国家教育的差距。因其教育评价体系完备，测试的信度、效度较高，测试设计理念具有前瞻性并被人们所推崇。其前瞻性体现在：首先 PISA 测试的设计依据是终身学习的动态模型，OECD 认为学生想要适应不断变化的世界，就必须不断地掌握新的知识及技能，而这需要终身学习才能满足，同时学生不可能在学校里学到将来所需的每一种知识和技能，而学校的功能在于使学生具备终身学习的能力，也就是说学生应当具备阅读、数学、科学等方面坚实的基础。学校应该组织和规范学生的学习，训练其独立学习的能力，在集体中学习的能力，以及如何克服学习困难的能力。

例 7-1（2006PISA 科学测试单元）：科学家在研究如何改善道路交通安全时，为了收集信息，他们在一条较窄的路上安置了一台录像机，以了解车速、车距和道路使用情况。一段时间后，科学家在路上标明了车道线，继续通过录像观察交通发生的变化，交通是否更畅通，汽车间距比以前更小还是更大，车辆是否更靠近路边，采集到这些信息就可以帮助交通部门决定是否需要在道路上标示车道线。除此之外，下列哪种信息会有助于科学家提供更科学的建议？

A. 在另一条较窄的道路上作同样的观测记录

B. 在较宽的道路上作同样的观测记录

C. 记录未标明和标明车道线情况下，同一时间段交通事故的发生次数

D. 记录未标明和标明车道线情况下，道路上汽车的数量

本案例来源于日常生活中的真实问题，不以考查具体科学知识内容为目的，而以考查学生科学研究方法为目的。注重情境性的特征会促使学生在生活

中对相关现象进行深入思考，能够逐步具备将学到的内容性知识、程序性知识和认知性知识应用于生产生活实际的意识和能力。

7.1.2　与我国考试评价特点的比较

回溯我国教育改革历程，不难发现我国的教育改革总是契合着国家对于教育的需要，适时的调整教育策略及方向，满足个人发展及社会需要。其中，对人的素质要求贯穿始终：1985 年《中共中央关于教育体制改革的决定》提出教育体制改革的根本目的是提高国民素质。1993 年国务院颁发《中国教育改革和发展纲要》，明确指出中小学要由“应试教育”转向全面提高国民素质的轨道。1994 年 8 月中共中央发布《中共中央关于进一步加强和改进学校德育工作的若干意见》，正式使用了“素质教育”的概念，并以此指导德育工作的开展，由此标志着我国进入了素质教育时代。而 1999 年 6 月，第三次全国教育工作会议召开，其间发布的《深化教育改革全面推进素质教育的决定》标志着素质教育在政府的主导下全面展开。2014 年，教育部正式印发《教育部关于全面深化课程改革落实立德树人根本任务的意见》，其中明确要求：“教育部将组织研究提出各学段学生发展核心素养体系，明确学生应具备的适应终身发展和社会发展需要的必备品格和关键能力，突出强调个人修养、社会关爱、家国情怀，更加注重自主发展、合作参与、创新实践。”此文件为全面推进课程改革提出了新的要求，指明了新方向，由此教育发展进入以核心素养培育为主题的新阶段。

从素质教育到核心素养的培育反映了我国教育的与时俱进和教育理念的更新，更好地与国际教育接轨，更好地培养新世纪人才。核心素养的培育相较于素质教育拥有更为强大的统摄力与整合性，强调知识融合及综合运用，特别是在真实情景中，面对复杂问题综合运用自身所拥有的资源(知识、技能、与他人合作，获取信息等)解决问题，在问题解决方面，体现出 OECD 关于核心素养中与工具互动及与他人互动的一致性。学科知识是培养学生核心素养的必备基础，所谓“巧妇难为无米之炊”，缺少必要的学科知识，学生的核心素养的培育也就无异于空中楼阁、无根之木，难以真正地形成。但是，知识的产生需要基于某种特定境域，按照科学社会学的观点，知识产生于知识发现者的生活、情感与信念，产生于研究者的知识，产生于研究共同体内外的争论、协商和各种思想支撑。在学生知识产生或是相似的情境中，学生的知识是活性的、可变化的；然而缺少情境，仅考查知识的内容与质量，知识就是死的。这样的知识考查在应对认知困境时，对于学生解决问题的帮助是极小的。学生的学科知识的产生、提出、发展的条件、背景、过程或故事都建立在一定的学科情境中，我国的物理教育也讲究学科情境的创建，从教学的角度讲，学科情境是促进学生学习、理解、消化、建构学科知识的具有社会化色彩的学习环境的概括。学科知识是学科素养形成的必要条件，学科知识的获得、构建、完备又是基于一定的学科情境，学科知识要转化为学科素养离不开学科情境的介入和参与。对于学科知识，科学素养的考查也需要情境的建立，这就是问题情境的建立。在一个真实的、复杂的、远离学生认知平衡态的问题情境下，考查学生的知识储备及运用知识的能力，相较于传统的考查学生掌握知识的能力而言，更贴近对学生核心素养的真实、有效考查。这是因为核心素养要求学生拥有在真实情境下解决问题的能力，离开问题情境考查的学科知识会走向僵化、惰性化，不利于学生批判性思维及创新思维的建立。去情境化后，知识就只剩下抽象的符号。因此，对于我国核心素养的评价需要构建从真实的情境(从简单情境到复杂情境、从具体情境到抽象情境、从学科情境到生活情境) 中考查学生(阅读、实验、思考、建构) 的思维路径，这也是从知识评价通向素养评价的必然要求。而素养本身就是在特定(真实也包括有价值的虚拟) 情境中解决问题、完成任务的能力和品质。

我们需要打破学科壁垒，弱化学科界限，强调学生融合性知识的获得，探索跨学科培养学生核心素养的路径。目前，我国的高中学生教育培养体系依然强调学科本位及知识本位，诚然学科本位在学生思维层面上构建出完备的学科知识结构，但当前对高中学生培养的要求及国际高中学生核心素养的研究走向表明：对于 21 世纪的学生的评价要求重点在于其批判性思维、创新思维、信息素养及数字学习能力、解决复杂问题、社会交往与合作、国际理解等领域。这些领域均需要各学科联合，以培养学生的综合能力。因此，实施新的课程标准，除了在学科教学培养深度思考与思维能力外，更需要整合不同学科内容，设置跨学科主题的课程，提出问题解决导向的课题任务，让学生能够跨越不同的学科，接触不同社会领域，如政治、社会网络等。教师要更多地运用启发式、探究式、讨论式、参与式的教学方式，鼓励学生开展小组合作式、主题探究式等多种学习方式，从而培养高中学生能适应不同情境和不同需要、运用自身的综合素养去解决复杂问题的能力。

融合性知识并不是不要学科知识，相反，应该是更加重视学科知识与其他学科知识间的关系，要加强学科间的联系，强调学科知识间的联动，重视学科知识联动的关键在于对学科大概念的掌握。因此，学生对学科知识的获得要以学科大概念为主，学科大概念是本门课程最为精炼、最为接近学科本质的知识，也是与其他学科知识相衔接的关键。学科大概念的获得是学生能否进行精细化操作的关键，所以学生对学科大概念的掌握是学生进行知识整合，形成自身的知识体系以便于在真实问题情境中变化自身知识体系结构，是用于解决复杂问题的基础。通过以上分析，我国课程标准评价的核心是学生的核心素养的养成，但其评价重点及方法则是学生是否具有在真实复杂问题情境中，综合运用自身的知识体系（多种学科知识）解决问题以及是否准确掌握学科大概念。

7.2　PISA 评价体系主要特点和启示

7.2.1　评价体系的主要特点

正如前文所述，PISA 测试凭借其良好的信度和效度，能够前瞻性地提出切合实际需要的教育理论，准确测量和评价学生，情境性、评价体系完备、注重学科融合等方面能够给我国的物理教育改革提供一些帮助。

1. 重视问题情境的创设和真实性

PISA 测试 15 岁少年应该具备的能力，这对问题情境的展开有着特别的要求。PISA 试题的形式和内容具有现实化、人性化，贴近学生生活实际和社会现实的特点，问题情境能够唤起学生切实解决问题的需要，即 PISA 的试题能够切实地唤醒学生内心解决问题的需要。因为只有问题情境贴近学生的真实生活，才能激发学生解决问题的内心需要，进而引发学生解决问题的行动。《为了整合学业获得：情景的设计和开发》（易克萨维耶 · 罗日叶，2010）一文将问题情境与学生解决问题的方式关系总结如图 7-1 所示，由图 7-1 可以看到，学生解决问题方式的多样化取决于问题的表述以及是否引发了学生的内在需要。在这个方面，PISA 测试十分注重从日常生活中取材，在设计问题时，跳出课程具体的知识内容，大量地运用学生生活中的真实情景，注重学生在相应学习领域的基础能力，任务尽可能的真实，并在一定程度上反映现实生活的复杂性。同时，也考查学生在各种不同情境中运用这些知识与技能的能力，有效地使用测试时间，使用较少的情境，即就提供的一个情境提出几个相关的问题，而不是就一个情境提出一个问题。

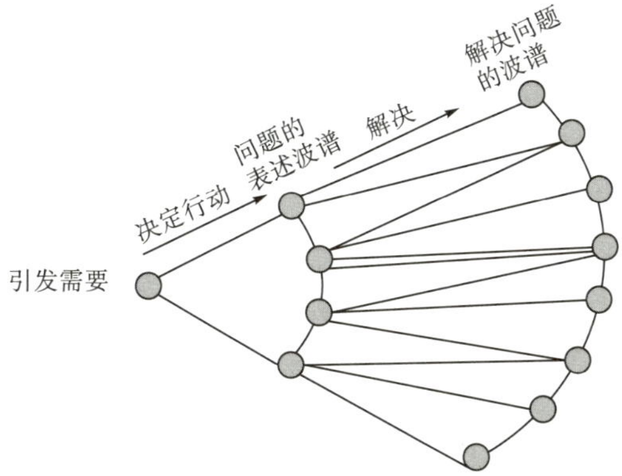

图 7-1　问题情境对问题解决的影响

当设计评价任务时，PISA 将更多的注意力放在真实问题的关联上，放在具有可信度的联系点上，这种关联应该是在参与者实际经历和实践之中、来自真实世界中具体的实践和经验的联系，而不是人为编制的问题，同时强调这种真实的关联是各项目之间的学科关联。

2015 年的 PISA 科学测试中的“在高温下长跑”就是一个典型的问题情境，贴近学生生活，易激发学生解决问题的兴趣。原题如下：

例 7-2(2015PISA 科学测试单元)：在长距离的跑步过程中，人体会出现体温上升以及流汗的症状。如果跑步者流汗过多但又没有饮用足够多的水使身体恢复，那么他就会出现脱水的症状，水分流失达到体重的百分之二以上就可能会出现脱水的症状，这个流失水分的百分比情况已经被标记在下图中。如果跑步者出现体温上升到四十摄氏度及其以上，就可能出现危及生命的中暑情况，这个温度情况同样被标记在图 7-2 中。

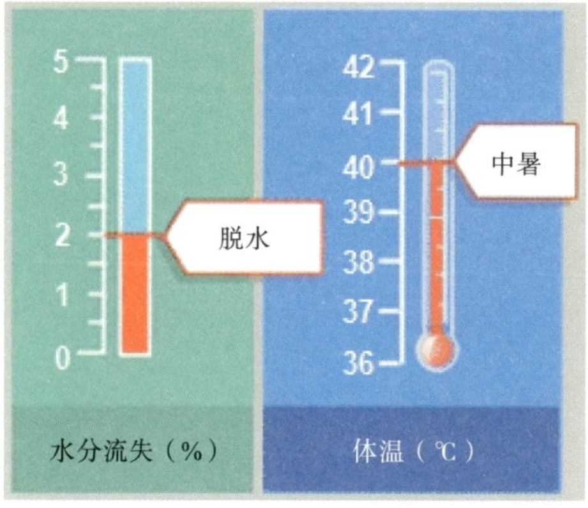

图 7-2　PISA2015 科学测试题“在高温下长跑”配图

高温下运动在学生生活中较为常见，学生可能出现脱水和中暑的情况，但什么情况下可能出现脱水和中暑？学生可能不太清楚。从这个方面来看，具有引发学生兴趣的可能，因此，这个题目能够引起学生继续解决问题的兴趣。也就有了图 7-2 中的“引发需要”起点，而其余的题目相当于“问题的表述波谱”，能够在测试中极大程度地激发学生解决问题，从而测试到学生的真实水平。

2. 评价指标明确、体系完备、形式多样

PISA 测试被国际高度认可的另一个原因是：PISA 测试不仅关注学生现实水平的发展，也更加重视学生未来发展的潜能。通过现代教育测量理论建构的题目去测量不同层次学生多维度能力、态度、动机等，然后进行不同国家及地区间的横向和跨年度纵向比较，而我国现有教育评价体系普遍使用的是依据经典测量理论建立的测评工具，无法完成以上对比。这也是我国教育评价体系可以改进的方向之一。

PISA 测试从理论构建、框架设计、概念辨析，再到测试试题，PISA 调查问卷，PISA 测试量表测试的实施，以及最后的数据回收，通过数据分析进行的国际教育质量比较都是由 OECD 组织专家完成的，具有高执行度，完成效果能够得到保证，在评价时评价指标清晰明确，哪些试题考查学生的哪些方面的知识能力标注清晰，PISA 测试的整体结构图如图 7-3 所示。这与我国的教育评价体系不同，我国的教学有课程标准，但考试评价标准体系并不如 PISA 测试那样完备。同时，学生如果需要成为终身学习者，不仅需要考查他们的知识和技能，还需要知道他们学习的原因和方式。PISA 不仅衡量学生在阅读、数学和科学素养方面的表现，还会询问学生的学习动机、自我信念和学习策略。多种评价维度并行，能够有效地测量评价出学生在知、情、意、行方面的情况。

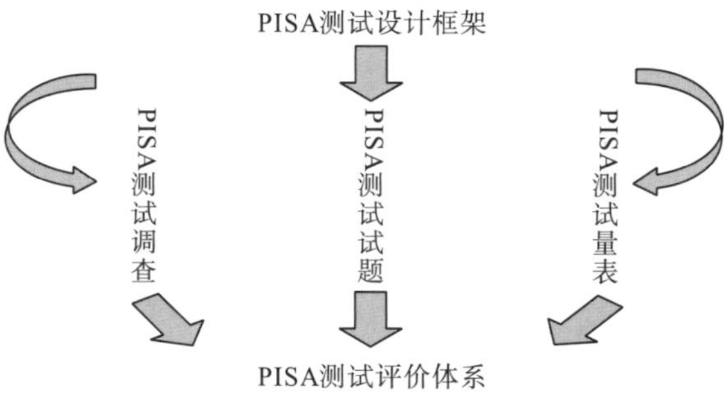

图 7-3　PISA 测试框架示意图

另外，PISA 运用最新的教育测量理论保证评价工具的公平、公正，使用高质量的评价工具、严格的抽样、周密的数据收集机制和先进的数据分析方法，对教育体系和学生发展水平给予高效度、高信度的评价。这些都是值得我国教育体系借鉴的。同时，PISA 的目标是发展常规的、可靠的、与政策相关的学生成就指标，从而达到国家教育体制的质量、公正性和效率的评价目标，这在 PISA 测试进行框架设计时就已经被确定下来了，在总的目标要求下 PISA 评价目标体系分为四个子目标：学习成果的质量；学习成果的等价性和学习机会的均等性；教育过程的有效性和效率；教育对社会经济的影响。这些都是在构建 PISA 测试设计框架时确定较为明确的目标体系，因此，PISA 的评价体系无论从评价体系的构建，还是评价实施以及最后的评价体系都十分明确，并且结构层次分明，指标清晰。这种自上而下的、自成体系的、严密的测试评价体系是我国所缺少的，也是我国可以吸收借鉴的地方。以 2006 年的 PISA 科学测试中“酸雨”试题为例(图 7-4)，原题如下。

例 7-3(2006 PISA 科学测试单元)：以下是超过 2500 年前建造于雅典卫城名为女像柱的雕像照片。这些雕像是用一种名为大理石的岩石制造，大理石由碳酸钙组成。1980 年原始的雕像被迁移到卫城博物馆内，并由复制品取代。因为原始的雕像受到了酸雨的侵蚀。

图 7-4　“酸雨”试题配图

问题 1：正常的雨水略带酸性，因为它从空气中吸收了一些二氧化碳。酸雨比正常的雨水更酸，因为它还同时吸收了如硫氧化物和氮氧化物之类的气体。空气中的硫氧化物和氮氧化物是从哪里来的？

问题 2：一片大理石薄片在被浸泡在醋里一整夜之前的质量是 2.0 克。隔天大理石薄片被取出并且干燥，干燥后大理石薄片的质量将会是多少？

A.少于 2.0 克　　B.精确的 2.0 克

C.在 2.0 克至 2.4 克之间　　D.多于 2.4 克

问题 3：进行这项实验的学生也将一些大理石薄片在纯净(蒸馏)水中放置了一整夜。请解释学生为什么要在他们的实验中设计这个步骤。

问题 4：对于下列问题，你感兴趣的程度有多少？请在每一行内只勾选一个方格。

项目	高度兴趣	中度兴趣	少量兴趣	没有兴趣
a)知道哪些人类活动造成的酸雨最多	□1	□2	□3	□4
b)得知减少导致酸雨的气体排放的科技	□1	□2	□3	□4
c)了解修复遭酸雨破坏的建筑物的方法	□1	□2	□3	□4

问题 5：对于下列陈述，你同意的程度有多少？请在每一行内只勾选一个方格。

项目	非常同意	同意	反对	非常反对
a)古老遗迹的保存应该建立在与破坏原因相关的科学证据的基础上	□1	□2	□3	□4
b)关于酸雨原因的陈述应该建立在科学研究的基础上	□1	□2	□3	□4

上面的例子是一个典型的 PISA 测试试题，可以反映 PISA 在测试中的评价体系的建立过程。首先，PISA 测试都是基于一个社会热点的背景前提，每一个题目评价指向都十分清楚，试题的考查方式也较为多样。在这例子里同时运用了封闭式考查的单向选择、开放式回答的解释、半开放式的选择加解释、等级评定等。这道题目命题立意及其建构如表 7-2 所示。

同时，PISA 测试多数在电脑上完成，能够完成一些较为前沿的考查方式(如下拉选择、量化选择)。另外，评价指标的建立是基于评价框架形成命题立意建构表，形成了一种自上而下的评价体系，因此能够清楚地指向评价目标。另外，每一个题的赋分都有明确规定，这减小了人为主观性的影响，提高了测试的信度。此外，PISA 测试还有基于量表的评价体系，同样地，量表的评价体系也是基于评价框架的，这样保证了测试与量表之间的稳定性。PISA 测试客观利用等距量尺测量出的学生的基本素养情况在各个国家备受认可，同时凭借其高品质保障的取样，科学的测试管理机制以及最新的数据分析方法在跨国和跨年度的比较时仍具有高度的有效性和可信性。这正是我国当前过程性评价的研究空缺，对深化我国基于标准的中考、高考命题改革很有帮助。PISA 测试对于研究如何改进我国中考、高考等各类教育考试，考查学生的科学探究能力，改进我国基础教育教学评价提供了有益的启示和借鉴。

表 7-2　酸雨命题立意与建构图的对应

题目	题目形式	能力及其层次
问题 1	开放式回答	科学地解释现象(水平 3)
问题 2	单项选择题	使用科学证据(水平 2)
问题 3	开放式回答	识别科学问题(满分水平 6，部分得分水平 3)
问题 4	等级评定	科学兴趣
问题 5	等级评定	支持科学探究

3. 关注学科间融合

PISA 测试的问题形式的一个重要特点是使用多项选择题，因为它可靠、高效，并支持稳健和科学的分析。还需要注意的是，在 PISA 测试中，多项选择题的形式多种多样，包括在文本中突出显示一个单词、链接信息以及从下拉菜单中进行多项选择。此外，在 PISA 评估中，通常有三分之一的问题是开放式的。开放性试题能够极大地丰富答案，将答题者的思维最大程度地自由化，也能根据其答案推断其思维方式及逻辑思维水平。但是其缺点是不易编码、不易评价的，但 PISA 测试具有明确的评价指标可以弥补开放性问题的缺点，因此能够大量使用开放性试题，这在一定程度上最大化了开放性试题对学生知识技能、思维能力的评价测试作用。

作为一种综合性评价，PISA 测试除对学生的知识与技能进行评价以外，还侧重考查学生在科学问题解决时对于数学知识的运用，特别是在真实情景中解决问题和分析问题的能力。科学天然与数学相联系，很多科学问题的解决都离不开数学知识的应用，PISA 注重科学与数学相结合，同时注重发展学生的潜能，必须恰当设计与数学相结合的测试题。此外，PISA 测试虽然划分了三个大的分类测试领域(阅读、数学、科学)，但在科学测试部分却没有明确物理、化学、生物等学科的划分，更多综合地测试学生分析图表信息获得的能力，根据数据进行逻辑分析得出结论的能力，以及根据已有的信息尝试解决问题的能力等。以 2015 年科学测试中的“山坡表面调查”试题为例进行分析，原题如下。

例 7-4(2015PISA 科学测试单元)：一群学生注意到一个巨大的差异。在山谷的两个斜坡上的植被，A 坡上的植被比 B 坡上的植被更绿、更丰富，这种差异在下边的插图中显示出来(图 7-5)。学生们调查为什么斜坡上的植被在不同的斜坡上如此不同。作为调查的一部分，学生们在一段时间内测量三个环境因素。①太阳辐射：某一特定位置的日照量。②土壤湿度：某一特定位置土壤的湿度。③降雨量：某一特定地点的降雨量。

图 7-5　“山坡表面调查”示意图

问题 1：根据下面的示意图(图 7-6)，回答问题：为什么测量同一变量时同学们要在两个山坡上放置两个测试仪器？

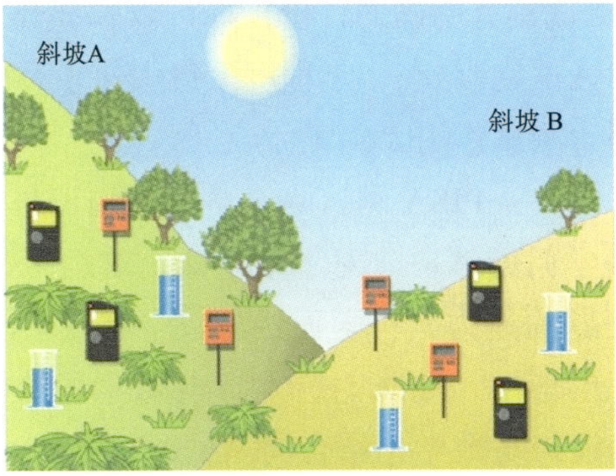

图 7-6　“山坡表面调查”的示意图

问题 2：数据分析，学生们将对给定的一段时间内从每个斜率上的每对仪器收集到的测量数据取平均值，并计算这些平均值的不确定性，他们的结果记录在表 7-3 中。不确定性是在“±”符号之后给出的。

表 7-3　PISA2015 科学测试“山坡表面调查”问题第二题调查结果表格

项目	平均太阳辐射	平均土地湿度	平均降雨量
山坡 A	(3800 ± 300) ml/m^2	(28 ± 2)%	(450 ± 40)mm
山坡 B	(7200 ± 400) ml/m^2	(18 ± 3)%	(440 ± 50)mm

两个学生对于为什么两个斜坡的土壤湿度不同产生了不同的认识。学生 1 认为：土壤湿度的差异是由于两个斜坡的太阳辐射不同造成的。学生 2 认为：土壤湿度的差异是由于两个斜坡的降雨量不同造成的。根据数据，你认为哪个学生是正确的，并写下你的理由。

试题属于科学素养测试的试题范畴，但是却没有体现出明显的学科特色，更多的是对现实生活中的现象提出科学假设，并基于实验证据的思维模式的考查。问题 1 体现的是在实验中控制减小误差的思维，避免偶然性造成数据偏差，影响实验结果，这种思想方法在理科中经常使用。而问题 2 则体现出基于数据分析，对于现象尝试提出假设的验证性解释。同样，这种思维方式也是科学探究中常用的。问题情境使用的是地理现象，但实验的方式更多地融合了多学科科学探究的思维，即打破学科间隔，基于数据分析，综合考查学生的思维能力、科学探究能力。

7.2.2　评价体系的启示

为提高评价项目的科学性、客观性和公平性，专家不遗余力地改革和完善测试方法，提高命题的信度与效度以及统计的严密性、稳定性和便利性。PISA 作为一项多维度、实质性的国际教育测评项目能够给我国的教育改革提供诸多借鉴。

1. 评价一体化及多维评价

评价体系注重顶层设计，注重与国际主流教育理念相结合，重视框架及评价一体化建设，从多方面准确地评价学生。由于我国的课程标准缺少对学生通过完成规定的课程、教学内容和任务所应获得的学习成果的评价标准的准确描述，同时也没有制定出与行为目标相应的水平测定标准，因而不能直接将课程目标作为考试评价标准。如果将我国现有的课程标准的目标作为学生的学业评价标准，会存在其测量目标尚不够明确，存在一些不可测因素的影响。因此，我国需要制定具有明确指向的考试评价标准，评价标准的建立是对课程标准的进一步补充与完善，同时也促进了我国的课程评价与教学评价体系的完善。此外，我国的高考重视基本知识和基本技能的评价，虽然对于学生的评价还存在档案袋评价、教师评价等，但所产生的效果并不理想。PISA 在测试前就会公布该次测试的评价框架、评价的体系以及评价指标，而我国在评价框架的顶层设计上还具有改进的空间。我国的教育评价体系的建立可以借鉴 PISA 评价框架的建立，评价框架的建立应该与目标保持一致，这样才能形成教育合力，最大化教育效果。因此，我国的考试评价标准体系的建立应该以我国现有的课程标准为基准，这是由于我国的课程标准是教育体系中的教育目标体系，它指导着我国教学发展的方向，是我国对于学生知识能力发展的要求，同时，它的建立也是根植于我国实际教学情况，将国外理论本土化的体现，而评价体系的建立应当充分反映教学是否完成了教学目标要求。同时，以课程标准为目标体系建立起来的评价指标体系能够保持良好的一致性，这可以使我国的教育形成最大的教育合力，促进学生高效发展。因此，评价体系的建立和完善应当充分利用课程标准。

在谢利民和褚慧玲(2009)的《多元评价体系中制定评价标准的思考》一文中针对根据课程标准建立评价体系提出了以下三个建议：评价标准必须努力体现课程标准所倡导的价值观；评价标准必须符合课程标准的基本要求；评价标准的测量目标应具有可测性。在建立考试评价标准的过程中，必须摆脱考试过于注重考查学生的知识和技能的掌握情况，应该充分遵从课程标准的基本精神与内涵，在改革实践过程中积极探索提升学生学习、解决问题的能力以及合作交流能力的有效途径和方法。此外，由于课程标准通常使用清晰的行为动词对学生的学习结果进行描述，但这种描述所包含的内容与范围较宽泛，不利于评价指标的建立。如果要建立细致、准确的评价指标，我们需要将课程目标进一步分解细化为更为具体的考试目标。考试评价目标的确立要根据课程标准，同时考虑考试评价的使用者的实际情况，将二者结合考虑。因此，考试评价目标既要做到与课程目标基本保持一致，又要进一步将课程目标分解与细化，使评价指标具有可操作性和可测性。

除考试评价标准以外，我国的评价体系还可以借鉴 PISA 测试中的量表以及问卷的使用，多元地测量学生的思想及意识形态，多元、准确地评价学生。另外，我国的评价体系还可以吸收 PISA 测试中先进的数据处理方式，运用量化评价与质性评价相结合的方法，这样我国的评价体系就是一个终结性评价与形成性评价相结合，自评与他评相兼顾，评价指标清晰的多元一体式评价体系。

2. 学科整合及问题解决

重视融合学科的发展，关注学生综合运用各种学科知识方法解决问题的能力，提高学生解决问题的能力以及国际竞争力，强调基于项目的学习，打破学科间的学科间隔，强调融合学科的发展是当今教育发展的趋势。教育强国——芬兰首先采取了“现象教学”。“现象教学”即事先依据一些源于学生生活的现象，确定一些学习或研究主题，然后围绕特定主题，将横向的不同学科知识融入新的课程模块，并以这样的课程模块为载体实现跨学科教学。这些主题可以是“欧洲地理认知”“古埃及的历史”“生活中水的不同形态”等。如基于“欧洲地理认知”这一主题所编排的课程模块，将同时涉及地理、数学、历史、社会文化、语言、政治和经济制度等跨学科的知识。芬兰教育成名正是因为 OECD 主办的 PISA，在前三次测试，芬兰学生的成绩名列前茅，震惊国际教育界。芬兰学生的学习时间最短，同时学生表现落差全球最小，校际成绩差异几乎为零，学生家庭、社会、经济背景对成绩的影响也几乎为零，俨然成了当今世界教育的榜样。

我国目前基于项目的教学以及基于学科融合的教育方式主要集中在 STEM[①]（或 STEAM[②]融合教育）以及创客教育中，当然早期还包括基于问题探究式学习方法的 Webquest 教学模式。而我国教育理论学者对于 STEM 教育的研究分析相对多一些，如项华等（2017）的《从物理学科教育走向 STEAM 融合教育——中学物理教学创新之道》就通过分析 STEAM 教育的前世今生，总结其具有以下四个特点：面向未来；重视整合或者重构课程与教学体系；强调跨界或者跨学科教学；强调创新性与实践性。这四个特点顺应了时代的主流发展方向，符合我国核心素养的教育理念。STEAM 融合教育不仅指出了科学教育改革的方向，而且提供了具体的学习模式，那就是基于问题或者项目驱动的 PBL（problem based learning 或者 project based learning）学习模式（项华等，2017）。而创客教育则更多地体现了物理教育与现代科技的融合，同时也将教

① STEM 是 Science（科学）、Technology（技术）、Engineering（工程）、Mathematics（数学）的简称。
② STEAM 是 Science（科学）、Technology（技术）、Engineering（工程）、Arts（艺术）、Mathematics（数学）的简称。

育的重心由教师的“教”过渡到学生的“学”上，先进设备的使用比如移动互联设备、3D 打印技术、虚拟现实（virtual reality，VR）和增强虚拟现实（augmented reality，AR）技术又使得学生的兴趣得以发展，教学真正具有时代特点。

3. 注重问题情境的创设

重视问题情境的构建，逐步由以前的单一问题情境过渡到复杂的真实情境，以此提升学生的高阶思维。对于问题情境的创建，赵顺法（2000）的《物理课堂教学中创设问题情境的研究》、陈伟飘（2005）的《创设问题情境激发探究兴趣》、卿昭才和周艳（2010）的《物理探究式教学中创设问题情境的研究》等成果都更多地关注教学中的问题情境的创设，通过问题情境的创设引发学生的认知冲突从而激起学生的求知欲，主要讨论了课堂教学中的问题情境创设的原理及方法。但是，对于这些问题情境的建立却很少涉及评价体系中的设置形式、原则以及影响。

问题的情境尽量不要孤立、简单地列出已知量，求解未知量，长期经历这样的思维训练会影响学生解决问题的能力，消耗学生的学习兴趣。近年来，我国逐步认识到了问题情境考试的重要性。我国高考逐步地将问题情境的建立贴合学生的生活，如 2016 年四川高考物理第十题就是一道以学生生活常见的避险车道为问题情境的试题考查。但由于我国高考兼具选拔性质，这不同于 PISA 测试，大规模地使用这种问题情境反而容易造成负面影响。但在课后的过程性评价中可以使用这种考查方式，培养学生的问题意识，通过小组交流，团结合作，完成对于问题的解决。

另外，在教学后的过程性评价中，可以借鉴 PISA 测试的问题情境的设置方式及手段，即让学生运用所学知识对真实问题进行逻辑分析并将其解决，相较于单一抽象的问题，真实生活情境中的物理问题，即邢红军老师提出的原始物理问题对学生的思维水平的要求更高。另外，原始物理问题中的生活情境的创设能够更大程度地扰动学生的认知平衡态，使其远离认知平衡态，在此状态下能够更好地展示学生拥有的真实水平。因此，我国的测试试题应该逐步由单一问题走向真实复杂问题，问题的形式也应该多样化，单选与解释相结合，判断与多选相衔接，开放与封闭相联系。这样才能更好地、更为准确地评价学生。

PISA 测试中谈到了一个公共政策问题：政府、校长、教师和家长都希望得到诸如“我们学校是否为年轻人做好了迎接成人生活挑战的充分准备”“学校能否帮助改善来自移民或弱势背景的学生的未来”等，回答这些问题的方式就是评价。教育体系相较于其他体系最大的不同就是教育对象的不同，教育的对象是人，而人具有发展性、复杂性及生成性等特征，评价教育对象的变化就是一个复杂而困难的工作。这要求我国的评价体系多元化，追求有效和准确，我国由于其历史背景以及实际情况（人口基数大、人民素质差异分层明显），评价体系的构建具有很大的难度，积极吸收国外先进的评价体系经验有助于我国评价体系的逐步建立和完善。

参 考 文 献

陈伟飘. 2005. 创设问题情境　激发探究兴趣[J]. 中学物理教学参考，(8): 21-22.

邓文静. 2018. 经合组织正式发布《PISA 全球素养框架》[J]. 人民教育，(Z1): 31.

陆璟. 2013. PISA 测评的理论和实践[M]. 上海：华东师范大学出版社: 25.

卿昭才，周艳. 2010. 物理探究式教学中创设问题情境的研究[J]. 物理教学探讨，28(1): 65-68.

项华，毛澄洁，熊晓燕. 2017. 从物理学科教育走向 STEAM 融合教育——中学物理教学创新之道[J]. 中小学数字化教学，(3): 6-9.

谢利民，褚慧玲. 2009. 多元评价体系中制定评价标准的思考[J]. 全球教育展望，38(2): 22-27.

易克萨维耶·罗日叶. 2010. 为了整合学业获得：情景设计和开发(第 2 版)[M]. 汪凌译. 上海：华东师范大学出版社: 154-171.

赵顺法. 2000. 物理课堂教学中创设问题情境的研究[J]. 中学物理教学参考，(4): 10-13.

第 8 章　总结与展望

8.1　总　　结

课程标准是学校教育课程设置、教学实践、考试评价的依据；而中国是考试大国，高考、中考等学业评价项目具有较强的导向作用。在此背景下，基于课程标准的物理学业评价现状和发展趋势是物理课程改革研究的重要视角。本书研究包括五部分。

第一部分，首先，以美国、加拿大、澳大利亚为例概述基于标准的全球教育改革情况，并界定学业评价、课程标准等核心概念，围绕学业评价研究、课程标准进行文献综述。然后，梳理基于课程标准的学校物理教育诞生到发展；中华人民共和国成立后，基于教学大纲的物理教学经过半个世纪的发展，在全球教育标准的教育改革浪潮背景下，过渡到基于课程标准的发展。最后，对初、高中物理学业评价(中考、高考)的规章制度、实践思路等进行了分析和总结。

第二部分，以物理高考与课程标准的一致性为视角，研究基于标准的学业评价。从本书研究的结论可以看出，物理高考在知识深度和广度方面整体高于课程标准，知识内容平衡性、覆盖率及认知水平加深是制约物理高考试卷与课程标准一致性的重要因素。对应的建议举措包括：第一，增加知识内容的覆盖率；第二，适当降低知识内容深度，而增加问题的情境性；第三，加强物理学科思维方法的考查。

第三部分，选取自 2008 年以来的中考物理试卷样本 150 份，分析其中的科学探究试题，统计探究要素、知识内容、素材背景等信息。这种纸笔测验的评价方式注重考查学生的实验设计能力、处理实验数据能力、分析推理能力、归纳总结能力，而对学生的发现问题能力、实验创新能力、动手操作能力评价还有所欠缺。对于当前所实施的这种物理纸笔测验与物理实验操作考试相结合的形式，需要加强在物理实验操作中着重考查学生发现问题、动手操作、评价交流的能力，改善当前着重考查与“课堂教学”简单重复的物理问题，加强对学生创新能力和在真实情景中解决问题能力的评价。

第四部分，基于标准的英国 GCE 物理 A 水平考试为例，比较课程标准、考试大纲、试题三者的知识覆盖率、情境性等。研究发现：第一，相对课程标准的知识内容而言，学业评价知识覆盖率高。第二，学业评价与课程标准、考试大纲的定位明确，学业评价范围远超课程标准所列出的内容，与考试大纲相对较为契合。第三，试题情境性特点突出，“生活实际”类情境试题考查最多，且情境设置相对较为贴近生活和自然。第四，学业评价考查目标设置层次清晰，导向性强，在物理学业评价覆盖率及平衡性、真实情境性、目标引导性等方面可以为我们提供一些借鉴和参考。

第五部分，以 PISA 科学素养测评项目评价维度、评价体系特征及启示为研究内容。该评价项目在评价目标的多维设计、基于问题解决注重学科知识整合性、注重真实问题情境创设等方面，特色鲜明，可供参考的内容操作性较强。

本书以基于课程标准的物理学业评价研究为主题，选取国内中考、高考和国际上著名的 GCE 及 PISA 学业评价项目为研究对象，在数据统计、案例分析的基础上，研究其项目各维度的特征。在学业评价与课程标准一致性研究方法及路径、学业评价项目情境性及科学探究方法、学业评价项目内容覆盖率及平衡性等方面值得大家重点关注和思考。

8.2　展　　望

初中阶段物理学业评价标准已经出台，新高中课程标准中也包括此部分内容，基于课程标准的课程改革正在向纵深发展。

高考是基础教育与高等教育的重要联系纽带，对基础教育课程改革具有重要的引导作用。但是，目前高考的评价和导向功能已经被异化为“应试教育”，从而给素质教育的全面实施、基础教育课程理念的全面贯彻带来一定阻碍。由此，在目前基础教育课程改革深入全面发展阶段，从实证方面研究高考内容与课程标准具有多大程度的契合度，两者的一致性水平具体如何才更具有重要的实践价值和理论意义。

基于标准的教育考试，目前大部分人对高校自主招生持认可态度，但同时也对自主权能够真正得到落实，以及如何避免操作过程中有失公平的现象表现出疑虑。也就是说，公平性是高校自主招生考试操作过程中首要考虑的问题，科学、合理的选拔标准和评价手段是高校自主招生考试改革的重要基础。在广泛的文献和实证调研中，研究者发现“公平”“标准”“监督机制”等被高频率提及。关于高校自主招生中的考试评价改革公平性问题，需要通过“政策的制定和实施”来解决。比如，2018 年初颁布的各学科高中课程标准，仍然选择“必修+选修”的模块化课程结构，但与以往课程标准版本不同的是，新版课程标准中的“选修模块”属于校本课程和选修课开设范畴，这就为高校招生改革提供了可供参考的“尺子”。

高考给中学教学带来的巨大压力使本来只有评价和选拔功能的高考制度被逐渐赋予了衡量学生能力素质、教师专业水平、学校办学质量、地方教育实力等诸多额外功能。在学生、家长、教师、学校、政府等群体广泛而深刻的物质利益调整与物质利益冲突中逐渐呈现出严重的应试教育局面。高考、教学与内容标准相互之间的制约和矛盾归根结底是如何检测课程标准的实施情况，使教学真正落实课程标准的要求。对课程标准实施情况的各方面检测需要配套的检测制度和工具，这就需要一系列的标准族，包括教学标准、教育评价标准、教师专业标准、学业成就评价标准等。课程标准是驱动课程变革的重要力量，其实施过程中教学与标准的一致性水平、课程标准中相关内容的实施程度、教师接受课程标准的程度、评价与课程标准的一致性水平等都需要得到切实的检测和调整；其中最重要的是通过教师教学内容及教学方法与学生学习成就的检测，掌握课程标准的落实情况。

基于课程标准的物理学业评价研究这一主题，本书只能起到抛砖引玉的作用，基于物理学科核心素养的学业评价特征和实践策略，批判性、创造性等高阶思维的培养，如何落实情境的分类分层和试题命制技术等，都是值得继续研究的课题。

附录1　高中物理知识内容和认知水平分解表①

模块	内容主题	编码	知识内容和编码	认知水平	行为动词
共同必修1	运动的描述4	1	1.1.1 近代实验科学产生的背景	了解	初步了解
		2	1.1.1 实验对物理学发展的推动作用	认识	认识
		3	1.1.2 质点	认识	认识
		4	1.1.3 位移	理解	理解
		5	1.1.3 速度	理解	理解
		6	1.1.3 加速度	理解	理解
		7	1.1.3 匀变速直线运动的规律	了解	了解
		8	1.1.4 匀变速直线运动的公式和图像	应用	用、描述
	相互作用与运动规律5	9	1.2.1 滑动摩擦力、动摩擦因数	应用	认识、用、计算
		10	1.2.1 静摩擦的规律	认识	认识
		11	1.2.2 形变	了解	知道
		12	1.2.2 弹性	了解	了解
		13	1.2.2 胡克定律	了解	知道
		14	1.2.3 力的合成	应用	用、分析
		15	1.2.3 力的分解	应用	用、分析
		16	1.2.3 矢量与标量	理解	区分
		17	1.2.3 共点力的平衡条件	了解	知道
		18	1.2.4 牛顿运动定律	应用	理解、用、解释
		19	1.2.4 超重和失重	认识	认识
		20	1.2.5 力学单位制	认识	认识、知道
共同必修2	机械能和能源6	21	2.1.1 功	理解	举例说明、理解
		22	2.1.1 功率	理解	理解
		23	2.1.2 动能	理解	理解
		24	2.1.2 动能定理	应用	理解、用、解释
		25	2.1.3 重力势能	理解	理解、知道
		26	2.1.4 机械能守恒定律	应用	验证、理解、用、分析
		27	2.1.5 自然界中多种形式的能量	了解	了解

① 关于此表的阐述详见3. 3. 1节。

续表

模块	内容主题	编码	知识内容和编码	认知水平	行为动词
共同必修 2	机械能和能源 6	28	2.1.5 能量守恒	了解	知道
		29	2.1.6 能量的转化和转移	认识	认识
		30	2.1.6 能源与人类生存和社会发展的关系、可持续发展	了解	了解、知道
	抛体运动与圆周运动 4	31	2.2.1 运动的合成	应用	用、分析
		32	2.2.1 运动的分解	应用	用、分析
		33	2.2.1 抛体运动	理解	分析
		34	2.2.2 匀速圆周运动	了解	描述
		35	2.2.2 向心加速度	了解	知道
		36	2.2.3 匀速圆周运动的向心力	理解	分析
		37	2.2.3 离心现象	理解	分析
	经典力学的成就与局限性 6	38	2.3.1 万有引力定律	认识	了解、知道、认识
		39	2.3.2 人造卫星的环绕速度	理解	计算
		40	2.3.2 第二宇宙速度	了解	知道
		41	2.3.2 第三宇宙速度	了解	知道
		42	2.3.3 经典时空观	了解	初步了解
		43	2.3.3 相对论时空观及其影响	了解	初步了解、知道
		44	2.3.4 量子化现象和量子论	了解	初步了解、知道
		45	2.3.5 经典力学的发展和成就	了解	了解
		46	2.3.5 经典力学的适用范围和局限性	认识	认识
		47	2.3.6 物理学的进展对于自然科学的促进作用	了解	举例说明
选修 2-2	力与机械 6	48	3.1.1 平动	理解	区分
		49	3.1.1 转动、常见传动装置及其作用	了解	区分、描述、了解
		50	3.1.2 共点力平衡的条件及其应用	认识	认识、举例说明
		51	3.1.3.弹性和范性在技术中的应用	了解	了解
		52	3.1.4.刚体的平衡条件	应用	认识、用、分析
		53	3.1.5 常见的承重结构及其特点	认识	认识
		54	3.1.5 稳度	了解	知道
		55	3.1.6 机械对人类社会发展的意义	认识	认识
		56	3.1.6 现代机械的发展概况	了解	初步了解
	热与热机 5	57	3.2.1 内燃机的工作原理和技术参数	了解	了解
		58	3.2.1 汽轮机的工作原理	了解	了解
		59	3.2.1 喷气发动机的工作原理	了解	了解
		60	3.2.2 热机的效率	理解	知道、分析

续表

模块	内容主题	编码	知识内容和编码	认知水平	行为动词
选修2-2	热与热机5	61	3.2.3 电冰箱的主要结构及制冷原理	了解	知道、了解
		62	3.2.3 空调机的主要结构及制冷原理	了解	知道、了解
		63	3.2.4 热机对环境的影响	了解	知道、了解
选修3-1	电场5	64	4.1.1 静电现象	理解	了解、分析
		65	4.1.1 用原子结构和电荷守恒分析静电现象	应用	用、分析
		66	4.1.2 点电荷	了解	知道
		67	4.1.2 两个点电荷间相互作用的规律	了解	知道
		68	4.1.2 静电力	了解	对比
		69	4.1.3 静电场	了解	了解、描述
		70	4.1.3 场是物质存在的形式之一	了解	初步了解
		71	4.1.3 电场强度	理解	理解
		72	4.1.3 电场线	了解	用、描述
		73	4.1.4 电势能	了解	知道
		74	4.1.4 电势	了解	知道
		75	4.1.4 电势差	理解	理解
		76	4.1.4 电势差与电场强度的关系	了解	了解
		77	4.1.5 电容器和电容	了解	了解、举例说明
	电路8	78	4.2.1 常见的电路元器件及其作用	了解	识别、初步了解
		79	4.2.2 多用电表的原理	了解	初步了解
		80	4.2.2 多用电表的使用	应用	使用
		81	4.2.3 电阻定律	了解	知道
		82	4.2.4 闭合电路的欧姆定律	理解	理解
		83	4.2.5 电源的电动势和内阻	应用	知道、测量
		84	4.2.6 焦耳定律及其应用	了解	知道、了解
		85	4.2.7 门电路和逻辑电路	了解	初步了解
		86	4.2.8 集成电路的作用	了解	初步了解
	磁场6	87	4.3.1 磁现象在生产生活中的应用	了解	列举
		88	4.3.1 古代磁现象的成就及影响	了解	了解
		89	4.3.2 磁场	了解	了解
		90	4.3.2 磁感应强度	了解	知道
		91	4.3.2 磁通量	了解	知道
		92	4.3.2 磁感线	了解	用、描述
		93	4.3.3 通电直导线和通电线圈周围磁场的方向	理解	判断

续表

模块	内容主题	编码	知识内容和编码	认知水平	行为动词
选修 3-1	磁场 6	94	4.3.4 安培力及其方向和大小	理解	认识、判断、计算
选修 3-1	磁场 6	95	4.3.5 洛伦兹力及其方向和大小	理解	认识、判断、计算
选修 3-1	磁场 6	96	4.3.5 电子束的磁偏转原理及应用	了解	了解
选修 3-1	磁场 6	97	4.3.6 电磁现象在社会发展中的作用	认识	认识
选修 3-2	电磁感应 4	98	5.1.1 电磁感应现象的发现过程	了解	了解
选修 3-2	电磁感应 4	99	5.1.2 感应电流的产生条件	理解	理解
选修 3-2	电磁感应 4	100	5.1.2 电磁感应的应用	了解	举例说明
选修 3-2	电磁感应 4	101	5.1.3 楞次定律	理解	理解
选修 3-2	电磁感应 4	102	5.1.3 法拉第电磁感应定律	理解	理解
选修 3-2	电磁感应 4	103	5.1.4 自感现象及其应用	了解	了解、举例说明
选修 3-2	电磁感应 4	104	5.1.4 涡流现象及其应用	了解	了解、举例说明
选修 3-2	交变电流 4	105	5.2.1 交变电流	了解	知道
选修 3-2	交变电流 4	106	5.2.1 交变电流的函数表达和图像	应用	(用)、描述
选修 3-2	交变电流 4	107	5.2.2 电容器和电感器对交变电流的导通和阻碍作用	了解	了解
选修 3-2	交变电流 4	108	5.2.3 变压器的电压与匝数的关系	应用	(探究)
选修 3-2	交变电流 4	109	5.2.4 远距离高压输电	了解	了解、知道
选修 3-2	传感器 3	110	5.3.1 非电学量转换成电学量的意义	了解	知道
选修 3-2	传感器 3	111	5.3.2 常见传感器的工作原理	了解	知道
选修 3-2	传感器 3	112	5.3.3 传感器在生活和生产中的应用	了解	列举
选修 3-3	分子动理论与统计思想 4	113	6.1.1 认识分子动理论的基本观点	认识	认识
选修 3-3	分子动理论与统计思想 4	114	6.1.1 分子动理论的实验证据	了解	知道
选修 3-3	分子动理论与统计思想 4	115	6.1.1 阿伏伽德罗常数	了解	知道
选修 3-3	分子动理论与统计思想 4	116	6.1.2 分子运动速率的统计分布规律	了解	了解
选修 3-3	分子动理论与统计思想 4	117	6.1.2 温度是分子平均动能的标志	认识	认识
选修 3-3	分子动理论与统计思想 4	118	6.1.2 内能	理解	理解
选修 3-3	分子动理论与统计思想 4	119	6.1.3 用分子动理论和统计的观点解释气体的压强	理解	用、解释
选修 3-3	分子动理论与统计思想 4	120	6.1.4 日常生活中表现统计规律的事例	了解	了解
选修 3-3	固体、液体与气体 6	121	6.2.1 固体的微观结构	了解	了解
选修 3-3	固体、液体与气体 6	122	6.2.1 晶体和非晶体	了解	区别、列举
选修 3-3	固体、液体与气体 6	123	6.2.2 材料科学技术的有关知识和应用	了解	了解
选修 3-3	固体、液体与气体 6	124	6.2.3 液晶的微观结构、主要性质及应用	了解	了解
选修 3-3	固体、液体与气体 6	125	6.2.4 液体的表面张力现象	理解	解释
选修 3-3	固体、液体与气体 6	126	6.2.5 气体的实验定律和理想气体模型	了解	了解、知道

续表

模块	内容主题	编码	知识内容和编码	认知水平	行为动词
选修3-3	固体、液体与气体6	127	6.2.5 用分子动理论和统计观点解释气体压强和气体实验定律	理解	用、解释
		128	6.2.6 饱和汽、未饱和汽和饱和气压	了解	知道
		129	6.2.6 相对湿度及其影响	了解	了解、举例说明
	热力学定律与能量守恒3	130	6.3.1 热力学第一定律和能量守恒定律的发现过程	了解	了解
		131	6.3.2 热力学第一定律	认识	认识
		132	6.3.2 能量守恒定律	应用	理解、用、解释
		133	6.3.3 热力学第二定律	了解	了解
		134	6.3.3 熵	了解	初步了解
	能源与可持续发展3	135	6.4.1 能源和环境与人类生存的关系	认识	认识
		136	6.4.1 可持续发展的重大意义	了解	知道
		137	6.4.3 能源的消耗	理解	估计
选修3-4	机械振动与机械波8	138	7.1.1 简谐运动的特征	理解	理解、描述
		139	7.1.1 简谐运动的公式和图像	应用	用、描述
		140	7.1.3 单摆周期与摆长、重力加速度的关系，用单摆测定重力加速度	应用	知道、用、测定
		141	7.1.4 受迫振动的特点	认识	认识
		142	7.1.4 产生共振的条件及技术上的应用	了解	了解
		143	7.1.5 波的形成和传播	认识	认识
		144	7.1.5 纵波	了解	区别
		145	7.1.5 横波及其图像	应用	区别、用、描述
		146	7.1.5 波速、波长和频率(周期)的关系	理解	理解
		147	7.1.6 惠更斯原理	了解	了解
		148	7.1.6 惠更斯原理对波的反射和折射分析	理解	用、分析
		149	7.1.7 波的干涉和衍射现象	认识	认识
		150	7.1.8 多普勒效应产生的原因和实例	理解	解释、列举
	电磁振荡与电磁波5	151	7.2.1 麦克斯韦电磁场理论的基本思想及其在物理学发展史上的意义	了解	初步了解
		152	7.2.2 电磁波的产生	了解	了解
		153	7.2.3 电磁波的发射、传播和接收	了解	了解
		154	7.2.4 电磁波谱	认识	认识
		155	7.2.4 光是电磁波	了解	知道
		156	7.2.5 电磁波的应用和在经济社会发展中的作用	了解	了解

续表

模块	内容主题	编码	知识内容和编码	认知水平	行为动词
选修 3-4	光 5	157	7.3.1 光的折射定律	理解	理解
		158	7.3.2 折射率	应用	测定
		159	7.3.3 光的全反射现象	认识	认识
		160	7.3.3 光导纤维的工作原理及应用	了解	初步了解
		161	7.3.3 光纤技术对经济社会生活的影响	认识	认识
		162	7.3.4 产生光的干涉和衍射现象的条件	了解	知道
		163	7.3.4 用双缝干涉实验测定光的波长	应用	用、测定
		164	7.3.5 激光的特性和应用	了解	了解
	相对论 4	165	7.4.1 狭义相对论的实验基础、基本原理和主要结论	了解	知道
		166	7.4.2 经典时空观与相对论时空观的主要区别	了解	了解
		167	7.4.3 广义相对论的主要观点及观测证据	了解	初步了解
选修 3-5	碰撞与动量守恒 3	168	8.1.1 弹性碰撞和非弹性碰撞	了解	知道
		169	8.1.2 动量	理解	理解
		170	8.1.2 动量守恒定律及其应用，动量守恒定律的普遍意义	理解	理解、用、分析、知道
	原子结构 2	171	8.2.1 人类探索原子结构的历史及有关的经典实验	了解	了解
		172	8.2.2 氢原子光谱	理解	分析
		173	8.2.2 原子的能级结构	了解	了解
	原子核 7	174	8.3.1 原子核的组成	了解	知道
		175	8.3.1 放射性、原子核的衰变、半衰期及其统计意义、衰变速度	了解	知道
		176	8.3.2 放射性同位素的应用	了解	了解
		177	8.3.2 射线的危害和防护	了解	知道
		178	8.3.3 核力的性质	了解	知道
		179	8.3.3 轻核和重核	理解	解释
		180	8.3.3 根据质量数守恒和电荷数守恒写核反应方程	应用	（写出）
		181	8.3.4 原子核的结合能	认识	认识
		182	8.3.4 裂变反应和聚变反应	了解	知道
		183	8.3.5 链式反应、裂变反应堆的工作原理及常见类型、核电站的工作模式	了解	知道、了解
		184	8.3.6 恒星的演化	了解	初步了解
		185	8.3.6 粒子物理学的基础知识	了解	初步了解

续表

模块	内容主题	编码	知识内容和编码	认知水平	行为动词
选修 3-5	波粒二象性 6	186	8.4.1 量子化现象	了解	了解、比较
		187	8.4.2 光电效应	了解	了解
		188	8.4.2 爱因斯坦光电效应方程及其意义	了解	知道
		189	8.4.3 康普顿效应	了解	了解
		190	8.4.4 光的波粒二象性、光是一种概率波	了解	说明、知道
		191	8.4.5 实物粒子的波动性	了解	知道
		192	8.4.5 电子云	了解	知道
		193	8.4.5 不确定性关系	了解	初步了解
		194	8.4.6 人类直接经验的局限性	了解	了解

附录2　英国GCE AS和A-Level物理学科主题内容(2011年)①

一级主题	二级主题	具体内容	编码
1. 物理规范与标矢性	1.1 物理规范与标矢性	1.1.1 国际单位制的认识	1
		1.1.2 理解矢量和标量之间的区别	2
		1.1.3 对物理量的数量级的认识	3
		1.1.4 对物理测量的局限性的认识	4
2. 力学	2.1 矢量	2.1.1 矢量的直角分解	5
		2.1.2 两个矢量的运算法则	6
		2.1.3 两个垂直矢量的计算	7
	2.2 运动学	2.2.1 匀加速运动的图示	8
		2.2.2 匀速直线运动或匀加速直线运动方程的使用	9
		2.2.3 对速度-时间和位移-时间图像的理解	10
	2.3 动力学	2.3.1 当质量不变时，使用 $F = ma$	11
		2.3.2 恒力作用下的一维和二维运动	12
		2.3.3 非匀变速运动垂直分量的独立性	13
	2.4 功与能	2.4.1 恒力做功的计算	14
		2.4.2 力与运动方向不同时做功的计算	15
		2.4.3 重力势能与动能的转换	16
	2.5 动量	**2.5.1 定义、方程**	17
		2.5.2 动量守恒定理	18
		2.5.3 一维问题的计算	19
	2.6 圆周运动	**2.6.1** $\boldsymbol{F = ma = m\frac{v^2}{r}}$ 在匀速圆周运动中的应用	20
	2.7 振动	**2.7.1 简谐振动**	21
		2.7.2 利用公式 $\boldsymbol{a = -(2\pi f)^2 x}$ 及其解 $\boldsymbol{x = A\cos 2\pi ft}$ 进行定量计算	22
		2.7.3 在位移-时间图像中斜率表示速度	23
		2.7.4 自由振动和受迫振动的定性处理	24
		2.7.5 阻尼振动和共振	25

① 关于此表的阐述详见6.3.1节。

续表

一级主题	二级主题	具体内容	编码
3. 电学	3.1 电流	3.1.1 电流的定义，$I=\frac{\Delta q}{\Delta t}$	26
	3.2 电路	3.2.1 电路中电荷和能量的守恒	27
		3.2.2 串并联电路中电流、电压和电阻之间的关系	28
		3.2.3 分压电路	29
	3.3 电动势和电势差	3.3.1 电动势的定义和内阻的概念	30
		3.3.2 电势差与能量的转换	31
	3.4 电阻	3.4.1 定义	32
		3.4.2 电阻率	33
		3.4.3 特定情况下欧姆定律的应用	34
		3.4.4 功率消耗	35
	3.5 电容	**3.5.1 定义**	36
		3.5.2 电容器的能量	37
		3.5.3 放电曲线的定量处理	38
	3.6 波	3.6.1 偏振和衍射的定性处理	39
		3.6.2 波程差、相位和相干性	40
		3.6.3 波的叠加和驻波的图像处理	41
4. 物质	**4.1 分子动理论**	**4.1.1 理想气体，** $PV=NKT$	42
		4.1.2 绝对零度	43
		4.1.3 温度对分子平均动能的影响	44
		4.1.4 理想气体的能量	45
	4.2 内能	**4.2.1 内能的概念**	46
		4.2.2 温度变化所需的能量 $Q=mc\Delta\theta$	47
5. 量子与核物理	5.1 光子	5.1.1 利用光子模型解释可观察的现象	48
		5.1.2 支持光子模型的证据	49
	5.2 粒子	5.2.1 支持粒子量子模型的证据	50
		5.2.2 粒子衍射的研究将提供适当的处理深度	51
	5.3 核衰变	**5.3.1 放射性物质的性质、渗透性和辐射范围之间的联系**	52
		5.3.2 原子核存在的证据	53
		5.3.3 放射源的活性	54
		5.3.4 衰减概率恒定的模型导致指数衰减；半衰期观念	55
		5.3.5 衰变过程中原子核的变化	56
	5.4 核能	**5.4.1 质能方程** $E=mc^2$ **应用于核反应过程**	57
		5.4.2 理解 $E=mc^2$ **适用于所有的能量变化**	58
		5.4.3 关于质量差与能量变化的简单计算	59
		5.4.4 裂变和聚变过程的描述	60

续表

一级主题	二级主题	具体内容	编码
6. 场	**6.1 力场(重力场和电场)**	**6.1.1** 概念和定义	61
		6.1.2 万有引力和质点(或球)的场	62
		6.1.3 真空中点(或球形)电荷的电场和力	63
		6.1.4 匀强电场	64
		6.1.5 电场与重力场的异同	65
	6.2 磁场	**6.2.1 对垂直于匀强磁场的直导线和运动电荷的力(安培力和洛伦兹力)**	66
	6.3 磁通量与电磁感应	**6.3.1** 概念和定义	67
		6.3.2 法拉第和楞次定律	68
		6.3.3 电动势等于磁通量的变化率，并能够进行简单的计算	69

注：表格中加粗部分为A2阶段内容

附录3　英国 GCE AS 和 A-Level 物理学科主题内容(2014年)①

一级主题	二级主题	具体内容	编码
1. 物理规范与标矢性	1.1 物理规范	1.1.1 国际单位及其前缀的使用	1
		1.1.2 牛顿运动定律	2
		1.1.3 物理量的估值	3
		1.1.4 物理测量的局限性	4
	1.2 矢量与标量	1.2.1 矢量与标量的区别	5
		1.2.2 将矢量分解成两个垂直分量	6
		1.2.3 两个向量的运算法则	7
		1.2.4 两个垂直向量的计算	8
2. 力学	2.1 运动学	2.1.1 匀速直线运动或匀加速直线运动方程的使用	9
		2.1.2 加速运动的图示	10
		2.1.3 对速度-时间和位移-时间图像的理解	11
	2.2 动力学	2.2.1 当质量不变时，使用 $F=ma$	12
		2.2.2 恒力作用下的一维和二维运动	13
		2.2.3 匀加速直线运动两垂直分量的独立性，抛体运动	14
	2.3 能量	2.3.1 恒力做功的计算，包括力与运动方向不同	15
		2.3.2 重力势能与动能转换的计算	16
		2.3.3 能量守恒定理	17
	2.4 动量	2.4.1 定义	18
		2.4.2 动量守恒定理	19
		2.4.3 一维问题的计算	20
	2.5 圆周运动	2.5.1 用弧度制表示角度和角速度	21
		2.5.2 $F=ma=m\frac{v^2}{r}=mr\omega^2$ 在匀速圆周运动中的应用	22
	2.6 振动	2.6.1 简谐运动	23
		2.6.2 利用公式 $a=-\omega^2 x$ 及其解 $x=A\cos\omega x$ 进行定量计算	24
	2.7 物质的力学特征	2.7.1 应力，应变，杨氏模量	25
		2.7.2 力——形变图，能量存储	26

① 关于此表的阐述详见 6. 3. 2 节。

续表

一级主题	二级主题	具体内容	编码
3. 电学	3.1 电流	2.1.1 电流的定义，$I=\dfrac{\Delta q}{\Delta t}$	27
	3.2 电动势和电势差	2.2.1 电动势的定义和内阻的概念	28
		2.2.2 电势差与能量的转换	29
	3.3 电阻	2.3.1 定义	30
		2.3.2 电阻率	31
		2.3.3 欧姆定律	32
	3.4 直流电路	2.4.1 电路中的电荷和能量守恒	33
		2.4.2 串、并联电路中电流、电压和电阻之间的关系	34
		2.4.3 功率消耗	35
		2.4.4 分压电路	36
	3.5 电容	2.5.1 定义	37
		2.5.2 电容器能量	38
		2.5.3 定量处理电容的充放电曲线	39
4. 波	4.1 波	4.1.1 偏振和衍射的定性处理	40
		4.1.2 波程差、相位和相干性、干涉	41
		4.1.3 波的叠加和驻波的图像处理	42
5. 物质	5.1 分子动理论	5.1.1 理想气体，$PV=NKT$	43
		5.1.2 绝对零度	44
		5.1.3 温度与平均分子动能的关系	45
	5.2 内能	5.2.1 内能的概念	46
		5.2.2 温度变化所需的能量 $Q=mc\Delta\theta$	47
6. 量子与核物理	6.1 光子和粒子	6.1.1 利用光子模型解释可观察的现象	48
		6.1.2 支持光子模型的证据	49
		6.1.3 波粒二象性、粒子衍射	50
	6.2 核衰变	6.2.1 放射性物质的性质、渗透性和辐射范围之间的联系	51
		6.2.2 原子核存在的证据	52
		6.2.3 放射性源的活性和半衰期的概念	53
		6.2.4 具有常数衰减概率导致指数衰减的模型	54
		6.2.5 衰变过程中原子核的变化	55
	6.3 核能	6.3.1 裂变与聚变过程	56
		6.3.2 质能方程 $E=mc^2$ 应用于核反应过程	57
		6.3.3 质量差与能量变化的计算	58
7. 场	7.1 力场(重力场和电场)	7.1.1 概念和定义	59
		7.1.2 质点(或球)的万有引力和反平方场	60
		7.1.3 真空中点(或球形)电荷的电力和场	61
		7.1.4 电势和引力势与势能的变化	62

续表

一级主题	二级主题	具体内容	编码
7. 场	7.1 力场(重力场和电场)	7.1.5 匀强电场	63
		7.1.6 电场与引力场的异同	64
	7.2 磁场	7.2.1 匀强磁场对直导线和运动电荷的力	65
	7.3 磁通和电磁感应	7.3.1 概念和定义	66
		7.3.2 法拉第和楞次定律	67
		7.3.3 电动势等于磁通量变化率	68

附录4　英国 OCR AS 和 A-Level 物理考试大纲主题内容(2013 年)①

一级主题	二级主题	三级主题	具体内容
1. 力学	1.1 运动	1.1.1 物理量和单位	A. 理解物理量由数值大小和单位组成
			B. 根据需要，正确使用本规范中列出的单位
			C. 正确使用下列前缀及其符号来表示十进制的倍数或单位的倍数:皮(p)、纳(n)、微(μ)、毫(m)、厘(c)、千(k)、兆(M)、千兆(G)、特(T)
			D. 对本文件中包含的物理量进行适当的估算
		1.1.2 标量和矢量	A. 定义标量和矢量并给出例子
			B. 使用矢量三角形来确定两个共面矢量，如：位移、速度和力
			C. 计算两个垂直矢量，如：位移、速度和力
			D. 将位移、速度和力等矢量分解成两个垂直分量
		1.1.3 运动学	A. 定义位移，瞬时速度，平均速度，速度和加速度
			B. 选择并使用关系： 平均速速$=\frac{位移}{时间}$，加速度$=\frac{速度改变量}{时间}$，解决问题
			C. 应用图形方法表示位移、速度、速率和加速度
			D. 根据时间位移图像斜率确定速度
			E. 根据时间速度图像确定位移
			F. 根据时间速度图像斜率确定加速度
		1.1.4 直线运动	A. 从速度时间的关系图推导出匀变速直线运动方程
			B. 选择并使用匀变速直线运动方程：$v=u+at$，$s=\frac{1}{2}(v+u)t$，$s=ut+\frac{1}{2}at^2$，$v^2=u^2+2as$
			C. 运用匀变速直线运动方程解决自由落体运动问题
			D. 解释伽利略所做的实验是如何推翻亚里士多德的运动理论
			E. 描述一个用下落物体确定自由落体加速度 g 的实验
			F. 应用匀变速直线运动方程来描述和解释抛体运动

① 关于此表的阐述详见 6.3.3 节。

续表

一级主题	二级主题	三级主题	具体内容
1. 力学	1.2 力与运动	1.2.1 力	A. 利用：合力＝质量×加速度（$F = ma$）的关系解决问题，认识到加速度与合力总是在同一个方向上
			B. 定义力的单位“牛顿”
			C. 应用匀变速直线运动方程和 $F = ma$ 分析物体的运动
			D. 根据狭义相对论，$F = ma$ 不能用于高速运动的粒子，因为质量会发生变化
		1.2.2 非线性运动	A. 解释一个物体在流体中运动时所受到的阻碍或摩擦称为阻力
			B. 说明影响阻力大小的因素
			C. 确定物体受阻力时的加速度
			D. 解释物体的重量是作用在物体上的引力
			E. 选择和使用的关系：重力＝质量×重力加速度（$G = mg$）
			F. 描述物体在受阻力的均匀引力场中下落时的运动
			G. 使用并解释术语：极限速度
		1.2.3 平衡	A. 运用矢量三角形表示三力平衡
			B. 对重心概念的理解：重心是整个物体重力的作用点
			C. 描述一个简单的实验确定物体的重心
			D. 对力偶的理解：力偶是一对使物体旋转的力
			E. 定义并应用一对力偶
			F. 定义并应用力矩
			G. 说明在平衡状态下，物体的合力和合力矩均为零
			H. 运用力矩原理解决问题，例如人的前臂
			I. 选择并使用密度方程 $\rho = \frac{m}{V}$
			J. 选择并使用压强方程 $P = \frac{F}{A}$（F 是作用在垂直于面积 A 上的力）
		1.2.4 汽车安全	A. 定义：思考距离、制动距离、停车距离
			B. 运用思考距离、制动距离、停车距离等术语分析解决问题
			C. 描述影响思考距离和制动距离的因素
			D. 描述并解释汽车的安全气囊、安全带和缓冲区如何减少事故中的冲击力
			E. 描述气囊如何工作，包括触发机制
			F. 描述三边测量技术在汽车 GPS(全球定位系统)中的应用

续表

一级主题	二级主题	三级主题	具体内容
1. 力学	1.3 功和能	1.3.1 功和能量守恒	A. 定义力所做的功
			B. 定义单位“焦耳”
			C. 利用公式计算一个力所做的功：$W=Fx$，$W=Fx\cos\theta$
			D. 陈述能量守恒的原理
			E. 描述不同形式的能量例子，能量转换和能量守恒，并将能量守恒原理应用于简单的例子
			F. 应用功是能量转化的量度的思想来解决问题
		1.3.2 动能和势能	A. 选择并应用动能公式 $E_k=\frac{1}{2}mv^2$
			B. 应用做功的定义，推导出重力势能变化的方程
			C. 选择并应用地球表面附近的重力势能变化公式 $E_P=mgh$
			D. 分析重力势能和动能交换的问题
			E. 应用能量守恒原理来确定物体在地球重力场中下落的速度
		1.3.3 功率	A. 功率定义为做功的速率
			B. 定义单位“瓦特”
			C. 计算功率解决问题
			D. 由于热损失，设备的效率总是小于100%
			E. 选择并应用公式计算效率：效率地＝$\frac{有用功}{总功}\times 100\%$
			F. 解释并构建桑基图(桑基能量分流图，也叫桑基能量平衡图)
		1.3.4 弹簧和材料的性能	A. 描述变形是如何由一维力引起的，可以是拉伸的，也可以是压缩的
			B. 用力、伸长量、弹性极限、胡克定律和力常数(即单位伸长或压缩所受的力：弹性系数)来描述弹簧和钢丝的性能
			C. 选择并应用公式 $F=kx$，其中 k 是弹簧或导线的力常数
			D. 确定力对作用面积的拉伸(或压缩)图形，找出力所做的功
			E. 选择并使用弹性势能的方程，$E=\frac{1}{2}Fx$，$E=\frac{1}{2}kx^2$
			F. 定义并使用应力、应变、杨氏模量和极限抗拉强度(断裂应力)等术语
			G. 描述一个测定金属丝形式的杨氏模量的实验
			H. 定义材料的弹性变形和塑性变形
			I. 描述典型韧性、脆性和聚合物材料的应力应变图的形状

续表

一级主题	二级主题	三级主题	具体内容
2. 电子、波和光子	2.1 电流	2.1.1 电荷与电流	A. 解释电流是带电粒子的定向流动
			B. 解释金属中的电流是由电子运动引起的，而电解质中的电流是由离子运动引起的
			C. 解释电流方向和电子流
			D. 选择和使用方程 $\Delta Q = I\Delta t$
			E. 定义单位“库仑”
			F. 描述如何用安培计测量电路中的电流
			G. 使用元电荷 $e = 1.6\times10^{-19}$C
			H. 描述基尔霍夫第一定律，认识到这是电荷守恒的结果
			I. 说明载流子的平均漂移速度是什么意思
			J. 选择并使用公式 $I = Anev$
			K. 用数字密度(自由电荷密度) n 来描述导体、半导体和绝缘体之间的区别
	2.2 电阻	2.2.1 电路符号	A. 使用国际制单位和规范的电路符号
			B. 用这些符号解释和绘制电路图
		2.2.2 电动势和电位差	A. 定义电位差
			B. 选择并使用公式 $W = VQ$（$W = qu$）
			C. 定义单位“伏特”
			D. 描述如何使用电压表确定一个元件的压降
			E. 定义电源(如电池)的电动势
			F. 从能量转化的角度描述电动势和电位差的区别
		2.2.3 电阻	A. 定义电阻
			B. 使用电阻方程 $R = \frac{V}{I}$
			C. 定义电阻“欧姆”
			D. 说明和使用欧姆定律
			E. 描述恒温电阻、白炽灯和发光二极管(LED)的 $I-V$ 特性
			F. 描述一个在恒温电阻、白炽灯和发光二极管(LED)下获得电阻器 $I-V$ 特性的实验
			G. 描述使用发光二极管(LED)的用途和好处
		2.2.4 电阻率	A. 定义材料的电阻率
			B. 选择和使用方程 $R = \frac{\rho L}{S}$
			C. 描述温度如何影响金属和半导体的电阻率
			D. 描述纯金属导线和负温度系数(NTC)热敏电阻的电阻是如何受温度影响的

续表

一级主题	二级主题	三级主题	具体内容
2. 电子、波和光子	2.2 电阻	2.2.5 功率	A. 把功率描述为能量转化的速率
			B. 选择并使用功率方程 $P=VI$ ， $P=I^2R$ ， $P=\frac{V^2}{R}$
			C. 解释保险丝作为安全装置的工作原理
			D. 为电气设备确定正确的保险丝
			E. 选择并使用公式 $W=IVt$
			F. 定义千瓦时（kW·h）为能量单位
			G. 用千瓦时（kW·h）表示能量，计算电能消耗成本(电费)
	2.3 直流电路	2.3.1 串联和并联电路	A. 陈述基尔霍夫第二定律，认识到这是能量守恒的结果
			B. 将基尔霍夫第一和第二定律应用于电路
			C. 选择并使用两个或两个以上串联电阻的总电阻方程
			D. 选择并使用两个或两个以上并联电阻的总电阻方程
			E. 用一个或多个电源解决涉及串并联电路的电路问题
			F. 解释所有的电源都有内阻
			G. 解释术语“电位差”的含义
			H. 选择并使用这些方程： $e.m.f=I(R+r)$ ， $e.m.f=V+Ir$
		2.3.2 实际电路	A. 画一个简单的分压电路
			B. 解释如何使用分压电路产生可变的输出功率
			C. 选择并使用分压方程 $V_{out}=\frac{R_2}{R_1+R_2}\times V_{in}$
			D. 描述光强如何影响光敏电阻(LDR)的阻值
			E. 描述和解释热敏电阻和光电阻器在分压电路中的应用
			F. 描述使用数据记录器监测物理变化的优点
	2.4 波	2.4.1 波动	A. 描述并区分前进纵波和横波
			B. 定义和使用波的位移、振幅、波长、周期、相位差、频率和速度
			C. 定义速度、频率和波长，波动方程 $v=f\lambda$
			D. 选择和使用波动方程 $v=f\lambda$
			E. 解释声波和光波的反射、折射和衍射
		2.4.2 电磁波	A. 描述典型的不同区域的电磁波的波长
			B. 陈述所有的电磁波在真空中以相同的速度传播
			C. 描述电磁频谱不同区域之间的异同
			D. 描述电磁波的一些实际用途
			E. 描述 $UV-A$ 、$UV-B$ 和 $UV-C$ 辐射的特征和危险，并解释防晒霜的作用

续表

一级主题	二级主题	三级主题	具体内容
2. 电子、波和光子	2.4 波	2.4.2 电磁波	F. 解释平面极化波是什么意思，并理解电磁波的极化
			G. 解释极化现象只与横波有关
			H. 说明光在反射时部分极化
			I. 应用马吕斯定律计算偏振滤光片透射光强
		2.4.3 波的干涉	A. 阐述和运用波的叠加原理
			B. 运用图解法说明叠加原理
			C. 解释干涉、相干、路径差和相位差的概念
			D. 说明什么是相长干涉和相消干涉
			E. 描述用声音、光和微波演示两种源干扰的实验
			F. 用路径差和相位差描述相长干涉和相消干涉
			G. 使用公式：$强度=\frac{能量}{横截面积}$，强度 ∝ 振幅的平方
			H. 描述杨氏双缝实验，并解释它是如何经典地证实了光的波动特性
			I. 选择和使用电磁波方程 $\lambda=\frac{ax}{D}$
			J. 描述用激光和双缝测定单色光波长的实验
			K. 描述如何使用衍射光栅来确定光的波长(不要求光谱仪的结构和使用)
			L. 选择和使用方程 $d\sin\theta=n\lambda$
			M. 解释在实验中使用多个狭缝来寻找光的波长的优点
		2.4.4 驻波	A. 用图解法解释驻波的形成
			B. 描述行波和驻波的异同
			C. 定义术语波腹和波节
			D. 描述用微波、拉伸弦和空气柱演示固定波的实验
			E. 确定在封闭和开放管道中拉伸弦和空气柱的驻波模式
			F. 使用公式：$波腹=\frac{\lambda}{2}$
			G. 定义和使用振动和谐波的基本模式
			H. 通过对一端封闭的管道中驻波的测量，确定空气中声速
	2.5 量子物理	2.5.1 光子能量	A. 描述电磁辐射的微粒性质(光子模型)
			B. 陈述光子是电磁辐射的能量子
			C. 选择并使用光子能量的方程 $E=hf$，$E=\frac{hc}{\lambda}$
			D. 定义和使用电子伏特(eV)作为能量单位
			E. 对于电子和其他带电粒子，使用转换方程 $eV=\frac{1}{2}mv^2$

续表

一级主题	二级主题	三级主题	具体内容
2. 电子、波和光子	2.5 量子物理	2.5.1 光子能量	F. 描述一个实验，使用 LED 估计普朗克常数 h，使用方程 $eV=\frac{hc}{\lambda}$ (不需要半导体理论知识)
		2.5.2 光电效应	A. 描述和解释光电效应现象
			B. 说明光电效应为电磁辐射的微粒性质提供了证据，而干涉和衍射等现象为电磁波性质提供了证据
			C. 定义和使用功函数和极限频率
			D. 当光子与电子相互作用时，能量守恒
			E. 选择、解释和使用爱因斯坦的光电方程 $hf=\varphi+KE_{max}$
			F. 解释为什么电子的最大动能与光强度无关，为什么光电管电路中的光电流与入射辐射的强度成正比
		2.5.3 波粒二象性	A. 解释电子衍射作为粒子类波性质的证据
			B. 解释通过多晶石墨的电子会在原子与原子间的空隙中发生衍射
			C. 选择并应用德布罗意方程 $\lambda=\frac{h}{mv}$
			D. 说明电子通过物质的衍射可以用来确定原子的排列和原子核的大小
		2.5.4 原子能级	A. 解释光谱线如何证明孤立原子(如气体放电灯)中存在离散能级
			B. 描述发射光谱和吸收光谱的来源
			C. 使用关系 $hf=E_1-E_2$，$\frac{hc}{\lambda}=E_1-E_2$
3. 牛顿世界	3.1 牛顿定律和动量	3.1.1 牛顿运动定律	A. 描述和使用牛顿三定律
			B. 将线性动量定义为质量与速度的乘积，理解动量的矢量性质
			C. 定义物体上的合力等于物体动量的变化率
			D. 选择并应用这个方程解决问题 $F=\frac{\Delta P}{\Delta t}$
			E. 利用牛顿第二定律 $F=ma$，解释当质量 m 保持不变时的一个特例
			F. 定义力的冲量
			G. 力与时间的图像面积等于冲量
			H. 冲量等于动量的变化
		3.1.2 碰撞	A. 阐述动量守恒原理
			B. 应用动量守恒原理解决一维物体相互作用的问题
			C. 定义完全弹性碰撞和非弹性碰撞
			D. 解释当一个系统的动量守恒，动能可能发生变化

续表

一级主题	二级主题	三级主题	具体内容
3. 牛顿世界	3.2 圆周运动和振动	3.2.1 圆周运动	A. 定义弧度
			B. 将角度从角度转换为弧度，反之亦然
			C. 解释垂直于物体速度的力会使物体做圆周运动
			D. 解释向心加速度和向心力是什么意思
			E. 选择并应用速度方程 $v=\frac{2\pi r}{T}$，向心加速度 $\alpha=\frac{v^2}{r}$
			F. 选择并应用向心力公式 $F=ma=\frac{mv^2}{r}$
		3.2.2 引力场	A. 描述一个质点如何在它周围的空间中产生引力场
			B. 将引力场强度定义为单位质量的力
			C. 用引力场线表示引力场
			D. 说明牛顿万有引力定律
			E. 选择并使用方程 $F=-\frac{GMm}{r^2}$ 计算两质点或球体之间的力
			F. 选择并应用公式 $g=-\frac{GM}{r^2}$ 求点质量的引力场强度
			G. 选择并使用公式 $g=-\frac{GM}{r^2}$ 来确定地球或其他类似物体的质量
			H. 说明靠近地球表面的引力场强度是均匀的，近似等于自由落体加速度
			I. 通过将引力与向心加速度联系起来，在平方反比律场中分析圆形轨道
			J. 定义并使用描述圆的周期
			K. 从第一个式子中推导出周期方 $T^2=\left(\frac{4\pi^2}{GM}\right)r^3$
			L. 选择并应用这个方程 $T^2=\left(\frac{4\pi^2}{GM}\right)r^3$ 计算行星和卫星(自然和人造)的周期
			M. 选择和运用开普勒第三定律 $T^2\propto r^3$ 来解决问题
			N. 定义地球同步卫星及同步轨道，并说明卫星的用途
		3.2.3 简谐振动	A. 描述自由振荡的简单例子
			B. 定义和使用术语：位移、振幅、周期、频率、角频率和相位差
			C. 选择并使用公式 $T=\frac{1}{f}$
			D. 定义简谐运动

续表

一级主题	二级主题	三级主题	具体内容
3. 牛顿世界	3.2 圆周运动和振动	3.2.3 简谐振动	E. 选择和应用方程 $a=-\left(2\pi f\right)^2 x$ 定义简谐运动方程
			F. 选择和应用 $x=A\cos(2\pi ft)$ 或 $x=A\sin(2\pi ft)$ 作为 $a=-\left(2\pi f\right)^2 x$ 的解
			G. 选择和应用方程计算 $v_{max}=(2\pi f)A$ 简单谐振子的最大速度
			H. 说明简谐运动物体的周期与振幅无关
			I. 用图解说明简谐运动中位移、速度和加速度的变化
			J. 描述和解释简谐运动中动能和势能的交换
			K. 描述阻尼对振荡系统的影响
			L. 描述受迫振动和共振的实际例子
			M. 用图形描述受迫振动的振幅如何随频率变化而接近系统的固有频率
			N. 描述共振有用的例子和其他应该避免共振的例子
	3.3 热学	3.3.1 固体、液体和气体	A. 用原子或分子的间距、顺序和运动来描述固体、液体和气体
			B. 描述固体、液体和气体的简单动力学模型
			C. 描述一个演示布朗运动的实验，并讨论该实验提供的分子运动的证据
			D. 定义压强一词，用动力学模型解释气体施加的压强
			E. 将热力学能定义为与系统分子相关的动能和势能的随机分布之和
			F. 解释一个物体的温度升高导致它的内能增加
			G. 解释物质状态的变化导致其热力学能的变化，而不是温度的变化
			H. 用一个简单的动力学模型描述物质的熔化、沸腾和蒸发
		3.3.2 温度	A. 说明热能从温度较高的区域转移到温度较低的区域
			B. 解释等温区处于热平衡状态
			C. 描述如何有一个绝对温标，它不依赖于任何特定物质的性质(即热力学温标和绝对零度的概念)
			D. 将以开尔文量度的温度转换为摄氏(或相反) $T(\mathrm{K})=\theta(℃)+273.15$
			E. 说明绝对零度是物质具有最小内能的温度
		3.3.3 材料热性能	A. 定义和应用比热容的概念
			B. 选择并应用这个方程 $E=mc\Delta\theta$
			C. 描述确定固体或液体比热容的电实验
			D. 描述熔化潜热(吸热)和汽化潜热(吸热)这两个术语的含义

续表

一级主题	二级主题	三级主题	具体内容
3. 牛顿世界	3.3 热学	3.3.4 理想气体	A. 陈述波义耳定律
			B. 选择并应用 $p\frac{V}{T}=$常数
			C. 陈述气体动力学理论的基本假设
			D. 假设任何物质的 1mol 都含有 6.02×10^{23} 个粒子，而 $6.02\times10^{23}\,\text{mol}^{-1}$ 是阿伏伽德罗常数 N_A
			E. 选择和求解理想气体方程 $pV=NkT$ 和 $pV=nRT$，其中 N 是原子数，n 是摩尔数
			F. 说明理想气体原子的平均平动动能与气体的开氏温度成正比
			G. 选择并应用公式 $E=\frac{3}{2}kT$ 表示原子的平均动能
4. 场、粒子和物理前沿	4.1 电场和磁场	4.1.1 电场	A. 说明电场是由电荷产生的
			B. 将电场强度定义为单位正电荷的力
			C. 描述电场线如何表示电场
			D. 选择并使用库仑定律 $F=\frac{Qq}{4\pi\varepsilon r^2}$
			E. 选择和应用公式计算点电荷的电场强度 $E=\frac{Q}{4\pi\varepsilon r^2}$
			F. 选择并使用 $E=\frac{V}{d}$ 表示带电平行板间均匀电场强度的大小
			G. 解释均匀电场对带电粒子运动的影响
			H. 描述点质量引力场与点电荷引力场的异同
		4.1.2 磁场	A. 描述长直流电导体和长螺线管的磁场分布
			B. 用弗莱明左手定则来确定施加在与磁场成直角的电流导体上的力
			C. 选择并使用方程 $F=BIL$ 和 $F=BIL\sin\theta$
			D. 定义磁通量密度和特斯拉
			E. 选择并使用公式 $F=BQv$ 表示垂直入射到均匀磁场的带电粒子所受的力
			F. 分析带电粒子在垂直于均匀磁场的平面上运动的圆形轨道，将磁力与其引起的向心加速度联系起来
			G. 分析带电粒子在电场和磁场中的运动
			H. 解释质谱计的使用，磁场和电场中带电粒子偏转
		4.1.3 电磁感应	A. 定义磁通
			B. 定义单位“韦伯”
			C. 选择和使用磁通量方程 $\varphi=BA\cos\theta$

续表

一级主题	二级主题	三级主题	具体内容
4. 场、粒子和物理前沿	4.1 电场和磁场	4.1.3 电磁感应	D. 定义磁链(磁链等于导电线圈匝数与穿过该线圈各匝的平均磁通量的乘积，故又称磁通匝)
			E. 阐述并应用法拉第电磁感应定律
			F. 陈述并使用楞次定律
			G. 选择并使用方程：$E=n\dfrac{\Delta\varphi}{\Delta t}$
			H. 描述一个简单的交流发电机的功能
			I. 描述一个简单变压器的功能
			J. 选择并使用变压器的匝比方程
			K. 描述升压变压器和降压变压器的功能
	4.2 电容和指数衰减	4.2.1 电容器	A. 定义电容和法拉
			B. 选择并使用方程 $Q=VC$
			C. 使用方程计算两个或两个以上电容器串联的总电容
			D. 使用方程计算两个或两个以上电容器并联的总电容
			E. 解决串并联电容器的电路问题
			F. 解释电位差与电荷图像的面积等于电容器所储存的能量
			G. 选择并使用电容器充电方程 $W=\dfrac{1}{2}QV$ ， $W=\dfrac{1}{2}CV^2$
			H. 描绘电容器放电时，电阻的电位差、电荷和电流随时间变化的示意图
			I. 定义电路的时间常数
			J. 选择并使用 时间常数 $=CR$
			K. 利用方程：$x=x_0\mathrm{e}^{-\frac{t}{CR}}$ 对电容器的放电进行分析
			L. 解释指数衰减具有恒定比的性质
			M. 描述用于存储能量的电容器在闪光摄影、核聚变激光器和计算机备用电源等应用中的用途
	4.3 核物理	4.3.1 原子核	A. 定性描述阿尔法粒子散射实验，以及它为原子核的存在、电荷和小尺寸提供的证据
			B. 描述原子的基本结构和原子与原子核的相对大小
			C. 选择并使用库仑定律来确定斥力，牛顿引力定律来确定引力，两个质子在核分离时的引力，因此需要一个较短的距离，核子之间的引力
			D. 描述核子之间的强核力如何吸引并且是非常短的范围
			E. 估计核物质的密度
			F. 定义质子和核子数
			G. 说明和使用符号 ${}_{Z}^{A}X$ 表示核素
			H. 定义并使用同位素

续表

一级主题	二级主题	三级主题	具体内容
4. 场、粒子和物理前沿	4.3 核物理	4.3.1 原子核	I. 用核衰变方程表示简单的核反应
			J. 说明核衰变中守恒的量
		4.3.2 基本粒子	A. 解释由于质子和中子含有被称为夸克的带电成分，因此它们不是基本粒子
			B. 根据强子的上夸克、下夸克和奇异夸克及其各自的反夸克，描述一个简单的强子夸克模型，并考虑到它们的电荷、重子数和奇异性
			C. 描述如何将夸克模型扩展到包括魅力、顶部和底部的属性
			D. 用一个简单的夸克模式描述中子和质子的性质
			E. 描述夸克之间的弱相互作用，这是导致 β 衰变的原因
			F. 陈述两种类型的 β 衰变
			G. 描述两种类型的 β 衰变的一个简单的夸克模型
			H. 陈述(电子)中微子和反中微子(电子)在 β^+ 和 β^- 衰变，产生分别
			I. 陈述 β^- 粒子是一个电子，一个 β^+ 是一个正电子
			J. 陈述电子和中微子是一组称为轻子的粒子
		4.3.3 放射现象	A. 描述不稳定核的放射性衰变的自发性和随机性
			B. 描述 α 粒子、 β 粒子、 γ 粒子的性质和穿透范围
			C. 定义并使用活性和衰变常数
			D. 选择和应用活性方程： $A=\lambda N$
			E. 选择并应用这些方程： $A=A_0e^{-\lambda t}$ ， $N=N_0e^{-\lambda t}$
			F. 定义并应用半衰期
			G. 选择并使用方程 $\lambda t_{1/2}=0.693$
			H. $C-R$ 电路中放射性核衰变和电容器电荷衰变的比较和对比
			I. 描述烟雾报警器中放射性同位素的使用
			J. 描述放射性年代测定技术
		4.3.4 核裂变与核聚变	A. 选择并使用爱因斯坦的质能方程 $\Delta E=\Delta mc^2$
			B. 定义每个核子的结合能
			C. 利用并解释核子与核子数轴之间的结合能
			D. 用 $\Delta E=\Delta mc^2$ 和原子核质量确定原子核的结合能
			E. 描述诱发核裂变的过程
			F. 描述并解释核链式反应的过程
			G. 描述裂变反应堆的基本结构，并解释燃料棒、控制棒和催化剂的作用
			H. 描述核裂变作为能源的使用

续表

一级主题	二级主题	三级主题	具体内容
4. 场、粒子和物理前沿	4.3 核物理	4.3.4 核裂变与核聚变	I. 描述核裂变的和平与破坏性用途
			J. 描述核废料对环境的影响
			K. 描述核聚变的过程
			L. 描述恒星内部核聚变成为可能的条件
			M. 计算简单核反应释放的能量
	4.4 医学物理	4.4.1X 射线	A. 描述 X 射线的性质
			B. 用简单的术语描述 X 射线是如何产生的
			C. 描述 X 射线如何与物质相互作用(仅限于光电效应、康普顿效应和电子偶产生)
			D. 定义强度为单位横截面积的功率
			E. 选择和使用方程 $I = I_0 e^{-\mu x}$
			F. 描述 X 射线在身体内部结构成像中的应用，包括图像增强器和造影剂的使用
			G. 解释如何用钡餐拍摄肠等软组织的影像
			H. 描述计算机轴向断层扫描(CAT)扫描仪的操作
			I. 描述 CAT 扫描与 X 射线图像相比的优点
		4.4.2 医学诊断方法	A. 描述使用医用示踪剂，如：锝-99m(technetium-99m)诊断器官功能
			B. 描述伽玛相机的主要组件
			C. 描述正电子发射断层扫描(PET)的原理
			D. 概述核旋进、拉莫尔频率、共振和弛豫时间的核磁共振原理
			E. 描述核磁共振扫描仪的主要组成部分
			F. 概述利用 MRI(磁共振成像)获取内脏诊断信息
			G. 描述 MRI 的优缺点
			H. 描述非侵入性技术在诊断中的需求
			I. 解释多普勒效应是什么意思
			J. 定性地解释多普勒效应如何被用来测定血液的速度
		4.4.3 超声波	A. 描述超声波的特性
			B. 描述压电效应
			C. 解释超声波换能器如何发射和接收高频声音
			D. 描述超声扫描的原理
			E. 描述 A-扫描和 B-扫描的区别
			F. 计算使用方程计算声阻抗 $Z = \rho c$
			G. 用这个公式计算反射强度的百分比 $\frac{I_r}{I_0} = \frac{(Z_2 - Z_1)^2}{(Z_2 + Z_1)^2}$
			H. 描述阻抗匹配的重要性
			I. 解释为什么有效的超声成像技术需要凝胶

续表

一级主题	二级主题	三级主题	具体内容
4. 场、粒子和物理前沿	4.5 宇宙模型	4.5.1 宇宙结构	A. 描述宇宙的主要内容，包括恒星、星系和辐射
			B. 用太阳、行星、行星卫星和彗星来描述太阳系
			C. 描述恒星的形成，如我们的太阳，从星际尘埃和气体
			D. 描述太阳可能演化成红巨星和白矮星的过程
			E. 描述一颗比太阳质量大得多的恒星如何演化成超级红巨星，然后变成中子星或黑洞
			F. 定义以天文单位（AU）秒差距（pc）和光年（ly）量度的距离
			G. 说明秒差距和光年的近似大小
			H. 陈述奥伯斯悖论
			I. 解释奥伯斯悖论，解释为什么它表明无限静态宇宙的模型是不正确的
			J. 选择并使用方程 $\frac{\Delta\lambda}{\lambda}=\frac{v}{c}$
			K. 描述和解释哈勃的红移观测
			L. 陈述和解释哈勃定律
			M. 将哈勃常数 H_0 从传统单位（$km\cdot s^{-1}\cdot Mpc^{-1}$）转换为国际单位制（$s^{-1}$）
			N. 陈述宇宙学原理
			O. 描述并解释 3K 微波背景辐射的意义
		4.5.2 宇宙的演化	A. 解释宇宙的标准模型(热大爆炸)意味着宇宙的有限年龄
			B. 选择和使用：宇宙年龄 $\approx 1/H_0$
			C. 定性描述大爆炸后 10^{-43}s 到现在的宇宙演化
			D. 解释宇宙可能是“开放的”“平坦的”或“封闭的”，这取决于它的密度
			E. 解释宇宙的最终命运取决于它的密度
			F. 定义临界密度
			G. 选择并使用临界密度表达式 $\rho_0=\frac{3H_0^2}{8\pi G}$
			H. 解释目前人们认为宇宙的密度接近，而且可能正好等于“平坦”宇宙学所需要的临界密度
5. 物理实践技能	5.1 实践技能 1（AS 水平）		
	5.2 实践技能 2（A2 水平）		

注：根据考试改革以前的规定，实验技能单独测试，故在分析 2013～3017 年改革之前的试题(即单元试题)时没有统计实验技能考查内容。

附录5 英国OCR AS和A-Level物理考试大纲主题内容(2015年)[①]

一级主题	二级主题	三级主题	具体内容
1. 物理实验技能的发展	1.1 纸笔测验实验技能	1.1.1 计划	A. 实验设计，解决现实情境中设置的问题 B. 适当地应用控制变量的方法 C. 评价实验方法是否适用于预期结果
		1.1.2 实施	A. 如何正确使用各种实验设备和技术 B. 适当的测量单位 C. 以适当的形式呈现观测值和数据
		1.1.3 分析	A. 对实验结果进行定性、定量的处理、分析和解释 B. 运用适当的数学方法分析定量数据 C. 适当使用有效数字 D. 根据实验结果绘制和解释合适的图形，包括： (1)具有适当比例、数量和单位的坐标轴 (2)斜率和截距的测量
		1.1.4 评估	A. 如何评价结果和得出结论 B. 对实验测量中误差的识别 C. 对试验方法的局限性的认识 D. 测量值和数据的精度与准确度，包括误差范围、百分比误差和仪器中的不确定因素 E. 对实验设计的改进，提出改进的方法和设备
2. 物理基础	2.1 物理量和单位	2.1.1 物理量	A. 物理量由数值和单位两部分组成 B. 能对本说明书中列出的物理量进行估算
		2.1.2 国际制单位	A. 国际单位制基本单位：质量(kg)、长度(m)、时间(s)、电流(s)、温度(K)、物质的量(mol) B. 由国际制基本单位推出导出单位 C. 本说明书中单位表 D. 用标准单位检验物理方程的同质性 E. 使用前缀符号来表示十进制因数或单位的倍数：皮(p)、纳(n)、微(μ)、毫(m)、厘(c)、分(d)、千(k)、兆(m)、千兆(G)、特(T) F. 在坐标轴和图表中按规定使用单位
	2.2 测量和数据分析	2.2.1 测量与估读	A. 测量中的系统误差和随机误差 B. 测量精度 C. 用加法、减法、多重乘法、除法和升幂法组合数据时，存在绝对不确定性和百分比不确定性 D. 误差和不确定因素的图解处理；最佳拟合线；不确定性的绝对值和百分比；百分比差异

① 关于此表的阐述详见6.3.4节。

续表

一级主题	二级主题	三级主题	具体内容
2. 物理基础	2.3 量的性质	2.3.1 标量与矢量	A. 标量和矢量 B. 矢量的加减 C. 矢量的三角确定任意平面两个矢量的矢量和 D. 矢量的垂直分解；$F_X = F\cos\theta$，$F_Y = F\sin\theta$
3. 力与运动	3.1 运动	3.1.1 运动学	A. 位移、瞬时速率、平均速率、速率和加速度 B. 位移、速率、速度和加速度图形表示 C. 位移-时间图像，斜率表示速度 D. 速度-时间图像，斜率表示加速度
		3.1.2 直线运动	A. (1)匀变速直线运动方程，自由落体运动：$v=u+at$，$s=\frac{1}{2}(v+u)t$，$s=ut+\frac{1}{2}at^2$，$v^2=u^2+2as$ (2)观察物体运动和碰撞的技术和程序 B. 掌握使用光电门和电磁铁测量重力加速度 g C. 反应时间和思考距离，汽车的刹车距离和停止距离
		3.1.3 抛物线运动	A. 抛体运动水平分量和竖直分量的独立性 B. 匀速直线运动与匀变速直线运动合成的二维运动(曲线运动)
	3.2 运动和力	3.2.1 动力学	A. 合外力＝质量×加速度；$F=ma$ B. 力的单位：牛顿N C. 物体的重量，$W=mg$ D. 张力，正向接触力，推力，摩擦力 E. 恒力作用下的一维和二维运动
		3.2.2 非匀加速运动	A. 物体在流体中所受到的摩擦力 B. 影响物体在空气中运动所受阻力的因素 C. 物体在重力和阻力的共同作用下的运动 D. 极限速度，测量解流体中物体极限速度的方法
		3.2.3 力的平衡	A. 力矩 B. 力偶，力偶力矩 C. 力矩平衡原理 D. 质心，重心，测定重心的试验 E. 物体在力和力矩作用下的平衡 F. 三个共点力的平衡条件；力的矢量三角形
		3.2.4 密度和压强	A. 密度，公式 $\rho=\frac{m}{v}$ B. 压强，公式 $P=\frac{F}{S}$ C. 物体在流体中的压强，公式 $P=\rho gh$
	3.3 功，能量和功率	3.3.1 功和能量守恒	A. 力所做的功，单位：焦耳 J B. 力做功的公式：$W=fx\cos\theta$ C. 能量守恒定理 D. 不同形式能量的转换 E. 功是能量转换的量度
		3.3.2 动能和势能	A. 物体的动能，公式 $E_K=\frac{1}{2}mv^2$ B. 重力势能，公式 $E_P=mgh$ C. 动能和重力势能的相互转化

续表

一级主题	二级主题	三级主题	具体内容
3. 力与运动	3.3 功，能量和功率	3.3.3 功率	A. 功率，单位：瓦特 W；公式 $P=\frac{w}{t}$ B. 力的功率 $P=F\text{v}$ C. 有效功率，公式为：效率＝$\frac{有用功}{总功}\times 100\%$
	3.4 弹性材料	3.4.1 弹簧	A. 拉伸变形和压缩变形；拉伸和压缩 B. 胡克定律 C. 劲度系数 k，公式 $F=kx$ D. 弹簧或绳子的力-形变图像；用于研究包括弹簧、橡皮筋、聚乙烯带等物体的力与形变特性的技术和方法
		3.4.2 物质的机械特性	A. 力-形变图像；图像的面积表示功的大小 B. 弹性势能，公式 $E=\frac{1}{2}FX$，$E=\frac{1}{2}KX^2$ C. 应力，应变，抗拉伸强度 D. 杨氏模量=$\frac{拉应力}{拉伸应变}$ $E=\frac{\sigma}{\varepsilon}$；测定金属杨氏模量的技术和方法 E. 韧性材料、易碎物、聚合物的应力-应变图像 F. 材料的弹性形变和塑形形变
	3.5 牛顿三定律和动量	3.5.1 牛顿运动定律	A. 牛顿三定律 B. 线性动量，$p=mv$，动量的矢量性质 C. 合外力=动量的变化率；$F=\frac{\Delta p}{\Delta t}$ D. 冲量；冲量= $F\Delta t$ E. 力与时间图像的面积等于冲量的大小
		3.5.2 碰撞	A. 动量守恒定律 B. 物体在一维和二维运动中的碰撞和相互作用 C. 完全弹性碰撞和塑性碰撞
4. 电子、波和光子	4.1 电荷与电流	4.1.1 电荷	A. 电流的定义；$I=\frac{\Delta Q}{\Delta T}$ B. 电荷的单位：库仑 **C** C. 元电荷 $e=1.6\times 10^{-19}$C D. 物体的带电量是量子化的，是元电荷 e 的整数倍 E. 电流是金属中电子的定向移动或者电解液中离子的定向移动 F. 传统的电流和电子流 G. 基尔霍夫第一定律；电荷守恒
		4.1.2 平均漂移速度	A. 载流子的平均漂移速度 B. $I=Anev$，n 是载流子密度 C. 导体，半导体，绝缘体之间 n 的区别
	4.2 能量、电功率和电阻	4.2.1 电路符号	A. 电路符号 B. 使用这些符号表示电路图
		4.2.2 电动势和电势差	A. 电势差的单位：伏特(V) B. 电动势的来源 C. 从能量转化的角度看，电动势和电势差的区别 D. 能量转化；$W=VQ$；$W=\varepsilon Q$ E. 电子与其他电荷粒子的能量转换，公式 $ev=1/2mv^2$

续表

一级主题	二级主题	三级主题	具体内容
4. 电子、波和光子	4.2 能量、电功率和电阻	4.2.3 电阻	A. 电阻；$R=\frac{v}{I}$；单位欧姆 B. 欧姆定律 C. (1) 电阻、灯、热敏电阻、二极管、发光二极管的 $I-V$ 特性 (2) 研究线性原件和非线性元件电路特性的技术和方法 D. 光敏电阻器；电阻大小随着光的强度而改变
		4.2.4 电阻率	A. 材料的电阻率；$R=\frac{\rho L}{A}$；测量金属的电阻率 B. 金属和半导体的电阻率随着温度的变化 C. 负温度系数热敏电阻；电阻随温度的变化
		4.2.5 电功率	A. 电功率；公式 $P=VI$，$P=I^2R$，$P=\frac{V^2}{R}$ B. 能量转化；$W=VIt$ C. 千瓦时（kW·h），能源成本的计算
	4.3 电路	4.3.1 串联和并联	A. 基尔霍夫第二定律；能量守恒 B. 电路中基尔霍夫第一和第二定律的应用 C. 串联电路中总电阻等于各个电阻之和；公式 $R=R_1+R_2$ D. 并联电路中总电阻分之一等于各个电阻分之一的和；公式 $\frac{1}{R}=\frac{1}{R_1}+\frac{1}{R_2}$ E. 串并联电路中电器元件的相关分析 F. 含多个电源的电路分析
		4.3.2 内阻	A. 电动势；内阻 B. 路端电压； C. 总电压 $\varepsilon=I(R+r)=V+Ir$
		4.3.3 分压元件	A. 电路元件的分压 B. 可变电阻的分压，如光敏电阻器、热敏电阻器 C. 分压公式 $V_{out}=\frac{R_2}{R_1+R_2}\times V_{in}$，$\frac{V_1}{V_2}=\frac{R_1}{R_2}$；利用分压公式求解电路中各元器件的电压
	4.4 波	4.4.1 波的运动	A. 水波；纵波和横波 B. 位移；振幅；波长；周期；相位；频率；波速；用示波器测定频率的技术和方法 C. 频率公式 $f=\frac{1}{T}$ D. 波速 $V=f\lambda$ E. 横波与纵波的图像表示 F. 波的反射、折射、偏振和衍射；利用水波箱来描述波浪的影响；利用微波或者光线来观察波的偏振影响 G. 波的强度 $I=\frac{P}{A}$；密度正比于幅度的平方
		4.4.2 电磁波	A. 电磁波谱；电磁波的特性 B. 从无线电波到伽马射线的主辐射波长的数量级 C. 平面极化波；电磁波的偏振

续表

一级主题	二级主题	三级主题	具体内容
	4.4 波	4.4.2 电磁波	D. 光的折射；折射率：$n=\frac{c}{v}$，$n\sin\theta=$常量；θ 是与法线的夹角；利用射线箱测量光线的折射和全反射 E. 临界角：$\sin C=\frac{1}{n}$；光的全反射
4. 电子、波和光子	4.4 波	4.4.3 光的叠加	A. 波的叠加原理；声光微波叠加实验的技术和方法 B. 作图法描述叠加原理 C. 干涉，相干性，程差，相位差 D. 波程差和相位差引起的相长干涉和相消干涉 E. 声音和微波的双源干涉 F. 可见光的杨氏双缝实验 G. 当$a \ll D$时，$\lambda=\frac{ax}{D}$；利用双缝和衍射光栅测量波长
		4.4.4 驻波	A. 微波、拉伸弦、空气柱的驻波 B. 用图像呈现驻波 C. 驻波和行波的相似与不同 D. 波节和波腹 E. 闭合和打开的管子中拉伸弦和空气柱的驻波样式；用共振管中的驻波公式测量空气中的声速 F. 两个相邻波节或者波腹的距离是 $\lambda/2$ G. 振动的基本方式，谐波
	4.5 量子物理	4.5.1 光子	A. 电磁辐射的特性(光子模型) B. 光子是电磁辐射的一个能量子 C. 光子能量：$E=hf$，$E=\frac{hc}{\lambda}$ D. 电子伏特，能量单位 E. 利用 LED 和电子伏特公式估量普朗克常量 h 的值：用不同颜色的 LED 测量普朗克常量
		4.5.2 光电效应	A. 光电效应，实验展示：用锌片和金箔验电器来演示光电效应 B. 光子和表面电子之间一对一相互作用 C. 爱因斯坦的光电方程：$hf=\varphi+KE_{max}$，$hf=\phi+KE_{max}$ D. 功函数；极限频率 E. 光电子的最大动能与入射辐射的强度无关 F. 高于极限频率的光电子的逸出功与入射波辐射密度呈正相关
		4.5.3 波粒二象性	A. 电子衍射，该现象的实验证据 B. 电子通过石墨晶体中石墨原子之间的细小缝隙的衍射 C. 德布罗意方程 $\lambda=\frac{h}{P}$
5. 牛顿世界与天体物理学	5.1 热物理学	5.1.1 温度	A. 热平衡 B. 绝对温标(即热力学温标)，不取决于任何特定物质的性质 C. 温度的单位有摄氏度(℃)和开尔文(K) D. $T(\mathrm{K})\approx\theta(℃)+273$

续表

一级主题	二级主题	三级主题	具体内容
5. 牛顿世界与天体物理学	5.1 热物理学	5.1.2 固体，液体和气体	A. 固体、液体和气体的原子或分子的间距、排列方式 B. 固体、液体和气体的简单动力学模型 C. 基于物质动力学模型的布朗运动，使用悬浮在空气中的烟雾颗粒演示布朗运动 D. 内能是与系统分子相关的动能和势能的随机分布之和 E. 绝对零度是温度的最低极限；物质具有最小内能的温度 F. 当温度上升时，物体的内能增加 G. 物态变化过程中物质内能的变化，温度不变
		5.1.3 材料的热性能	A. 物质的比热容；这个方程 $E = mc\Delta\theta$ B. 测定金属或液体比热容的电学实验；用电学方法测定金属块和液体的比热容的技术和程序 C. 熔化吸热和汽化吸热 $E = mL$ D. 测定熔融和汽化比潜热的电学实验；用电学方法测定固体和液体的比潜热的技术和程序
		5.1.4 理想气体	A. 物质的量(摩尔)；阿伏伽德罗常数 $N_a = 6.02\times10^{23}\text{mol}^{-1}$ B. 气体动力学模型 C. 气体动力学模型中的压强 D. 理想气体的状态方程 $pV = nRT$，其中 n 是摩尔数；用于确定“ $pV =$ 常数(玻意耳定律); $\frac{p}{T} =$ 常数 ”的技术和方法；使用气体温度随压力的变化估算绝对零度 E. 方程 $PV = \frac{1}{3}Nmc^2$，N 是分子(原子或分子)的数目，c^2 是均方速度 F. 均方根速度，均方速度 G. 玻耳兹曼常量 $k = \frac{R}{N_A}$ H. $PV = NKT$，$\frac{1}{2}mc^2 = \frac{3}{2}KT$ I. 理想气体的热力学能
	5.2 圆周运动	5.2.1 圆周运动的动力学	A. 弧度是角度的量度 B. 物体的周期和频率 C. 角速度 $\omega = \frac{2\pi}{T}$，$\omega = 2\pi f$
		5.2.2 向心力	A. 垂直于物体速度方向大小恒定合力使其沿圆周运动 B. 匀速圆周运动 $v = \omega r$ C. 向心加速度 $\alpha = \frac{v^2}{r}$，$\alpha = \omega^2 r$ D. 向心力 $F = \frac{mv^2}{r}$，$F = m\omega^2 r$ 利用旋转的塞子对圆周运动进行探测的技术和程序
	5.3 振动	5.3.1 简谐振动	A. 位移、振幅、周期、频率、角频率和相位差 B. 角速度 $\omega = \frac{2\pi}{T}$，$\omega = 2\pi f$ C. 简谐振动方程 $\alpha = -\omega^2 x$；确定简谐振子周期或频率的技术和程序

续表

一级主题	二级主题	三级主题	具体内容
5. 牛顿世界与天体物理学	5.3 振动	5.3.1 简谐振动	D. 用方程 $\alpha=-\omega^2 x$的解$x=A\cos\omega t$或$x=A\sin\omega t$ 解决问题 E. 速度 $v=\pm\omega\sqrt{A^2-X^2}$ ；$V_{max}=\omega A$ F. 简谐振子的周期与振幅无关(等时振荡器) G. 用图像描述简谐运动中位移、速度和加速度的变化
5. 牛顿世界与天体物理学	5.3 振动	5.3.2 简谐振子的能量	A. 简谐运动，动能与势能的转化 B. 简谐振子的能量-位移图像
		5.3.3 阻尼振动	A. 自由振动和受迫振动 B. 阻尼对振动系统的影响；观察一系列系统的受迫振动和阻尼振动 C. 共振；固有频率 D. 受迫振动的振幅-驱动频率图像 E. 受迫振动和共振的实际例子
	5.4 引力场	5.4 .1 点和球的质量(质点)	A. 引力场是由于物体具有质量而形成的 B. 质点模型，质点就是有质量但不存在体积或形状的点，是物理学的一个理想化模型 C. 用引力场线表示引力场 D. 引力场强度 $g=\dfrac{F}{m}$ E. 引力场是产生力的多种形式的场中的一种
		5.4.2 万有引力定律	A. 两质点之间的万有引力 $F=-\dfrac{GMm}{r^2}$ B. 质点的引力场强度 $g=-\dfrac{GM}{r^2}$ C. 引力场的强度在接近地球表面时是均匀的，数值上等于自由落体的加速度
		5.4.3 行星运动	A. 关于行星运动的开普勒三定律 B. 行星与太阳之间的引力提供了行星运动的向心力 C. 方程 $T^2=\left(\dfrac{4\pi^2}{GM}\right)r^3$ D. 开普勒第三定律 $T^2\propto r^3$，同样适用于太阳系以外的系统 E. 同步卫星轨道，同步卫星的作用
		5.4.4 引力势和能量	A. 某点的引力势等于把单位质量从无穷远移到这个点所做的功；无穷远处引力势为零 B. 引力势 $V_g=-\dfrac{GM}{r}$ ；引力势的变化 C. 点或球质量的力-距离图像；图中的面积表示功 D. 重力势能 $E=mV_g=-\dfrac{GMm}{r}$ E. 逃逸速度
	5.5 天体物理与宇宙学	5.5.1 天体	A. 行星、行星卫星、彗星、太阳系、星系和宇宙 B. 恒星由星际尘埃和气体以引力坍缩、氢聚变成氦、辐射和气体压力的形式形成 C. 像太阳这样的低质量恒星演化成红巨星和白矮星；行星状星云 D. 白矮星的特征；电子简并压力；钱德拉塞卡极限 E. 大质量恒星演化成红色超级巨星然后要么是中子星，要么是黑洞；超新星

续表

一级主题	二级主题	三级主题	具体内容
5. 牛顿世界与天体物理学	5.5 天体物理与宇宙学	5.5.1 天体	F. 中子星和黑洞的特征 G. 赫罗图用来表示恒星的亮度与其温度(颜色)的关系；主序；红巨星；超红巨星；白矮星
		5.5.2 恒星发出的电磁辐射	A. 孤立气体原子中电子的能级 B. 能级具有负值的观点 C. 从热气体发射光谱线的光子发射和电子在离散能级之间的传递 D. 公式 $hf=\Delta E$，$\frac{hc}{\lambda}=\Delta E$ E. 不同的原子有不同的光谱线，可以用来确定恒星中的元素 F. 连续谱、发射谱和吸收谱 G. 透射衍射光栅用于测定光的波长 H. 极大值的条件 $d\sin\theta=n\lambda$，d 是光栅间距 I. 运用维恩位移定律 $\lambda_{max}\propto\frac{1}{T}$ 提高(恒星的)表面温度达到峰值 J. 恒星亮度 L，斯特藩-玻尔兹曼定律 $L=4\pi r^2\sigma T^4$，σ 是斯特藩-玻尔兹曼常数 K. 利用维恩位移定律和斯特藩-玻尔兹曼定律来确定恒星的半径
		5.5.3 宇宙学	A. 以天文单位（AU）、光年（ly）和秒差距（pc）测量距离 B. 恒星视差；秒差距（pc） C. 等式 $\rho=\frac{1}{d}$，其中 ρ 是视差，单位是秒弧，d 是距离，单位是秒差距 D. 宇宙学原理；宇宙是均匀的，各向同性的，物理定律是普遍的 E. 多普勒效应；电磁辐射的多普勒信噪比 F. 多普勒方程 $\frac{\Delta\lambda}{\lambda}=\frac{\Delta f}{f}=\frac{v}{c}$；电磁辐射源的移动与观察者有关 G. 哈勃定律用于推算遥远星系的距离 $v\approx H_0 d$，H_0 是哈勃常数 H. 银河系红移证明了膨胀宇宙模型 I. 哈勃常数 H_0 的单位：$\mathrm{km\cdot s^{-1}\cdot Mpc^{-1}}$ J. 宇宙大爆炸 K. 大爆炸理论的实验证据来自 2.7 K 温度下的微波背景辐射 L. 宇宙大爆炸引起了空间膨胀 M. 宇宙的年龄，$t=H_0^{-1}$ N. 宇宙从大爆炸到现在的演化 O. 当前的观点；宇宙是由暗能量、暗物质和一小部分普通物质组成的
6. 粒子和医学物理	6.1 电容器	6.1.1 电容器	A. 电容：$C=\frac{Q}{V}$；单位法拉 B. 电容器或电容极板的充放电与电子的流动有关 C. 多个电容器串联的总电容 D. 多个电容器并联的总电容 E. 分析含电容器(包括电阻器)的电路；用电流表和伏特计对串联和并联组合电容器进行探测的技术和程序

续表

一级主题	二级主题	三级主题	具体内容
6. 粒子和医学物理	6.1 电容器	6.1.2 能量	A. 电容器的充电图像；图像的面积表示储存的能量 B. 电容器储能 $W=\frac{1}{2}QV$ ，$W=\frac{1}{2}\frac{Q^2}{c}$ ，$W=\frac{1}{2}V^2C$ C. 使用电容器储能
		6.1.3 电容器充放电	A. 通过电阻对电容器进行充放电；利用仪表和数据记录器对电容器的充电和放电进行调查的技术和程序 B. 电容-电阻电路的时间常数$\tau=CR$ C. 电容-电阻电路中 $x=x_0\left(1-e^{-\frac{t}{CR}}\right)$，$x=x_0e^{-\frac{t}{CR}}$ D. 电容器放电方程 $\frac{\Delta Q}{\Delta t}=-\frac{Q}{CR}$ 的图形化方法和电子表格建模 E. 指数衰减曲线；这类图的常数-比率性质
	6.2 电场	6.2.1 点和球电荷	A. 电场是由电荷引起的 B. 将均匀带电的球体看做其中心的点电荷 C. 用电场线表示电场分布 D. 电场强度 $E=\frac{F}{Q}$
		6.2.2 库仑定律	A. 库仑定律，两点电荷之间的力 $F=\frac{Qq}{4\pi\varepsilon_0r^2}$ B. 点电荷的电场强度 $E=\frac{Q}{4\pi\varepsilon_0r^2}$ C. 质点的引力场与点电荷的电场的相似之处和区别 D. 电场是引起力的许多场的形式之一
		6.2.3 均匀电场	A. 均匀电场强度 $E\frac{V}{d}$ B. 平行板电容器，介电常数：$C=\frac{\varepsilon_{0A}}{d}$，$C=\frac{\varepsilon A}{d}$，$\varepsilon=\varepsilon_r\varepsilon_0$ C. 带电物体在均匀电场中的运动
		6.2.4 电能和能量	A. 某点的电势等于单位正电荷从无穷远到改点时所做的功 B. 电势 $V=\frac{Q}{4\pi\varepsilon_0r}$ 到点电荷的距离 r；电势的变化 C. 对于孤立球的电容 $C=4\pi\varepsilon_0R$ D. 点或球电荷的力-距离图像；图下的面积表示功 E. 电势能 $V_q=\frac{Qq}{4\pi\varepsilon_0r}$ 距离点电荷 Q 的距离 r
	6.3 电磁学	6.3.1 磁场	A. 磁场是由于移动电荷或永磁体而形成的 B. 用磁感线来表示磁场的分布 C. 磁场对长直流电导体、扁平线圈和长螺线管都有力的作用 D. 弗莱明左手定则 E. 对载流导体施加的力 $F=BIL\sin\theta$ ；用载流导线和数字天平测定磁体两极间均匀磁通密度的技术和程序 F. 磁通密度(磁感应强度)；单位特斯拉
		6.3.2 带电粒子运动	A. 带电粒子在垂直于均匀磁场中运动受到的力 $F=BQv$ B. 带电体在均匀磁场中运动；带电体在匀强磁场中做圆周运动 C. 带电体在带电和磁场中运动；速度选择器

续表

一级主题	二级主题	三级主题	具体内容
6. 粒子和医学物理	6.3 电磁学	6.3.3 电磁学	A. 磁通量 $\phi = BA\cos\theta$；单位韦伯 B. 磁链 C. 法拉第电磁感定律和楞次定律 D. 电动势等于磁通量的变化率的相反数；$\varepsilon = -\frac{\Delta(N\phi)}{\Delta t}$；利用感应线圈探测磁通量的技术和程序 E. 简单的交流发电机 F. 单层铁芯变压器；对于理想变压器 $\frac{n_s}{n_p} = \frac{V_s}{V_p} = \frac{I_p}{I_s}$；用于探测变压器的技术和程序
	6.4 原子核和部分物理	6.4.1 原子核	A. α 粒子散射实验，原子核存在且体积很小的证据 B. 简单的原子核模型；质子、中子和电子 C. 原子和原子核的大小有关 D. 质子数；核子数；同位素；用 ${}_Z^AX$ 表示原子核 E. 强核力；短程力的性质；对约 3*fm* 有吸引力，对约 0.5*fm* 以下有排斥力 F. 原子核的半径 $R = r_0A^{1/3}$ G. 原子和原子核的平均密度
		6.4.2 基本粒子	A. 粒子与反粒子；正负电子对、质子反质子、中子反中子、中子反中微子 B. 粒子及其对应反粒子质量相同；电子和正电子带相反的电荷；质子和反质子带相反的电荷 C. 强子的分类；质子和中子都是强子；所有强子都同时受到强核力和弱核力的作用 D. 轻子的分类；电子和中微子都是轻子；所有轻子都受弱核力作用，但不受强核力作用 E. 强子的简单夸克模型，由上(u)、下(d)和奇异(s)夸克及其对应的反夸克组成 F. 质子(uud)和中子(udd)的夸克模型 G. 上夸克(u)、下夸克(d)、奇异夸克(s)、反上夸克(u)、反下夸克(d)和反奇异夸克(s)的构成基本电荷 e 的分形 H. 负 β（β^-）衰变；正 β（β^+）衰变 I. β^- 衰变的夸克模型 $u \to d + {}_{-1}^{0}e + \nu$ J. β^+ 衰变的夸克模型 $u \to d + {}_{+1}^{0}e + \nu$ K. 夸克变换方程的电荷平衡 L. 根据夸克模型的粒子衰变
		6.4.3 放射性	A. 放射性衰变；衰变的自发性和随机性 B. α 粒子、β 粒子和 γ 射线辐射的性质、穿透和范围；用适当的材料研究 α 粒子、β 粒子和 γ 射线吸收的技术和方法 C. α 、β^- 和 β^+ 衰变的核衰变方程；平衡核变换方程 D. 同位素的衰变常数 $A = \lambda N$ E. 同位素的半衰期 $\lambda t_{1/2} = ln(2)$；测定同位素(如质子)半衰期的技术和程序 F. 等式 $A = A_0e^{-\lambda t}$，$N = N_0e^{-\lambda t}$，其中，A 是活性，N 是未衰变核的数目；用骰子模拟放射性衰变

续表

一级主题	二级主题	三级主题	具体内容
			G. 放射性衰变方程 $\frac{\Delta N}{\Delta t}=-\lambda N$ 的图形方法和电子表格建模 H. 放射性测年法，碳元素测年法
6. 粒子和医学物理	6.4 原子核和部分物理	6.4.4 核聚变	A. 爱因斯坦的质能方程 $\Delta E=\Delta mc^2$ B. 在简单核反应中释放(或吸收)的能量 C. 粒子反粒子对的产生和湮灭 D. 质量缺陷；结合能；每个核子的结合能 E. 每个核子的结合能与核子数曲线的关系；反应物的能量变化 F. 原子核的结合能，$\Delta E=\Delta mc^2$ 以及原子核的质量 G. 诱导核裂变；连锁反应 H. 裂变反应堆的基本结构：燃料棒、控制棒和催化剂 I. 核废料对环境的影响 J. 核聚变；聚变反应和温度 K. 核平衡变换方程
	6.5 医学影像	6.5.1 使用 X 射线	A. X 射线管的基本结构：加热器(阴极)、阳极、目标金属和高压电源 B. 从 X 射线管中产生的 X 射线光子 C. X 射线衰减机制：简单散射，光电效应，康普顿效应 D. X 射线的衰减，$I=I_0e^{-\mu x}$，其中 u 为吸收系数 E. X 射线成像与造影剂：钡和碘 F. 计算机轴向断层扫描(CAT)：组成：旋转 X 管产生一个薄的扇形 X 射线束，探测器环，计算机软件和显示器 G. CAT 扫描优于 X 射线图像的优点
		6.5.2 医学诊断方法	A. 医学示踪剂：锝 99m 和氟 18 B. γ 相机；组成：准直器、闪烁器、光电倍增管、计算机及显示器；形成的图像 C. 伽马摄影机诊断 D. 正电子发射断层扫描器；正电子对的湮灭子；形成的图像 E. PET 扫描诊断
		6.5.3 利用超声波	A. 超声波；频率大于 20kHz 的纵波 B. 压电效应；超声波换能器是一种发射和接收超声波的装置 C. 超声波 A 扫描和超声波 B 扫描 D. 介质的声阻抗 $Z=\rho c$ E. 超声波在边界处的反射率 $\frac{I_r}{I_0}=\frac{(Z_2-Z_1)^2}{(Z_2+Z_1)^2}$ F. 阻抗匹配；超声波扫描专用凝胶 G. 多普勒超声波在超声检查中的应用；用来测定血液的速度 v $\frac{\Delta f}{f}=\frac{2v\cos\theta}{c}$

索 引

A

Achieve 分析模式 ……………… 47

G

GCE 考试 ……………………… 127

K

科学内容 ……………………… 100

科学能力 ……………………… 147

科学探究能力 ………………… 97

课程标准 ……………………… 5

课程基本理念 ………………… 30

L

临界状态 ……………………… 50

O

OCR ………………………… 127

P

PISA ………………………… 99

S

SEC 分析模式 ………………… 45

Q

情境试题 ……………………… 140

R

认知水平 ……………………… 57

W

韦伯分析模式 ………………… 42

物理学科核心素养 …………… 34

X

信度和效度 …………………… 66

学业评价标准 ………………… 25

学业评价研究 ………………… 15

学业质量标准 ………………… 37

Y

一致性 ………………………… 41

一致性系数 …………………… 75